| 高职高专新商科系列教材 |

企业财务会计

邹婷 吴静 主 编

乔雅梅 马凌霄 胡玉姣 副主编

清华大学出版社
北京

内 容 简 介

本书以财政部修订颁布的《企业会计准则》和《企业会计准则应用指南》及财税法规为主要依据,参考教育部颁布的专业教学标准,按照高职高专院校学生的培养目标,基于会计工作岗位工作内容,设计了财务会计认知,货币资金,应收及预付款项,存货,固定资产,无形资产,金融资产,流动负债,非流动负债,所有者权益,收入、费用和利润,财务报告12个项目,以典型任务为载体,以岗位工作内容与相关理论知识组织教学单元,实现业务财务的深度融合。

本书可作为高职高专院校、成人高等学校财会类专业的教学用书,也可作为各类企业在职会计人员的培训、自学用书,以及各类企业管理人员的参考书。

本书封面贴有清华大学出版社防伪标签,无标签者不得销售。
版权所有,侵权必究。举报:010-62782989,beiqinquan@tup.tsinghua.edu.cn。

图书在版编目(CIP)数据

企业财务会计/邹婷,吴静主编. —北京:清华大学出版社,2023.8
高职高专新商科系列教材
ISBN 978-7-302-64054-7

Ⅰ.①企… Ⅱ.①邹… ②吴… Ⅲ.①企业会计－财务会计－高等职业教育－教材 Ⅳ.①F275.2

中国国家版本馆CIP数据核字(2023)第126928号

责任编辑:吴梦佳
封面设计:傅瑞学
责任校对:袁 芳
责任印制:宋 林

出版发行:清华大学出版社
  网　　址:http://www.tup.com.cn,http://www.wqbook.com
  地　　址:北京清华大学学研大厦A座　　邮　编:100084
  社 总 机:010-83470000　　邮　购:010-62786544
  投稿与读者服务:010-62776969,c-service@tup.tsinghua.edu.cn
  质量反馈:010-62772015,zhiliang@tup.tsinghua.edu.cn
  课件下载:http://www.tup.com.cn,010-83470410
印 装 者:三河市铭诚印务有限公司
经　　销:全国新华书店
开　　本:185mm×260mm　　印　张:17.5　　字　数:445千字
版　　次:2023年8月第1版　　印　次:2023年8月第1次印刷
定　　价:49.00元

产品编号:098249-01

前言

本书以大数据"新技术+"为背景,以企业会计工作过程为主线,结合企业实际工作岗位标准,对接教育部"1+X"证书人才培养要求,紧密结合生产实际,是一本实践性、应用性较强的专业课教材。

本书采用项目化编写模式,按照会计工作岗位的工作过程组织和编排教学内容,共设计12个项目:财务会计认知,货币资金,应收及预付款项,存货,固定资产,无形资产,金融资产,流动负债,非流动负债,所有者权益,收入、费用和利润,财务报告。每个项目根据会计工作岗位职业能力要求,设计相应的会计工作任务;每个工作任务再根据课程培养目标设计不同的教学活动。

本书主要有以下特点。

(1) 在新专业目录、大数据"新技术+"背景下,以金蝶软件公司软件平台为依托,制作各类票据、发票、印章、原始凭证等素材,并设计"会计核算在信息系统中的应用"项目,实现大数据在相关课程中的应用。

(2) 本书各项目案例均以山东科瑞有限公司发生的经济业务为主线展开,沉浸式感受公司文化和业务完整性(本书中所涉及单位名称、地址、开户行、账号、电话、人名等均为虚构,如有雷同,纯属巧合)。

(3) 每个任务均设计"任务描述"模块,选取新商科热点、会计典型案例等作为素材,在注重知识传授的同时,加强学生的综合职业能力培养,打造高等职业教育"教、学、做一体化教材"。

本书的创新之处有三点。

(1) 体现"岗、课、赛、证"相融合的内容体系。本书以培养创新型高素质技术技能人才为目标,以职业资格证书、"1+X"职业技能等级证书、会计专业技能大赛的标准为引领,结合行业企业会计典型工作任务需求,将各职业资格(技能)证书的知识、技能需求转化为学生的职业能力要求,进行学习项目设置。通过校企合作构建基于会计工作过程的内容体系,从"理论够用为度,重在实践技能"的职业教育目标出发,通过企业调研、专家访谈等方式进行"任务分析",每个任务中又依次设置"知识准备""任务训练",并融合课程思政元素。为方便学生的学习,每个项目前都设有"学习目标""学习导图",对本项目的内容和教学目标要求进行了说明,每个项目后都设置"学习总结",对本项目的重点内容进行了梳理总结,拓宽了学生的视野。本书设计符合学生的认知和学习规律,注重循序渐进,体现了职业岗位核心技能要求和工学结合、产教融合的特点。

(2)党的二十大精神进职业教育教材。在每项目后设置系列红色故事以"讲好中国故事,传承中国精神"为主线融入党的二十大精神,旨在引导学生树立正确的世界观、价值观、人生观,培养学生拥有爱党、爱社会主义、爱祖国的政治抱负及为人民服务的本领担当。

(3)体现职业教育教学资源信息化的发展趋势。教材建设以大数据"新技术+"为出发点,对接教育部"1+X"证书的新职业标准与岗位要求,以企业真实经济业务为载体,融入信息化的教学资源、智能化的教学评价,项目引领、任务导向的教材体例,真实案例、仿真情境的教学模式,为学生构建仿真会计业务环境、业务流程、业务单据,让其体验身临其境的岗前实践,确保实训教学与企业需求相对接,教学方式与学生学情相对接。

本书本着够用、必需、校企深度合作的原则,由山东商务职业学院邹婷、烟台文化旅游职业学院吴静担任主编;山东商务职业学院乔雅梅、烟台职业学院马凌霄、金蝶软件公司胡玉姣担任副主编;金蝶软件公司傅仕伟、烟台文化旅游职业学院韩美芳、山东商务职业学院傅雪薇、徐同来参与编写。

本书适合高职院校大数据与会计专业或相关专业作为教材使用,力求全面准确地反映会计典型工作任务的办理流程与手续,着重体现会计工作岗位内部控制的严密性和各项手续的规范性与完整性,与相关会计业务紧密联系,并进行适当补充,便于学生对相关业务的处理有一个完整的理解,并灵活地应用到实际工作中。

由于篇幅限制,原定项目13以二维码形式提供,读者可扫描本页二维码阅读学习。

本书在编写过程中参阅了大量文献,在此向这些文献的作者致以诚挚的谢意!

由于编者水平有限,本书不当之处在所难免,恳请读者和同行不吝赐教,以便再版时修正。

编　者

2023年2月

项目13　会计核算在信息系统中的应用

目录

项目1 财务会计认知

任务 1.1　财务会计与目标 / 002

任务 1.2　会计基础和会计信息质量要求 / 004

任务 1.3　财务会计信息的形成 / 009

学习总结 / 014

项目2 货币资金

任务 2.1　货币资金认知 / 016

任务 2.2　库存现金 / 018

任务 2.3　银行存款 / 023

任务 2.4　其他货币资金 / 035

学习总结 / 038

项目3 应收及预付款项

任务 3.1　应收账款 / 040

任务 3.2　应收票据 / 045

任务 3.3　预付及其他应收款 / 052

任务 3.4　应收款项减值 / 056

学习总结 / 059

项目4 存货

任务 4.1　存货认知 / 061

任务 4.2　原材料 / 067

任务 4.3　周转材料 / 074

任务 4.4　库存商品 / 080

任务 4.5　委托加工物资 / 085
任务 4.6　存货清查与期末计量 / 088
学习总结 / 093

项目 5　固定资产

任务 5.1　固定资产认知 / 095
任务 5.2　固定资产取得 / 101
任务 5.3　固定资产折旧 / 108
任务 5.4　固定资产后续支出 / 114
任务 5.5　固定资产清查与减值 / 117
任务 5.6　固定资产处置 / 122
学习总结 / 124

项目 6　无形资产

任务 6.1　无形资产认知 / 126
任务 6.2　无形资产取得 / 129
任务 6.3　无形资产摊销与减值 / 132
任务 6.4　无形资产处置 / 134
学习总结 / 136

项目 7　金融资产

任务 7.1　金融资产认知 / 138
任务 7.2　以公允价值计量且其变动计入当期损益的金融资产核算 / 140
任务 7.3　以公允价值计量且其变动计入其他综合收益的金融资产核算 / 146
学习总结 / 151

项目 8　流动负债

任务 8.1　流动负债认知 / 153
任务 8.2　短期借款 / 155
任务 8.3　应付及预收款项 / 158
任务 8.4　应付职工薪酬 / 165
任务 8.5　应交税费 / 170
学习总结 / 177

项目 9　非流动负债

任务 9.1　非流动负债认知 / 178

任务 9.2　长期借款 / 180

任务 9.3　应付债券 / 182

任务 9.4　长期应付款 / 188

学习总结 / 190

项目 10　所有者权益

任务 10.1　实收资本 / 192

任务 10.2　资本公积和其他综合收益 / 196

任务 10.3　留存收益 / 200

学习总结 / 203

项目 11　收入、费用和利润

任务 11.1　收入 / 205

任务 11.2　费用 / 220

任务 11.3　利润 / 228

任务 11.4　所得税费用 / 233

任务 11.5　利润分配 / 239

学习总结 / 242

项目 12　财务报告

任务 12.1　财务报告认知 / 244

任务 12.2　资产负债表 / 247

任务 12.3　利润表 / 257

任务 12.4　现金流量表 / 264

学习总结 / 271

参考文献

项目 1 财务会计认知

学习目标

【知识目标】
(1) 了解财务会计的概念和目标。
(2) 理解会计计量属性和会计信息质量要求。
(3) 了解财务会计信息的形成。

【能力目标】
(1) 能够合理应用会计计量属性对会计要素进行计量。
(2) 能够简单运用会计信息质量要求对业务做出判断。

【素质目标】
(1) 具备会计人员的基本知识与素养。
(2) 养成实事求是、诚实守信的职业素养。
(3) 培养学法守法、严谨细致的良好习惯。

项目 1 财务会计认知

学习导图

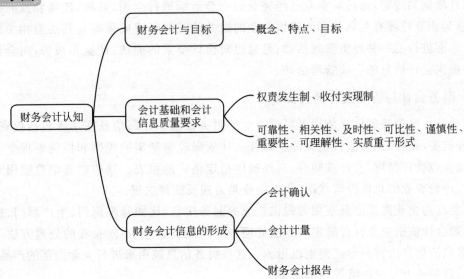

任务1.1 财务会计与目标

任务描述

山东科瑞有限公司为拓展业务需要向银行申请1 000万元的贷款,按照银行的要求,该公司需要提供企业的财务报告。企业在经营期间还需要按照税法的要求,按时足额缴纳各种税款。

任务分析

企业财务会计必须在特定的前提下,遵循一定的标准,正确地对企业的财务活动即会计要素进行确认、计量和报告,提供高质量的会计信息,以便银行了解企业的经营状况,对可否贷款及发放的贷款能否按期收回做出正确的决策。税务部门征收税款也需要依赖企业提供的会计核算资料,以判断企业是否按照税法的规定足额缴纳各种税款。

知识准备

一、财务会计概述

(一)财务会计的概念

财务会计是指在最新的企业会计准则的指导和规范下,运用一系列会计程序和方法,对企业的经济活动进行核算和监督,并为企业外部提供会计信息的一种管理活动。财务会计是按照有关会计准则的规定,通过对企业已经完成的资金运动进行全面、系统、连续和及时的核算与监督,以为企业外部有关利益群体提供企业的财务状况与经营成果等与其决策相关的信息为主要目标而进行的一种经济管理活动;是通过对会计要素的确认、计量和报告,向会计信息的使用者提供会计信息的一项管理活动。

(二)财务会计与管理会计的特点

财务会计主要为外部信息使用者提供企业的财务信息。外部信息使用者包括投资者、债权人、税务机关、银行、证券监管机构等。财务会计依据政府制定的规则和惯例处理企业的经济业务,如企业会计制度、会计准则等,对外提供指定格式的报表。这些财务信息被用来进行投资决策、评价企业的总体经营状况、监控企业是否违反法律法规。

管理会计为企业内部信息使用者提供企业的财务信息,比如管理部门、生产部门、技术部门等。管理会计依据企业自行确定的方法处理企业的经济业务,不同企业的处理方法可能差别很大,提供的信息内容和形式差别也很大。这些财务信息被用来进行企业内部的产品决策、生产决策、自制或者外包决策等内部决策。

因此,财务会计与管理会计相配合,共同服务于市场经济下的现代企业。财务会计侧重于满足企业外部有关方面的决策需要,对外提供财务报告,通常被称为外部会计;管理会计侧重于满足企业内部有关方面的决策需要,对内提供财务信息,通常被称为内部会计。财务会计的信息为企业整体信息;管理会计的信息通常非常详细、具体。

二、财务会计目标

财务会计目标又称财务报告目标,是向财务报告使用者提供与企业财务状况、经营成果和现金流量等有关的会计信息,反映企业管理层受托责任的履行情况,有助于财务报告使用者做出经济决策。我国财务会计目标主要包括以下两个方面。

(一)向财务报告使用者提供对决策有用的信息

企业编制财务报告的主要目的是满足财务报告使用者的信息需要,以帮助财务报告使用者做出经济决策。不同的会计信息使用者,对会计信息会有不同的要求。财务报告使用者包括企业外部信息使用者和企业内部信息使用者等。其中,企业外部信息使用者主要有企业的投资者、债权人、政府部门、供应商和客户等。企业外部信息使用者不能直接参与企业的生产经营活动,只能通过企业财务报告来获取会计信息。企业内部信息使用者主要有企业管理人员、企业员工及工会组织等。企业财务信息的具体使用者主要如下。

1. 投资者

企业财务信息首先应当满足投资者(包括现有的和潜在的)进行投资决策的需要,即有助于投资者客观评估投资风险与投资报酬,以便对投资方案做出正确的选择。

2. 债权人

银行等金融机构可以借助企业财务信息了解债务人的偿债能力,评估信贷风险,以便做出正确的信贷决策。

3. 政府部门

政府部门对社会经济的管理监督和宏观调控有赖于企业的财务会计信息,因此,财务会计必须满足政府进行宏观经济管理的需要,以保证国家制定出正确的财政政策、税收政策、货币政策、产业政策等宏观经济政策。国家税务机关尤为重视企业的财务会计信息,因为它是征纳税款的基本依据。

4. 供应商和客户

与企业有业务往来关系的供货商和购货人可以借助财务信息了解企业的生产经营情况,评估商业风险,以便做出正确的商业决策。

5. 企业内部信息使用者

企业管理人员、企业员工及工会组织等企业内部信息使用者也需要借助财务信息提高企业的内部经营管理水平,了解企业的发展情况。

6. 其他信息使用者

其他信息使用者,如保险公司、证券公司、证券交易所、会计师事务所、律师事务所、新闻媒体、社会公众等,均是财务会计信息的主要关注者。

(二)反映企业管理层受托责任的履行情况

在现代公司制下,企业所有权和经营权相分离,企业管理层受委托人之托经营管理企业及其各项资产,负有受托责任,即企业管理层所经营管理的企业各项资产均为投资者投入的资本(或者用留存收益作为再投资)或者向债权人借入的资金所形成的资本,企业管理层(财产经营者)有责任妥善保管并合理、有效地运用这些资产,为投资人创造更多的财富。

因此,财务报告应当反映企业管理层受托责任的履行情况,以有助于评价企业的经营管理责任和资源使用的有效性。

任务训练1-1

训练目的: 财务会计与管理会计的区别与联系。
训练方式: 小组讨论及课后资料收集。
训练内容: 分析企业财务会计的侧重点及相关使用者。

任务1.2 会计基础和会计信息质量要求

任务描述

山东科瑞有限公司2021年10月15日与华夏有限公司签订产品销售合同。合同约定,山东科瑞有限公司应于2021年11月20日前将1 000个A产品运抵华夏有限公司,在商品运抵前发生毁损、价值变动等风险由山东科瑞有限公司承担,货物验收合格后向山东科瑞有限公司付款。2021年11月10日,山东科瑞有限公司根据合同内容向华夏有限公司开具了增值税专用发票并于当日按合同约定发运货物。11月15日,华夏有限公司收到货物,验收合格后向山东科瑞有限公司付款。请判断山东科瑞有限公司确认收入的时间。

任务分析

根据权责发生制的要求,凡是本期已经实现的收入,无论款项是否收到,都应作为本期的收入,山东科瑞有限公司应于开具发票并发货的当日确认商品销售收入。

知识准备

一、会计基础

会计基础是指会计确认、计量和报告的基础,具体包括权责发生制和收付实现制。

(一)权责发生制

权责发生制也称应计制,是指收入、费用的确认应当以收入和费用的实际发生作为确认的标准。在我国,企业应以权责发生制为基础进行会计确认、计量和报告。

在日常生产经营活动中,实际收到或支付货币的时间有时与收入或费用确认的时间并非完全一致。根据权责发生制的要求,凡是本期已经实现的收入,无论款项是否收到,都应作为本期的收入;凡是本期应当负担的费用,无论款项是否支付,都应作为本期的费用。反之,凡是不属于本期已经实现的收入,即使款项已在本期收到,也不应作为本期的收入;凡是不属于本期应负担的费用,即使款项已在本期支付,也不应作为本期的费用。

(二)收付实现制

收付实现制也称现金制,是指以现金的实际收支为标志来确定本期收入和支出的会计核算标准。收付实现制是与权责发生制相对应的一种会计基础。权责发生制的核心是根据权、责关系的实际发生期间来确认收入和费用;而收付实现制的核心是根据实际收到或支付的现金作为依据,来确认收入和费用的发生期间。

在我国,政府会计由预算会计和财务会计构成。预算会计实行收付实现制(国务院另有规定的,依照其规定),财务会计实行权责发生制。

例1-1·多选题 下列选项中用权责发生制进行会计核算的有(　　)。
A. 国有企业　　　　　　　　　　B. 政府会计中的预算会计
C. 股份制公司　　　　　　　　　D. 独资企业

【答案】ACD。选项B,政府会计由预算会计和财务会计构成。预算会计实行收付实现制(国务院另有规定的,依照其规定),财务会计实行权责发生制。

做中学1-1 山东科瑞有限公司2021年1月发生如下经济业务(假设不考虑相关税费)。
(1)销售产品一批,售价为100 000元,款项已存入银行。
(2)销售产品一批,售价为66 000元,按合同规定下月收回货款。
(3)收到预付的购货款78 000元,下月交货。
(4)收回客户上月所欠的货款38 000元。
(5)用银行存款支付本季度短期借款利息36 000元。
(6)用银行存款预付全年房租60 000元。
(7)购入办公用品2 100元,款项尚未支付。

【要求】在权责发生制和收付实现制下,分别计算山东科瑞有限公司2021年1月应确认的收入和费用,并将其填入表1-1中。

表1-1　权责发生制和收付实现制下的收入、费用确认表　　　　单位:元

业务序号	权责发生制		收付实现制	
	收入	费用	收入	费用
(1)	100 000		100 000	
(2)	66 000			
(3)			78 000	
(4)			38 000	
(5)		12 000(36 000/3)		36 000
(6)		5 000(60 000/12)		60 000
(7)		2 100		
合计	166 000	19 100	216 000	96 000

二、会计信息质量要求

会计信息质量要求是对企业财务报表中所提供的会计信息质量的基本要求,是使会计信息对其使用者决策有用所应具备的基本特征,包括可靠性、相关性、及时性、可比性、谨慎性、重要性、可理解性、实质重于形式。

（一）可靠性

可靠性要求企业以实际发生的交易或者事项为依据进行会计确认、计量和报告，如实反映符合确认和计量要求的各项会计要素及其他相关信息，保证会计信息真实可靠、内容完整。

（1）企业应以实际发生的交易或者事项为依据进行会计确认、计量，将符合会计要素定义及其确认条件的资产、负债、所有者权益、收入、费用和利润等如实反映在财务报表中。

（2）在符合重要性和成本效益原则的前提下，企业应保证会计信息的完整性，包括所编报的财务报表及其附注内容等，不得随意遗漏或者减少应披露的信息。

（3）会计信息应是中立的，不能为达到事先设定的结果或效果，通过选择或列示有关会计信息以影响决策和判断。在受托责任观下，会计信息更多地强调可靠性。

（二）相关性

相关性要求企业提供的会计信息与财务报表使用者的经济决策需要相关，有助于财务报表使用者对企业过去、现在或者未来的情况做出评价或者预测。

会计信息是否有用、是否具有价值，关键看其与使用者的决策需要是否相关，是否有助于决策或者提高决策水平。相关的会计信息应有助于使用者评价企业过去的决策，证实或修正过去的某些预测，从而具有反馈价值；有助于使用者预测企业未来的财务状况、经营成果和现金流量，从而具有预测价值。例如，区分收入和利得、费用和损失、流动资产和非流动资产、流动负债和非流动负债，以及适度引入公允价值等，都可以提高会计信息的预测价值，进而提升会计信息的相关性。相关性应以可靠性为基础。会计信息应在可靠性的前提下，尽可能地做到相关，以满足投资者等财务报表使用者的决策需要。

（三）及时性

及时性要求企业对已经发生的交易或者事项及时进行会计确认、计量和报告，不得提前或者延后。会计信息的价值在于帮助使用者做出经济决策，因此具有时效性。即使是可靠、相关的会计信息，如果不及时提供，也就失去了时效性，对财务报表的使用者也就没有太大的意义。

在会计确认、计量和报告过程中应坚持及时性原则：一是要及时收集会计信息，即在经济交易或事项发生后，及时收集整理各种原始单据或凭证；二是要及时处理会计信息，即按照企业会计准则的规定时限，及时编制出财务报表；三是要及时传递会计信息，即按照国家规定的有关时限，及时地将编制的财务报表传递给财务报表使用者，便于其及时使用和决策。

例 1-2·单选题 企业对已经发生的交易或者事项进行会计确认、计量和报告，不得提前或者延后，体现的是（　　）。

A. 相关性　　　　　　　　　　B. 及时性
C. 重要性　　　　　　　　　　D. 可理解性

【答案】B。及时性要求企业对已经发生的交易或者事项及时进行确认、计量和报告，不得提前或者延后。

（四）可比性

可比性要求企业提供的会计信息相互可比，主要包括以下两层含义。

1. 不同企业相同会计期间可比

不同企业相同会计期间发生相同或者相似的交易或事项，应采用规定的会计信息的确认、计量和报告要求提供会计信息,实现会计信息口径一致,相互可比。

2.同一企业不同时期可比

同一企业对不同时期发生的相同或相似的交易或事项,应采用一致的会计政策,不得随意变更。满足会计信息的可比性要求,并不表明企业在会计期间不得变更会计政策。如果企业按照国家法律规定要求或者变更会计政策后,可以提供更可靠、更相关的会计信息,则可以变更会计政策。有关会计政策变更的情况,应在财务报表附注中进行披露。

(五)谨慎性

谨慎性要求企业对交易或者事项进行会计确认、计量和报告时保持应有的谨慎,不应高估资产或者收益、低估负债或者费用。在市场经济条件下,企业的生产经营活动充满风险和不确定性,如应收款项的可收回性、固定资产的使用寿命、售出存货可能发生的退货或者返修等。

例如,企业在期末对可能发生减值的各项资产计提资产减值准备、对常年处于强震动状态下的固定资产采用加速折旧法计提折旧,以及对售出商品可能发生的保修义务确认预计负债等,都体现了谨慎性的要求。谨慎性并不意味着企业可以任意设置各种秘密准备,这会损害会计信息质量,最终误导会计信息使用者做出错误的经济决策。也就是说,企业不应高估资产或收益,但这并不意味着可以低估资产或收益。

例 1-3 · 单选题 下列各项中,体现会计信息质量谨慎性要求的表述是(　　)。

A. 对已售商品的保修义务确认预计负债
B. 提供的会计信息应清晰明了,便于理解和使用
C. 不同时期发生的相同交易,应采用一致的会计政策,不得随意变更
D. 及时将编制的财务报告传递给使用者

【答案】A。谨慎性要求企业对交易或者事项进行会计确认、计量和报告时保持应有的谨慎,不应高估资产或者收益、低估负债或者费用,选项A正确;选项B体现的是可理解性;选项C体现的是可比性;选项D体现的是及时性。

(六)重要性

重要性要求企业提供的会计信息反映与企业财务状况、经营成果和现金流量有关的所有重要交易或者事项。企业会计信息的省略或者错报会影响使用者据此做出经济决策的,该信息就具有重要性。

对重要的交易或事项,应在财务报表中予以充分、准确的披露;对次要的交易或事项,在不影响会计信息真实性和不至于误导财务报表使用者做出正确判断的前提下,可适当简化处理。重要性的应用需要依赖会计人员的职业判断,企业应根据其所处环境和实际情况,从项目的性质和金额大小两方面来判断其重要性。

知识链接

根据会计信息质量的重要性要求,对企业发生的重要的会计事项应按照《企业会计准则》规定的程序进行处理,而对发生的次要的会计事项则可以适当地进行简化处理。

企业发生的某些金额较小的费用,从费用的受益期来看,可能需要在若干会计期间进行分摊,但根据重要性要求,可以一次性计入当期损益。

例 1-4·单选题 下列各项中,体现会计信息质量重要性要求的是( )。
A. 对租入的固定资产(短期租赁和低值资产租赁除外)予以充分披露
B. 不允许设置秘密准备
C. 对固定资产加速计提折旧
D. 商品流通企业采购商品的进货费用金额不大时,可在发生时直接计入当期费用

【答案】D。企业发生的某些支出,金额较小,从支出的收益期来看,可能需要在若干会计期间进行分摊,但根据重要性要求,可以一次性计入当期损益。

(七) 可理解性

企业提供的会计信息应清晰明了,便于财务报告使用者理解和使用。要让财务报告使用者使用会计信息,就应当让其了解会计信息的内涵,弄懂会计信息的内容,这就要求财务报表所提供的会计信息清晰明了、易于理解。

一些复杂的信息,如交易本身较为复杂或会计处理较为复杂,但其与使用者的经济决策相关,企业就应当在财务报表中充分披露。但会计信息毕竟是一种专业性较强的信息,还需要使用者具有一定的会计知识,并且愿意付出努力去研究这些信息。

(八) 实质重于形式

实质重于形式要求企业按照交易或者事项的经济实质进行会计确认计量和报告,不应仅以交易或者事项的法律形式为依据。在多数情况下,企业发生的交易或者事项的经济实质和法律形式是一致的,但在有些情况下会出现不一致。

例如,以融资租赁的形式租入的固定资产,虽然企业并不拥有其所有权,但是由于租赁合同中规定的租赁期相当长,接近该资产的使用寿命,租赁期结束时承租企业有优先购买的选择权,在租赁期内承租企业有权支配资产并从中受益。从实质上看,企业控制了该项资产的使用权及受益权。因此,可在会计核算上将融资租赁的固定资产视为企业的资产。

例 1-5·多选题 下列各项中,体现会计信息质量实质重于形式的有( )。
A. 将融资租入设备作为自有资产核算
B. 将低值易耗品作为存货核算
C. 采用售后回购方式销售的商品不确认为销售收入
D. 固定资产采用年数总和法提取折旧

【答案】AC。选项 B 体现的是重要性要求;选项 D 体现的是谨慎性要求。

任务训练1-2

权责发生制和收付实现制

训练目的:通过本任务训练掌握权责发生制和收付实现制的区别。

训练方式:小组讨论两种制度下同一业务的不同处理方式。

训练内容:2021 年 12 月,山东科瑞有限公司预付 2022 年第一季度房租 30 000 元。

(1) 分别以两种制度视角判断该公司是否确认房租?如果确认,应确认多少?

(2) 分别讨论 2022 年 1—3 月两种制度下是否需要确认房租?如果确认,应确认多少?

任务 1.3 财务会计信息的形成

任务描述

请在网上下载一家上市公司的年度报告,认真阅读报告,了解财务信息资料。

任务分析

财务报告是反映企业财务状况、经营成果和现金流量的报告文件,企业应真实、完整地提供企业的财务报告,对外报送真实的财务信息。

知识准备

企业从发生经济业务到会计信息的形成,就是会计信息处理过程,这一过程实际上是一个连续、系统和完整的会计核算过程,包括会计确认、会计计量和财务会计报告等环节。

一、会计确认

会计确认是运用特定的会计方法,以文字和金额同时描述某一交易或事项,使其金额反映在特定会计主体财务报表的合计数中的会计程序。

(一)会计确认主要解决的问题

(1)确定某一经济业务是否需要进行确认。

(2)确定该业务应在何时进行确认。

(3)确定该业务应确认为哪个会计要素。

(二)会计确认必须满足的条件

(1)与该项目有关的经济利益很可能流入或流出企业。这里的"很可能"是指发生的可能性超过50%的概率。如已毁损存货不能确认为资产。

(2)与该项目有关的经济利益能够可靠地计量。如企业自创商誉、形成人才的知识支出不能确认为资产。

会计确认在方法上主要通过填制和审核凭证来进行。它是为会计记录提供完整的、真实的原始资料,保证账簿记录正确、完整的方法。

二、会计计量

会计计量是企业将符合确认条件的会计要素登记入账,并列报于财务报表而确定其金额的过程。企业应该按照规定的计量属性进行计量,确定相关金额。会计计量属性主要包括历史成本、重置成本、可变现净值、现值和公允价值等。

(一)会计计量属性的内容

1. 历史成本

历史成本又称实际成本,是指取得或制造某项财产物资时所实际支付的现金或者其他等价物。在历史成本计量下,资产按照其购置时支付的现金或现金等价物的金额,或者按照购置资产时所付出对价的公允价值计量;负债按照其因承担现时义务而实际收到的款项或者资产的金额,承担现时义务的合同金额,或者按照日常活动中为偿还负债预期需要支付的现金或者现金等价物的金额计量。

做中学 1-2 山东科瑞有限公司购买不需要安装的机器设备一台,价款为 300 万元,增值税税额为 39 万元,另支付运输费 1 万元,增值税税额为 0.09 万元;包装费 0.7 万元,款项以银行存款直接支付。该机器设备应按历史成本进行计价,其金额为 301.7 万元。

2. 重置成本

重置成本又称现行成本,是指按照当前市场条件,重新取得同样一项资产所需支付的现金或现金等价物的金额。在重置成本计量下,资产按照现在购买相同或者相似资产所需支付的现金或者现金等价物的金额计量;负债按照现在偿付该项债务所需支付的现金或者现金等价物的金额计量。

做中学 1-3 山东科瑞有限公司在年末财产清查中发现一台盘盈的设备,其同类设备的市场价格为 35 万元。该设备按重置成本进行计价,入账金额为 35 万元。

3. 可变现净值

可变现净值是指在生产经营过程中,以预计售价减去进一步加工成本和销售所必需的预计税金、费用后的净值。在可变现净值计量下,资产按照其正常对外销售所能收到的现金或者现金等价物的金额,扣减该资产至完工时估计将要发生的成本、估计的销售费用及相关税金后的金额计量。

做中学 1-4 山东科瑞有限公司期末甲材料的账面价值为 260 万元,同期市场售价为 240 万元。估计至完工时将要发生的成本为 5 万元,销售该完工产品需要发生销售费用等相关税费 6 万元,甲材料按可变现净值计价的金额为 229(240−5−6)万元。

4. 现值

现值是指对未来现金流量以恰当的折现率进行折现后的价值,是考虑货币时间价值因素的一种计量属性。在现值计量下,资产按照预计从其持续使用和最终处置中所产生的未来净现金流入量的折现金额计量;负债按照预计期限内需要偿还的未来净现金流出量的折现金额计量。

做中学 1-5 2021 年 12 月,山东科瑞有限公司采用分期付款方式购买大型设备,总金额为 800 万元,在未来四年于每年年末支付 200 万元,假定折现率为 8%,年金现值系数为 3.312 1,那么按现值计算该设备的入账价值为 662.42(800÷4×3.312 1)万元。

5. 公允价值

公允价值是指市场参与者在计量日发生的有序交易中出售一项资产所能收到或者转移一项负债所需支付的费用。有序交易是指在计量日前一段时期内相关资产或负债具有惯常市场活动的交易。

做中学 1-6 2021 年 11 月 2 日,山东科瑞有限公司从二级市场购入乙公司股票 20 万股作为交易性金融资产。12 月 31 日,该股票的收盘价为每股 15 元。该项资产在 2021 年 12 月 31 日按公允价值计价,金额为 300 万元。

> **知识链接**
>
> 在公允价值计量下,资产和负债按照在公平交易中熟悉情况的交易双方自愿进行资产交换或者债务清偿的金额计量。

例 1-6·单选题 下列各项中,通常采用重置成本计量属性的是(　　)。
A. 非流动资产可收回金额的计算
B. 盘盈固定资产的计算
C. 以摊余成本计量的金融资产价值的确定
D. 存货资产减值情况下的后续计量
【答案】B。重置成本多用于盘盈固定资产的计量等。

(二)会计计量属性的应用原则

企业在对会计要素进行计量时,应严格按照《企业会计准则》的规定选择相应的计量属性。一般情况下,应采用历史成本进行计量,如长期资产的购建、存货的购入等。但在某些情况下,如果仅仅以历史成本作为计量属性,可能难以达到会计信息的质量要求,不利于实现财务报表的目标,有时甚至会损害会计信息质量,影响会计信息的相关性。为提高会计信息质量,实现财务报表目标,《企业会计准则》允许采用重置成本、可变现净值、现值、公允价值计量属性进行计量。由于这几种计量属性需要会计估计,为使所估计的金额在提高会计信息相关性的同时又不影响其可靠性,《企业会计准则》要求企业保证运用这几种计量属性所确定的会计要素金额能够取得并可靠地计量。如果这些金额无法取得或者可靠地计量,则不允许采用其他计量属性。如投资性房地产只有在符合条件的情况下,才可以采用公允价值计量属性。

三、财务会计报告

财务会计报告是指在确认、计量和记录的基础上,对特定主体的财务状况、经营成果和现金流量情况,以财务报表的形式向有关方面报告。财务会计报告包括财务报表和其他应当在财务会计报告中披露的相关信息与资料。

财务报表应当包括资产负债表、利润表、现金流量表等报表及附注,分别从不同角度反映企业的财务状况、经营成果和现金流量情况。小企业编制的财务报表可以不包括现金流量表。资产负债表是反映企业在某一特定日期的财务状况的财务报表。利润表是反映企业在一定会计期间的经营成果的财务报表。现金流量表是反映企业在一定会计期间的现金和现金等价物流入和流出的财务报表。附注是对在会计报表中列示项目所做的进一步说明,以及对未能在这些报表中列示项目的说明等。财务报表上述组成部分具有同等的重要程度。

企业财务报表中的资产负债表和利润表如表 1-2 和表 1-3 所示。

表 1-2　资产负债表

报表编号 001

编制单位:　　　　　　　　　　　　　　年　　月　　日　　　　　　　　　　　　单位:万元

资产	期末余额	上年年末余额	负债和所有者权益	期末余额	上年年末余额
流动资产:			流动负债:		
货币资金			短期借款		

续表

资产	期末余额	上年年末余额	负债和所有者权益	期末余额	上年年末余额
交易性金融资产			交易性金融负债		
衍生金融资产			衍生金融负债		
应收票据			应付票据		
应收账款			应付账款		
应收款项融资			预收款项		
预付款项			合同负债		
其他应收款			应付职工薪酬		
存货			应交税费		
合同资产			其他应付款		
持有待售资产			持有待售负债		
一年内到期的非流动资产			一年内到期的非流动负债		
其他流动资产			其他流动负债		
流动资产合计			流动负债合计		
非流动资产：			非流动负债：		
债权投资			长期借款		
其他债权投资			应付债券		
长期应收款			其中：优先股		
长期股权投资			永续债		
其他权益工具投资			租赁负债		
其他非流动金融资产			长期应付款		
投资性房地产			预计负债		
固定资产			递延收益		
在建工程			递延所得税负债		
生产性生物资产			其他非流动负债		
油气资产			非流动负债合计		
使用权资产			负债合计		
无形资产			所有者权益或（股东权益）：		
开发支出			实收资本（或股本）		
商誉			其他权益工具		
长期待摊费用			其中：优先股		
递延所得税资产			永续债		
其他非流动资产			资本公积		
非流动资产合计			减：库存股		

续表

资产	期末余额	上年年末余额	负债和所有者权益	期末余额	上年年末余额
			其他综合收益		
			专项储备		
			盈余公积		
			未分配利润		
			所有者权益(或股东权益)合计		
资产总计			负债和所有者权益(或股东权益)总计		

表 1-3 利润表

报表编号 002

编制单位：　　　　　　　　　　　　　　　　　　　　年　　月　　日　　　　　　　　　　　　　　　　　单位：万元

项　目	本期余额	上期余额
一、营业收入		
减：营业成本		
税金及附加		
销售费用		
管理费用		
研发费用		
财务费用		
其中：利息费用		
利息收入		
加：其他收益		
投资收益（损益以"－"号填列）		
其中：对联营企业和合影企业的投资收益		
以摊余成本计量的金融资产终止确认收益（损失以"－"填列）		
净敞口套期收益（损失以"－"号填列）		
公允价值变动收益（损失以"－"号填列）		
信用减值损失（损失以"－"号填列）		
资产减值损失（损失以"－"号填列）		
资产处置收益（损失以"－"号填列）		
二、营业利润（亏损以"－"号填列）		
加：营业外收入		
减：营业外支出		
三、利润总额（亏损总额以"－"号填列）		
减：所得税费用		

续表

项　　目	本期余额	上期余额
四、净利润（净亏损以"－"号填列）		
（一）持续经营净利润（净亏损以"－"号填列）		
（二）终止经营净利润（净亏损以"－"号填列）		
五、其他综合收益的税后净额		
（一）不能重分类进损益的其他综合收益		
1．重新计量设定收益计划变动额		
2．权益法下不能转损益的其他综合收益		
3．其他权益工具投资公允价值变动		
4．企业自身信用风险公允价值变动		
……		
（二）将重分类进损益的其他综合收益		
1．权益法下可转损益的其他综合收益		
2．其他债权投资公允价值变动		
3．金融资产重分类计入其他综合收益的金额		
4．其他债权投资信用减值准备		
5．现金流量套期储备		
6．外币财务报表折算差额		
……		
六、综合收益总额		
七、每股收益		
（一）基本每股收益		
（二）稀释每股收益		

任务训练1-3

权责发生制和收付实现制

训练目的：通过本任务训练掌握权责发生制和收付实现制的区别。

训练方式：小组讨论及课后资料收集。

训练内容：两种制度下同一业务不同的处理方式。

"讲好中国故事，
传承中国精神"系列故事1

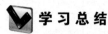 学习总结

本项目主要介绍财务会计的概念及特点，明确财务会计目标，依据会计规范重视财务会计信息质量要求的同时，按照权责发生制的要求和会计计量属性，进行会计要素的确认；依托资产负债表、利润表的基本结构与内容，向企业外部会计信息使用者提供财务信息。

项目1　财务会计认知　学习测试

项目 2 货币资金

学习目标

【知识目标】
(1) 了解货币资金的范围和货币资金内部控制制度。
(2) 掌握库存现金收支业务的核算方法及库存现金清查的方法。
(3) 熟悉银行结算账户的种类及账户管理规定。
(4) 掌握现行银行转账结算方式、结算程序及账务处理方法。
(5) 熟悉其他货币资金收支业务的核算方法。

项目 2 货币资金

【能力目标】
(1) 能够审核库存现金业务的原始凭证并进行会计核算。
(2) 能进行库存现金及银行存款的盘点与处理。
(3) 会根据相关业务填制各类银行票据并依据有关凭证进行账务处理。
(4) 会编制银行存款余额调节表。
(5) 会进行日记账的设置并根据收付业务登记日记账。

【素质目标】
(1) 培养诚信、慎独、精准的会计职业道德观。
(2) 具备出纳岗位人员的基本职业素养。
(3) 具备实事求是、客观公正的工作态度。
(4) 培养与人交流合作的职业能力。

学习导图

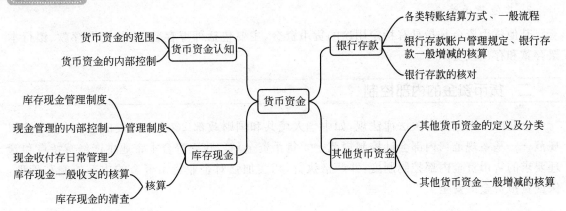

任务 2.1 货币资金认知

任务描述

刘从芳是会计专业应届毕业生,刚获得山东科瑞有限公司出纳岗位的实习机会。入职第一天,出纳张晓雅带她到财务部门了解企业现有的货币资金概况,并询问她对货币资金管理规定的掌握情况。

任务分析

刘从芳作为新入职员工,在明确企业货币资金核算内容的基础上,应进一步了解企业货币资金管理的具体原则和相关制度。

知识准备

一、货币资金概述

(一)货币资金的概念

货币资金是指企业生产经营过程中以货币形态存在的资产,包括库存现金、银行存款和其他货币资金三部分。货币资金的流动性强,是流动资产的重要组成部分。

(二)货币资金的范围

1. 库存现金

库存现金是指存放在企业内部由出纳人员保管的货币资金,包括人民币和外币,这里仅指狭义的现金,也是我国会计实务中现金的范畴。

2. 银行存款

银行存款是指企业存放在银行或其他金融机构的货币资金。银行存款的业务内容主要包括银行账户管理、银行结算管理及会计核算管理等工作。

3. 其他货币资金

其他货币资金是指具有特定用途的货币资金,主要包括外埠存款、银行汇票存款、银行本票存款和存出投资款等。

二、货币资金的内部控制

企业应根据国家有关法律法规,如中华人民共和国财政部 2001 年印发的《内部会计控制规范——基本规范》《内部会计控制规范——货币资金》等,建立符合本企业生产经营特点和管理要求的货币资金内部控制制度,并严格执行,切实加强对企业货币资金的内部控制和管理,保证货币资金的安全。

(一)货币资金管理的目标

1. 保证货币资金的安全性

通过良好的内部控制,确保单位库存现金的安全,预防被盗窃、诈骗和挪用。

2. 保证货币资金的完整性

检查单位收到的货币资金是否已全部入账,预防私设"小金库"等侵占单位收入的违法行为。

3. 保证货币资金的合法性

检查货币资金的取得、支出是否符合国家法规,手续是否齐备。

4. 保证货币资金的效益性

根据资金预算合理支配货币资金,使其为企业提供最大的经济效益。

(二)货币资金的内部控制制度

1. 职责分工和职权分离制度

企业应建立货币资金业务的岗位责任制,明确相关部门和岗位的职责权限,确保办理货币资金业务的不相容岗位相互分离、制约和监督。出纳人员不得兼任稽核、会计档案保管和收入、支出、费用、债权债务账目的登记工作。企业不得由一人全过程办理货币资金业务。

2. 职业道德素养及定期轮岗制度

企业办理货币资金业务的人员应具备良好的职业道德,忠于职守,廉洁奉公,遵纪守法,客观公正,不断提高自身的会计业务素质和职业道德水平。企业办理货币资金业务,应配备合格的人员,并根据企业的具体情况进行岗位轮换。

3. 授权批准制度

企业应对货币资金业务建立严格的授权批准制度,明确审批人对货币资金业务的授权批准方式、权限、程序、责任和相关控制措施,规定经办人办理货币资金业务的职责范围和工作要求。

审批人应根据货币资金授权批准制度的规定,在授权范围内进行审批,不得超越审批权限。经办人应在职责范围内,按照审批人的批准意见办理货币资金业务。对审批人超越授权范围审批的货币资金业务,经办人员有权拒绝办理,并及时向审批人的上级授权部门报告。

4. 风险控制制度

风险控制要求企业树立风险意识,针对各个风险控制点建立有效的风险管理系统,通过风险预警、风险识别、风险评估、风险分析、风险报告等措施,对财务风险和经营风险进行全面防范和控制。

知识链接

不相容职务相互分离控制要求企业按照不相容职务相分离的原则,合理设置会计及相关工作岗位,明确职责权限,形成相互制衡机制。不相容职务主要包括授权批准、业务经办、会计记录、财产保管、稽核检查等。

任务训练2-1

训练目的： 通过本任务训练掌握职权分离制度。
训练方式： 小组交流/课堂提问。
训练内容： 举例说明哪些岗位及工作不能由同一位财务部门的员工兼任。
训练要求： 针对不同岗位说明不能兼任的情况。

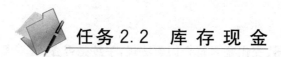

任务2.2 库存现金

任务描述

山东科瑞有限公司原出纳员于2020年12月31日离职，办理工作交接时，交接人员张晓雅未查清账就让其办理了离职手续。2021年1月1日，张晓雅填写现金支票提取现金，银行发现出票日期（大写）不符合规定，拒绝付款，张晓雅百思不得其解，认为自己没有填错。

在当日现金业务结束后例行的现金清查中，发现现金短缺20元，且无法查明原因。为保全面子和息事宁人，考虑到账实不符的金额很小，她决定采取自掏腰包的方式补齐。

问题：

（1）填写现金支票时应注意什么？
（2）张晓雅对现金短缺的处理是否正确？

任务分析

张晓雅带着银行拒付的现金支票返回单位，向王姐请教，王姐发现现金支票出票日期（大写）年和月前未加零，这就是银行拒付的原因。

张晓雅刚参加工作不久，对货币资金管理和核算的相关规定不太了解，交接工作的流程和对现金清查结果的处理方法都是错误的。她的处理方法可能会掩盖公司在现金管理与核算中存在的诸多问题，有时可能是重大的经济问题。因此，凡是出现账实不符的情况时，必须按照有关的会计规定进行处理。

知识准备

一、库存现金的概念及管理制度

（一）库存现金的概念

库存现金是指存放于企业会计部门并由出纳人员负责保管的现金，包括库存人民币和各种外币。会计人员必须严格按照《库存现金管理暂行条例》的规定执行，确保库存现金使用的合法性与合理性。

（二）库存现金的管理制度

1. 库存现金的使用范围

（1）职工工资、津贴。

(2) 个人劳务报酬。
(3) 根据国家规定颁发给个人的科学技术、文化艺术、体育比赛等各种奖金。
(4) 各种劳保、福利费用，以及国家规定的对个人的其他支出。
(5) 向个人收购农副产品和其他物资的价款。
(6) 出差人员必须随身携带的差旅费。
(7) 结算起点(1 000 元)以下的零星支出。
(8) 中国人民银行确定需要支付现金的其他支出。
除上述情况可以用现金支付外，其他款项的支付应通过银行转账结算。

2. 库存现金的收取范围
(1) 单位或职工交回的赔偿款。
(2) 备用金退回款。
(3) 差旅费剩余款。
(4) 收取不能转账的单位或个人的销售收入。
(5) 不足转账结算起点(1 000 元)的小额收入。

3. 库存现金限额
库存现金限额是指为保证单位日常零星开支的需要，允许单位留存现金的最高数额。这一限额由开户银行根据单位的实际需要核定，一般以单位3～5天日常零星开支所需为限。

4. 现金收支的规定
开户单位现金收支应依照下列规定办理。
(1) 开户单位现金收入应于当日送存开户银行，当日送存确有困难的由开户银行确定送存时间。
(2) 开户单位支付现金，可以从本单位库存现金限额中支付或从开户银行提取，不得从本单位的现金收入中直接支付(即坐支)。因特殊情况需要坐支现金的，应事先报经开户银行审查批准，由开户银行核定坐支范围和限额。坐支单位应定期向开户银行报送坐支金额和使用情况。
(3) 开户单位从开户银行提取现金时，应写明用途，由本单位财会部门负责人签字盖章，经开户银行审核后予以支付。
(4) 因采购地点不确定、交通不便、生产或市场急需、抢险救灾及其他特殊情况必须使用现金的，开户单位应向开户银行提出申请，由本单位财会部门负责人签字盖章，经开户银行审核后予以支付现金。

(三) 现金管理的内部控制
现金管理内部控制的内容是多方面的，比如钱账分管制度，即非出纳员不得经管现金收付业务和现金保管业务；出纳员不得兼管稽核、会计档案和收入、费用、债权、债务账目的登记工作。通过钱账分管，可以使出纳人员和会计人员相互牵制、互相监督，从而有效地加强现金收付存的管理。

(四) 现金收付存日常管理
现金收付存日常管理的主要环节是依法取得或填制原始凭证，复核现金收付款凭证；当面清点所收或所付现金数额并在现金收款、付款凭证上加盖"现金收讫""现金付讫"章及出纳员印章；根据有关凭证登记现金日记账，做到日清月结。

> **知识链接**
>
> 　　现金日记账由出纳人员根据收付款凭证,按照业务发生顺序逐笔登记。每日终了,应在现金日记账上计算出当日的现金收入合计额、现金支出合计额和结余额,并将现金日记账的余额与实际库存现金额相核对,保证账款相符。月度终了,应将现金日记账的余额与现金总账的余额核对,做到账账相符。

二、库存现金的核算

　　为反映和监督企业库存现金的收入、支出和结存情况,企业应设置"库存现金"科目,借方登记企业库存现金的增加,贷方登记企业库存现金的减少,期末借方余额反映期末企业实际持有的库存现金的金额。

　　(1)提取库存现金。

　　借:库存现金

　　　　贷:银行存款

　　(2)销售材料,收到库存现金。

　　借:库存现金

　　　　贷:其他业务收入

　　　　　　应交税费——应交增值税(销项税额)

　　(3)将库存现金送存银行。

　　借:银行存款

　　　　贷:库存现金

　　(4)用库存现金支付预借差旅费。

　　借:其他应收款

　　　　贷:库存现金

　　(5)报销差旅费。

　　借:管理费用(报销金额)

　　　　库存现金(收回现金)

　　　　贷:其他应收款(预借金额)

　　　　　　库存现金(补付金额)

三、库存现金的清查

　　为保证现金的安全,企业应按规定对库存现金进行定期和不定期的清查。一般采用实地盘点法,对清查的结果应编制现金盘点报告表。如果有挪用现金、白条顶库的情况,应及时予以纠正;如果账款不符,发现有待查明原因的现金短缺或溢余,先通过"待处理财产损溢"科目核算。查明原因后,按管理权限经批准后分别按以下情况处理。

(一)现金溢余

　　如有现金溢余,属于应支付给有关人员或单位的,记入"其他应付款"科目;属于无法查明原因的,记入"营业外收入"科目。

(1) 批准前
借:库存现金
　　贷:待处理财产损溢——待处理流动资产损溢
(2) 批准后
借:待处理财产损溢——待处理流动资产损溢
　　贷:其他应付款(查明原因)
　　　　营业外收入(未查明原因)

(二) 现金短缺

如为现金短缺,属于应当责任人赔偿或保险公司赔偿的,记入"其他应收款"科目;属于无法查明原因的,计入管理费用,即
(1) 批准前
借:待处理财产损溢——待处理流动资产损溢
　　贷:库存现金
(2) 批准后
借:其他应收款(出纳员个人责任)
　　管理费用(管理不善)
　　营业外支出(自然灾害)
　　贷:待处理财产损溢——待处理流动资产损溢

做中学 2-1　2021 年 1 月,山东科瑞有限公司发生如下经济业务。
(1) 1 月 5 日,公司开出现金支票一张,从银行提取现金 1 000 元用于上交上月水电费。
(2) 1 月 6 日,用现金上交上月水电费 960 元。
(3) 1 月 14 日,采购员王强因公外出,预借差旅费 600 元,财务科以现金付讫。
(4) 1 月 18 日,用现金支付生产车间办公用品费 440 元。
(5) 1 月 31 日,在库存现金清查中发现现金长款 25 元,其原因无法查明,按管理权限报经批准,列作"营业外收入"处理。

山东科瑞有限公司具体账务处理如下。
(1) 借:库存现金　　　　　　　　　　　　　　　　　　　　　　1 000
　　　贷:银行存款　　　　　　　　　　　　　　　　　　　　　　1 000
(2) 借:管理费用　　　　　　　　　　　　　　　　　　　　　　　960
　　　贷:库存现金　　　　　　　　　　　　　　　　　　　　　　960
(3) 借:其他应收款——王强　　　　　　　　　　　　　　　　　　600
　　　贷:库存现金　　　　　　　　　　　　　　　　　　　　　　600
(4) 借:制造费用　　　　　　　　　　　　　　　　　　　　　　　440
　　　贷:库存现金　　　　　　　　　　　　　　　　　　　　　　440
(5) 批准前,
借:库存现金　　　　　　　　　　　　　　　　　　　　　　　　　25
　　贷:待处理财产损溢——待处理流动资产损溢　　　　　　　　　25
批准后,
借:待处理财产损溢——待处理流动资产损溢　　　　　　　　　　　25

贷：营业外收入　　　　　　　　　　　　　　　　　　　　　　　　　25

做中学 2-2　2021 年 1 月 9 日，出纳张晓雅开出中国建设银行现金支票一张，提取现金 2 000 元备用。现金支票业务基本流程如图 2-1 所示。

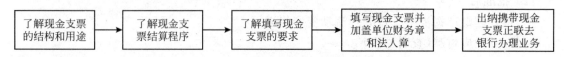

图 2-1　现金支票业务基本流程

步骤 1：了解现金支票的结构和用途。

现金支票有正面和反面（图 2-2），正面的左部分为存根联，留存企业记账；右部分为支票正联，交付银行。

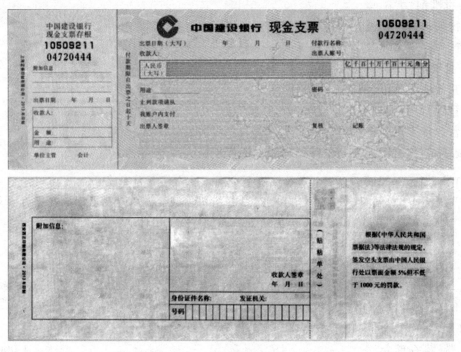

图 2-2　现金支票结构

步骤 2：了解现金支票结算程序。

用现金支票提取现金时，应由出纳人员签发现金支票，并加盖银行预留印鉴后，到开户银行提取现金。用现金支票向外企业或个人支付现金时，应由付款单位出纳人员签发现金支票，并加盖银行预留印鉴和注明收款人后交收款人，由收款人持现金支票到付款单位开户银行提取现金，并按照银行的要求交验有关证件。

步骤 3：了解填写现金支票的要求。

现金支票的填写要求很严格：必须使用碳素墨水或蓝黑墨水钢笔填写，书写要认真，不能潦草。签发日期应填写实际出票日期。收款人栏所填名称应与预留印鉴名称保持一致；金额必须按规定填写，金额如有错误，不能更改，应作废重填；用途栏要填写真实用途，不得弄虚作假；签章必须与银行预留印鉴相符；支票背面要有取款单位或取款人背书。

步骤 4：填写现金支票并加盖单位财务章和法人章（图 2-3）。

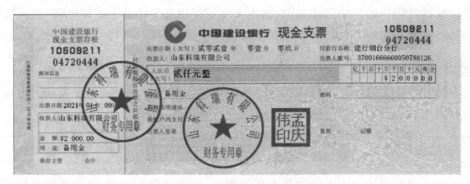

图 2-3 现金支票的填制

步骤 5：出纳携带现金支票正联(图 2-4)去银行办理业务。

图 2-4 现金支票的正联

任务训练2-2

训练目的：通过本任务训练掌握库存现金核算内容。

训练方式：以个人为单位完成本笔业务的账务处理。

训练内容：2021年1月31日，山东科瑞有限公司在对库存现金清查中发现短缺23元，经查，是平时找零所致。

训练要求：做出批准前、批准后的账务处理。

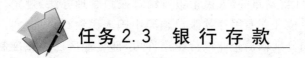

任务2.3 银行存款

任务描述

小张是大四学生，最近在一家制造企业实习，实习单位安排小张在资金部工作。财务经理要求小张参与银行存款业务管理，主要包括银行账户管理、办理银行收付款业务、登记银行日记账、银行收付业务的会计核算及银行存款的期末对账工作。

任务分析

为胜任该项工作，小张首先要了解银行存款业务的内容，储备相应的实践操作知识。小张首先需要了解的是银行账户的管理知识;其次需要了解银行的结算方式和办理;最后要学会将学习到的银行存款相关的会计处理知识在业务实践中应用,以及进行期末的对账处理。

知识准备

银行存款是指企业存放在银行或其他金融机构的货币资金。银行存款业务的内容主要包括银行账户管理、银行结算管理、银行存款收付业务及核算等工作。

一、银行账户管理

单位银行结算账户按用途可分为基本存款账户、一般存款账户、专用存款账户和临时存款账户。

（一）基本存款账户

基本存款账户是办理转账结算和现金收付的主办账户,经营活动的日常资金收付及工资、奖金和现金的支取均可通过该账户办理。存款人只能在银行开立一个基本存款账户。开立基本存款账户是开立其他银行结算账户的前提。

（二）一般存款账户

一般存款账户是存款人的辅助结算账户,借款转存、借款归还和其他结算的资金收付可通过该账户办理。该账户可以办理现金缴存,但不得办理现金支取。该账户的开立数量没有限制。

（三）专用存款账户

专用存款账户是存款人按照法律、行政法规和规章,对其特定用途资金进行专项管理和使用而开立的银行结算账户。专用存款账户是存款人管理和使用基本建设资金,更新改造资金,财政预算外资金,粮、棉、油收购资金等各种专项资金的专用账户。

（四）临时存款账户

临时存款账户是存款人因临时需要并在规定期限内使用而开立的银行结算账户。设立临时机构、异地临时经营活动、注册验资时,存款人可以申请开立临时存款账户。临时存款账户用于办理临时机构及存款人临时经营活动发生的资金收付。

中国人民银行 2003 年发布的《人民币银行结算账户管理办法》规定,开立基本存款账户、临时存款账户和预算单位开立专用存款账户须经中国人民银行核准。自 2018 年 12 月,国务院常务会议决定在全国分批取消企业银行账户许可,部分地区已由核准制改为备案制。存款人应在注册地开立银行结算账户,符合《人民币银行结算账户管理办法》相关规定的,可以开立异地结算账户。存款人可以自主选择银行开立银行结算账户。

二、银行结算管理

企业常用的银行结算方式主要包括汇兑、支票、汇票、本票、委托收款、托收承付、信用证等。

（一）汇兑

汇兑是汇款人委托银行将其款项支付给收款人的结算方式。汇兑分为电汇和信汇两种,由汇款人自行选择。单位和个人的各种款项的结算,均可使用汇兑结算方式。

电汇是汇款人将一定款项交存汇款银行,汇款银行通过电报或电传给目的地的分行或代理行(汇入行),指示汇入行向收款人支付一定金额的一种汇兑结算方式。这种方式便于汇款人向异地的收款人主动付款,使用范围十分广泛。

信汇是汇款人向银行提出申请,同时交存一定金额及手续费,汇出行将信汇委托书以邮寄方式寄给汇入行,授权汇入行向收款人解付一定金额的一种汇兑结算方式。目前,由于这种方式的安全性不高、速度慢,其应用较少。

(二) 支票

支票是出票人签发的,委托办理支票存款业务的银行或者其他金融机构在见票时无条件支付确定的金额给收款人或者持票人的票据。支票包括现金支票和转账支票,转账支票只能用于转账,现金支票可提取现金。

(三) 汇票

汇票是出票人签发的,委托付款人在见票时,或者在指定日期无条件支付确定的金额给收款人或者持票人的票据。汇票按付款人不同,可分为银行汇票、商业汇票。其中使用最为广泛的是银行汇票,银行汇票是由在承兑银行开立存款账户的存款人出票,向开户银行申请并经银行审查同意承兑,保证在指定日期无条件支付确定的金额给收款人或持票人的票据。

(四) 本票

本票是指发票人自己于到期日无条件支付一定金额给收款人的票据。这种票据只涉及出票人和收款人两方,债权债务关系相对简单。

(五) 委托收款

委托收款是指收款人委托银行向付款人收取款项的结算方式,一般采用"委电"托收凭证,即以电报方式由收款人开户行向付款人开户行转送委托收款凭证、提供收款依据的方式。委托收款基本流程如图 2-5 所示。

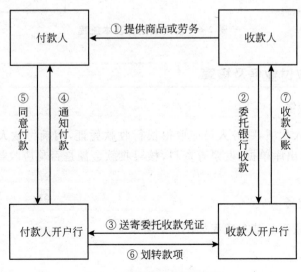

图 2-5　委托收款基本流程

（六）托收承付

托收承付是指根据购销合同，由收款人发货后委托银行向异地购货单位收取货款，购货单位根据合同对单或对证验货后，向银行承认付款的一种结算方式。托收承付结算使用范围较窄、监督严格、信用度较高。

（七）信用证

信用证在国际贸易中应用比较广泛，是指银行根据进口人（买方）的请求，开给出口人（卖方）的一种保证承担支付货款责任的书面凭证。在信用证内，银行授权出口人在符合信用证所规定的条件下，以该行或其指定的银行为付款人，开具不得超过规定金额的汇票，并按规定随附装运单据，按期在指定地点收取货款。信用证对出口人和进口人提供了较强的保障，但费用较高。

信用证结算基本流程如图 2-6 所示。

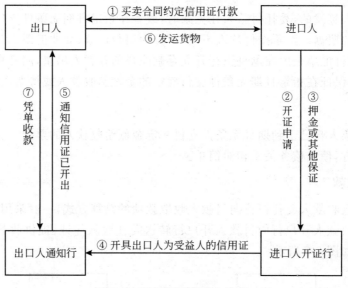

图 2-6　信用证结算基本流程

三、银行存款收付业务及核算

（一）银行收款业务

银行存款增加收入款项，财务人员应取得银行收款凭证，明确付款人和付款事项，获取该交易事项的收款合同、出库单据、发票等资料，核对收款金额是否与应收款相符，并收集上述资料作为原始凭证。

（二）银行付款业务

财务人员办理付款业务基本流程如图 2-7 所示。

（三）会计核算

为反映和监督银行存款的收入、支出和结存情况，企业应设置"银行存款"科目，并根据开户银行及账号信息下设二级科目。借方登记企业银行存款的增加，贷方登记企业银行存款的

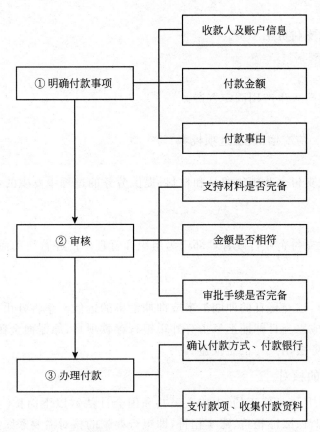

图 2-7 付款业务基本流程

减少,期末借方余额反映企业持有的银行存款余额。涉及银行存款的业务繁多,以下列举几项主要业务及会计核算。

(1) 销售商品、提供劳务收到银行存款。

借:银行存款
　　贷:主营业务收入
　　　　应交税费——应交增值税(销项税额)

(2) 银行收到客户预付货款。

借:银行存款
　　贷:预付账款

(3) 收到银行短期贷款。

借:银行存款
　　贷:短期借款

(4) 购买原材料通过银行存款支付。

借:原材料
　　应交税费——应交增值税(进销税额)
　　贷:银行存款

(5) 以银行存款支付供应商欠款。

借:应付账款

贷：银行存款
　（6）以银行存款支付员工工资。
　　借：应付职工薪酬
　　　贷：银行存款
　（7）以银行存款购入生产用固定资产。
　　借：固定资产
　　　　应交税费——应交增值税（进项税额）
　　　贷：银行存款
　（8）以银行存款支付企业销售商品和材料、提供劳务的过程中发生的各种费用。
　　借：销售费用
　　　贷：银行存款
　（9）以银行存款支付企业行政管理部门为组织和管理生产经营活动而发生的各种费用。
　　借：管理费用
　　　贷：银行存款

　　涉及外币交易时，以交易日的即期汇率或即期汇率的近似汇率将外币折算为记账本位币。期末或实际结汇时，应以当日即期汇率折算外币银行存款项目，原账面金额与当日结汇或折算金额的差额记入"财务费用——汇兑损益"。

（四）银行存款的核对

　　根据2017年11月4日修正的《中华人民共和国会计法》（以下简称《会计法》）的规定，账目核对要做到账账相符、账证相符、账实相符，即银行存款的核对需要账账核对、账证核对和账实核对。

　（1）账账核对是指银行日记账、明细账、总账应相符，如果使用财务系统，以上账簿理论上来源相同，财务人员只需要检查账目生成的设置是否正确。

　（2）账证核对是指以上账簿应与记账凭证、原始凭证相符，目前大部分均采用系统记账的情况下，以上账簿均可由记账凭证生成，财务人员需检查相关设置是否正确。

　（3）账实核对是指以上账簿与银行存款的实际发生额、余额是否一致，一般与银行或直接在网银打印的对账单进行核对。

　　目前很多企业实现了银企互联，使企业的财务系统与银行综合业务系统实现对接，企业若想要完成查询、转账、资金归集、信息下载等，可以利用自身的财务系统自助完成，而不需要登录专门的网上银行账户。财务人员应擅于利用并且主动推动符合成本效益原则的信息化系统建设。

（五）编制银行存款余额调节表

　　完成以上核对后，财务人员应编制银行存款余额调节表，若企业银行存款账面余额与银行对账单余额之间不一致，则可能存在记账错误，还可能存在未达账项。所谓未达账项，是指开户银行和本单位之间，对于同一款项的收付业务，由于凭证传递时间和记账时间不同，发生一方已经入账而另一方尚未入账的款项。

　　企业与银行之间的未达账项，存在以下四种情况。
　（1）企业已收款入账，而银行尚未收款入账。
　（2）企业已付款入账，而银行尚未付款入账。

(3)银行已收款入账,而企业尚未收款入账。
(4)银行已付款入账,而企业尚未付款入账。

以上四种差异反映在银行存款余额调节表中,如表2-1所示,调节后的存款余额应一致。

表2-1 银行存款余额调节表

项 目	金额	项 目	金额
企业银行存款日记账余额		银行对账单余额	
加:银行已收、企业未收款		加:企业已收、银行未收款	
减:银行已付、企业未付款		减:企业已付、银行未付款	
调节后的存款余额		调节后的存款余额	

需要注意的是,银行存款余额调节表只用于核对账目,不能够作为调整账面记录的依据,未达账项必须在收到有关结算凭证后才能登记入账;对于长期未达账项,应及时查明原因并进行处理。

做中学2-3 编制银行存款余额调节表基本流程如图2-8所示。

步骤1:统计银行账户信息,编制银行账户信息表。

经统计,该企业银行账户信息及截至2021年11月的期初余额如表2-2所示。

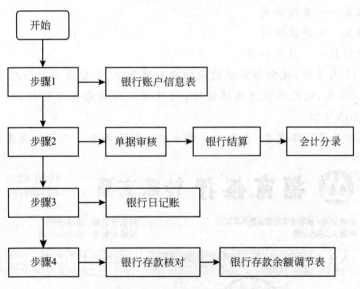

图2-8 编制银行存款余额调节表基本流程

表2-2 山东科瑞有限公司银行账户信息表　　　　　　　　　单位:元

序号	账户类别	账户用途	账户名称	开户行全称	账 号	期初余额
1	基本存款账户	日常经营收付款	山东科瑞有限公司	建设银行烟台分行	37001666660050788126	38 628 258.60
2	一般存款账户	日常经营收付款	山东科瑞有限公司	招商银行烟台分行	93488XN-03	9 918 204.90
3	专用存款账户	住房公积金专用户	山东科瑞有限公司	农业银行烟台分行	092001XN-05	108 999.50

步骤 2:当月发生了以下业务,小张需要审核单据、办理银行结算并记账。

(1) 向黄河公司采购一批甲材料,合同约定的付款方式:合同签订日支付5%预付金,到货验收无误后支付货款的85%,剩余10%待质保期满后支付,质保期为一年,付款方式为电汇。2021年11月1日,合同签订,合同金额为1 000 000.00元。2021年11月30日,到货验收入库,并取得增值税专用发票。

① 小张应在合同签订日,即2021年11月1日对相关合同、付款审批单进行审核,无误后以电汇方式向黄河公司汇款1 000 000.00元×5%=50 000.00元,根据供应商开户银行及公司各银行账户的资金状况使用建设银行支付,并根据付款回单、合同及经审批的付款申请单等原始凭证做如下会计处理。

借:预付账款——黄河公司　　　　　　　　　　　　　　　　50 000.00
　　贷:银行存款——建设银行　　　　　　　　　　　　　　　50 000.00

② 2021年11月30日,小张应对合同、发票、入库单及付款申请单等进行审核,审核无误后以电汇方式支付货款1 000 000.00元×85%=850 000.00元,根据供应商开户银行及公司各银行账户的资金状况使用建设银行支付,并根据付款回单、合同、入库单及经审批的支付申请单等原始凭证做如下会计处理。

借:原材料——甲材料　　　　　　　　　　　　　　　　　　884 955.75
　　应交税费——应交增值税(进项税额)　　　　　　　　　　115 044.25
　　贷:预付账款——黄河公司　　　　　　　　　　　　　　　50 000.00
　　　　银行存款——建设银行　　　　　　　　　　　　　　　850 000.00
　　　　其他应付款——黄河公司　　　　　　　　　　　　　　100 000.00

(2) 2021年11月2日,收到经审批的运输费用请款单,运输公司增值税专用发票已收讫,价税合计50 000.00元,收款单位为鸿远运输,付款方式为转账支票支付,对方收款行为招商银行,账号8200280XN-06。

① 从招商银行开具转账支票,支票应由对方单位签收备查。开具的支票如图2-9所示。

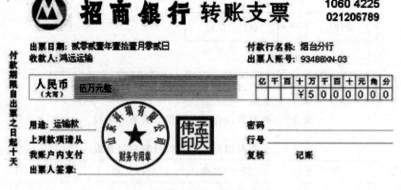

图2-9　招商银行转账支票

② 根据支票存根、发票、请款单等原始凭证做如下会计处理。

借:销售费用——运输费　　　　　　　　　　　　　　　　　47 169.81
　　应交税费——应交增值税(进项税额)　　　　　　　　　　2 830.19
　　贷:银行存款——招商银行　　　　　　　　　　　　　　　50 000.00

(3) 2021年11月5日,建设银行收到威远公司前欠货款12 000 000.00元。

在银行获取或网银打印收款单为原始凭证,并做如下会计处理。

借:银行存款——建设银行　　　　　　　　　　　　　　　12 000 000.00
　　贷:应收账款——威远公司　　　　　　　　　　　　　　　　　12 000 000.00

(4) 2021年11月12日,为支付前欠冷泉公司货款,在招商银行办理面额为500 000.00元、期限为六个月的银行承兑汇票,为此需划转200 000.00元保证金,并质押一份300 000.00元的招商银行定期存单。冷泉公司开户行为招商银行烟台分行,账号为673207208。

① 在银行办理200 000.00元的保证金转存手续,并配合为银行需求办理质押手续,质押的银行存单不需要做会计分录,但需要在期末的财务报表附注中注明。取得的银行承兑汇票交付给冷泉公司并要求签收。银行承兑汇票如图2-10所示。

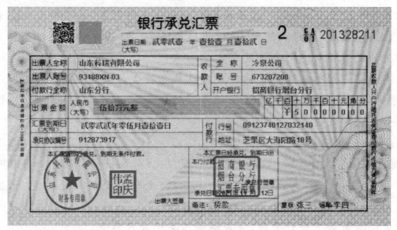

图2-10　银行承兑汇票

② 将银行获取的相关资料及银行承兑汇票的签收单据作为原始凭证,做如下会计处理。

借:其他货币资金——存出保证金　　　　　　　　　　　　　200 000.00
　　贷:银行存款——招商银行　　　　　　　　　　　　　　　　　200 000.00
借:应付账款——冷泉公司　　　　　　　　　　　　　　　　　500 000.00
　　贷:应付票据　　　　　　　　　　　　　　　　　　　　　　　500 000.00

(5) 2021年11月13日,山东科瑞有限公司为缓解短期资金压力,将收到的1 000 000.00元电子商业汇票(招商银行承兑)在招商银行贴现,该票据的开出日期为2021年9月14日,到期日为2021年12月13日,招商银行给出的年化贴现率为4.3%。

① 根据银行要求提供申请资料,一般包括银行提供固定格式的申请书、营业执照、法人和经办人身份证件、未到期银行承兑汇票,以及与该票据相关的合同、发票等。经银行审核通过后,会将扣除贴现利息后的金额以发放贷款的形式划转到公司银行账户。

② 以该业务资料为原始凭证,做如下会计处理。

借:银行存款——招商银行　　　　　　　　　　　　　　　　996 416.67
　　财务费用——利息支出　　　　　　　　　　　　　　　　　3 583.33
　　贷:短期借款　　　　　　　　　　　　　　　　　　　　　　　1 000 000.00

(6) 2021年11月15日,支付上月工资2 600 000.00元,山东科瑞有限公司的住房公积金缴款专用账户在农业银行开设,本月应缴金额350 000.00元,其中代扣个人175 000.00元已挂账，公司负担175 000.00元已计提。由于缴款账户余额不足，因此经审批从建设银行转入农业银行专用账户500 000.00元。

根据付款单和转款单做如下会计处理。

借：应付职工薪酬　　　　　　　　　　　　　　　　　　　2 600 000.00
　　贷：银行存款——建设银行　　　　　　　　　　　　　　　　2 600 000.00
借：银行存款——农业银行　　　　　　　　　　　　　　　　500 000.00
　　贷：银行存款——建设银行　　　　　　　　　　　　　　　　500 000.00
借：应付职工薪酬　　　　　　　　　　　　　　　　　　　175 000.00
　　其他应付款——住房公积金　　　　　　　　　　　　　　175 000.00
　　贷：银行存款——农业银行　　　　　　　　　　　　　　　　350 000.00

（7）2021年11月25日，收到与建设资产相关的政府补助1 000 000.00元，资产已完成建设并计划于2022年1月1日投入使用，预计使用年限10年，山东科瑞有限公司采用总额法对与日常活动相关的政府补助进行会计处理。

山东科瑞有限公司按总额法对收到的政府补助进行会计处理，应在相关资产剩余使用寿命内按合理、系统的方法进行递延，收益分期计入损益。在收到政府补助时，应根据收款凭证及相关文件做如下会计处理。

借：银行存款——建设银行　　　　　　　　　　　　　　　　1 000 000.00
　　贷：递延收益　　　　　　　　　　　　　　　　　　　　　1 000 000.00

（8）2021年11月30日，建设银行收到一笔款项，金额为120 000.00元，未能确认汇款人身份及汇款原因。

复核收款凭证后做如下会计处理，并应继续追查汇款人信息。

借：银行存款——建设银行　　　　　　　　　　　　　　　　120 000.00
　　贷：其他应付款——暂收款　　　　　　　　　　　　　　　　120 000.00

（9）2021年11月30日，建设银行结息9 332.06元，根据利息单做如下会计处理。

借：银行存款　　　　　　　　　　　　　　　　　　　　　　9 332.06
　　贷：财务费用——利息收入　　　　　　　　　　　　　　　　9 332.06

步骤3：银行存款日记账。

通过财务系统可以根据凭证生成银行存款日记账，也可以手动逐日录入银行存款日记账，银行存款日记账分银行账户记录如表2-3～表2-5所示。

表2-3　建设银行日记账

账簿：山东科瑞有限公司主账簿　　　银行：建设银行　　　银行账号：3700166666005078812
起始日期：2021-11-1　　　结束日期：2021-11-30　　　币别：人民币　　单位：元

序号	业务日期	单据编号	凭证字号	摘要	借方金额	贷方金额	余额
1				期初结存			38 628 258.6
2	2021-11-01	FKD00001539	银-01	支付黄河公司材料预付款		50 000	38 578 258.6
3	2021-11-05	FKD00001545	银-03	收到ABC公司货款	12 000 000		50 578 258.6
4	2021-11-15	FKD00001561	银-06	支付11月工资		2 600 000	47 978 258.6
5	2021-11-15	FKD00001577	银-07	调款至农业银行账户		500 000	47 478 258.6

续表

序号	业务日期	单据编号	凭证字号	摘要	借方金额	贷方金额	余额
6	2021-11-25	FKD00001596	银-10	收到政府补助	1 000 000		48 478 258.6
7	2021-11-30	FKD00001542	银-11	支付黄河公司材料款		850 000	47 628 258.6
8	2021-11-30	FKD00001597	银-12	收到不明款项	120 000		47 748 258.6
9	2021-11-30	FKD00001606	银-13	银行结息	9 332.06		47 757 590.7

表2-4 招商银行日记账

账簿:山东科瑞有限公司主账簿　　　银行:招商银行　　　银行账号:93488XN-03
起始日期:2021-11-1　　　结束日期:2021-11-30　　　币别:人民币　单位:元

序号	业务日期	单据编号	凭证字号	摘要	借方金额	贷方金额	余额
1				期初结存			9 918 204.9
2	2021-11-02	FKD00001539	银-02	支付鸿远运输费用		50 000	9 868 204.9
3	2021-11-12	FKD00001542	银-04	支付承兑汇票保证金		200 000	9 668 204.9
4	2021-11-13	FKD00001545	银-05	收到承兑汇票贴现款	996 416.67		10 664 621.6

表2-5 农业银行日记账

账簿:山东科瑞有限公司主账簿　　　银行:农业银行　　　银行账号:092001XN-05
起始日期:2021-11-1　　　结束日期:2021-11-30　　　币别:人民币　单位:元

序号	业务日期	单据编号	凭证字号	摘要	借方金额	贷方金额	余额
1				期初结存			108 999.5
2	2021-11-15	FKD00001539	银-08	建设银行转入	500 000		608 999.5
3	2021-11-15	FKD00001542	银-09	缴纳住房公积金		350 000	258 999.5

步骤4:核对银行对账单并编制银行余额调节表。

(1)取得银行对账单,详见表2-6~表2-8。

表2-6 建设银行账户明细查询结果

账户:37001666660050788126　　　币种:CNY
开始日期:2021-11-1　　　截止日期:2021-11-30

流水号	交易日期	交易时间	收入	支出	余额	摘要
98242722	2021-11-01	23:00:10		50 000.00	38 578 258.60	黄河公司材料预付款
12395933	2021-11-05	13:01:07	12 000 000.00		50 578 258.60	威远公司货款
10593202	2021-11-15	12:06:33		2 600 000.00	47 978 258.60	11月工资
7121069	2021-11-15	10:23:04		500 000.00	47 478 258.60	调款至农行账户
98243137	2021-11-25	23:29:15	1 000 000.00		48 478 258.60	政府补助
21042130	2021-11-30	16:06:30	120 000.00		48 598 258.60	
20376304	2021-11-30	16:04:50	9 332.06		48 607 590.66	结息
13930071	2021-11-30	05:47:23		204.00	48 607 386.66	省电信划扣

表2-7 招商银行账户明细查询结果

账户:93488XN-03　　　　　　　　　　　　　　　　　　　　　　　　　　币种:CNY
开始日期:2021-11-1　　　　　　　　　　　　　　　　　　　　　　　截止日期:2021-11-30

流水号	交易日期	交易时间	收入	支出	余额	摘要
522399	2021-11-02	13:35:39		50 000.00	9 868 204.90	鸿远运输运费
13974978	2021-11-12	13:17:48		200 000.00	9 668 204.90	承兑汇票保证金
6023028	2021-11-13	12:46:09	996 416.67		10 664 621.57	承兑汇票贴现款

表2-8 农业银行账户明细查询结果

账户:092001XN-05　　　　　　　　　　　　　　　　　　　　　　　　　　币种:CNY
开始日期:2021-11-1　　　　　　　　　　　　　　　　　　　　　　　截止日期:2021-11-31

流水号	交易日期	交易时间	收入	支出	余额	摘要
808364	2021-11-15	14:08:06	500 000.00		608 999.50	建设银行转入
522399	2021-11-15	10:17:38		350 000.00	258 999.50	缴纳住房公积金

(2) 经核对,招商银行、农业银行发生额及余额均一致。建设银行对账单与企业银行日记账存在两笔差异:一笔为转账给黄河公司的材料款银行尚未划转,另一笔为电信代扣网络费用企业尚未收到发票未入账。编制银行存款余额调节表,如表2-9所示。

表2-9 银行存款余额调节表

账号:37001666660050788126　　　　日期:2021-11-30　　　　币别:人民币　　　　单位:元

项　目	金　额	项　目	金　额
企业银行存款日记账余额	47 757 590.66	银行对账单余额	48 607 386.66
加:银行已收、企业未收款		加:企业已收、银行未收款	
减:银行已付、企业未付款	204.00	减:企业已付、银行未付款	850 000.00
调节后的存款余额	47 757 386.66	调节后的存款余额	47 757 386.66

任务训练2-3

外汇账户记账

训练目的:通过本任务训练,掌握涉及外币交易事项的会计处理,熟悉信用证业务的会计处理,以及外汇账户的银行日记账登记。

训练方式:以小组为单位完成实训任务,在财务管理系统中完成任务训练。

训练环境:综合实训室(学生每人有一台可上网的计算机,桌椅可拼接),安装财务管理系统软件。

训练内容:山东科瑞有限公司取得了进出口经营权,2021年12月10日在中国银行新开设了一个外汇账户,财务经理要求小张继续管理银行存款业务,当月发生了以下与该银行账户相关的业务。

(1) 2021年12月15日,收到境外A公司汇入预付货款500 000.00美元。

(2) 2021年12月16日,接到中国银行通知,收到境外B公司开出的信用证,金额为200 000.00美元。

(3) 2021年12月18日,与境外C公司签订采购合同,合同金额600 000.00美元,采用FOB(即离岸价)交货,合同约定的付款方式为远期信用证,期限90天。2021年12月18日,向中国银行提交信用证开证申请,并缴存保证金300 000.00美元。

(4) 2021年12月25日,C公司向山东科瑞有限公司及C公司的开户行提交了货物发运单据。

(5) 2021年12月25日,办妥给A公司的货物发运,将相关装运单据提交中国银行议付货款。2021年12月28日,收到该笔货款200 000.00美元。

2021年12月,美元汇率信息如表2-10所示。

表2-10 美元汇率表 单位:元

时间	现汇买入价	现钞买入价	现汇卖出价	现钞卖出价	中间折算价
2021-12-15	649.00	643.71	651.75	651.75	650.65
2021-12-16	648.64	643.35	651.38	651.38	650.29
2021-12-18	643.37	638.13	646.09	646.09	645.00
2021-12-25	639.49	634.28	642.19	642.19	641.11
2021-12-28	644.69	639.43	647.42	647.42	646.33
2021-12-31	639.10	633.89	641.81	641.81	640.73

注:表中数据为100美元换算人民币额。

训练要求:在系统中录入上述业务的会计分录,并登记该账户的银行存款日记账。

任务2.4 其他货币资金

任务描述

通过货币资金的学习,小张已经对库存现金、银行存款的主要内容有了充分的认识及实际操作,财务经理对此非常满意。但货币资金还有其他形式的账务需要处理,他又给小张布置了一项新任务,了解其他货币资金包含的种类并学会对其他货币资金进行账务处理。

任务分析

小张要完成其他货币资金类型的业务处理,首先需要学习并了解其他货币资金的类型及概念,并清楚其他货币资金的核算账户及账户性质,会按照种类设置其他货币资金明细账户,分析业务类型,编写分录,进行账务处理。

知识准备

一、其他货币资金的定义及分类

其他货币资金是指企业除库存现金、银行存款以外的各种货币资金,包括外埠存款、银行汇票存款、银行本票存款、信用卡存款、信用证保证金存款、存出投资款。

外埠存款是指企业到外地进行临时零星采购时,汇往采购地银行开立采购专户的款项。企业汇出款项时,须填写汇款委托书;汇入银行对汇入的采购款项,按汇款单位开设采购专户,采购专户存款只付不收,款项付完后结束账户。

银行汇票存款是指企业为取得银行汇票按照规定存入银行的款项。

银行本票存款是指企业为取得银行本票按照规定存入银行的款项。

信用卡存款是指企业为取得信用卡按照规定存入银行的款项。

信用证保证金存款是指企业存入银行作为信用证保证金专户的款项。

存出投资款是指企业已经存入证券公司但尚未进行投资的货币资金。

二、其他货币资金的核算

由于其他货币资金的存放地点、用途与现金和银行存款不同,因此需设置"其他货币资金"科目来集中核算。"其他货币资金"科目属于资产类科目,借方登记其他货币资金的增加数,贷方登记其他货币资金的减少数,期末借方余额反映其他货币资金的结余数额。

在该科目下,可以分设外埠存款、银行汇票存款、银行本票存款、在途资金、信用卡存款、信用证保证金存款等明细科目进行明细核算。

(一)取得其他货币资金

借:其他货币资金——银行汇票/银行本票/信用卡/信用证保证金/存出投资款/外埠存款等
　　贷:银行存款

(二)使用其他货币资金,以采购业务为例

借:材料采购
　　应交税费——应交增值税(进项税额)
　　贷:其他货币资金——银行汇票/银行本票/信用卡/信用证保证金/存出投资款/外埠存款等

(三)业务完结,剩余款项退回

借:银行存款
　　贷:其他货币资金——银行汇票/银行本票/信用卡/信用证保证金/存出投资款/外埠存款等

知识链接

对其他货币资金业务的查账

对其他货币资金业务的查账方法主要包括以下几种。

(1)查阅各种存款日记账,查证各种专户存款的开立是否必要。如外埠存款是否因临时、零星采购物资所需而开立,信用证存款是否确实因在开展进出口贸易业务中采用国际结算方式所需而开立。

(2)要求企业提供各种书面文件,查证开立各种专户存款是否经过适当的审批手续、其数额是否合理。

(3) 从日记账记录中抽出数笔业务查证其原始凭证和记账凭证,查证各存款户支用款项是否合理,即是否按原定的用途使用;是否遵守银行的结算制度;采购业务完成之后是否及时办理结算手续;有无非法转移资金的现象。

(4) 对于在途货币资金,应根据汇出单位的汇款通知书,查证在途货币资金的形成是否真实;在途货币资金发生后是否及时入账;收到在途货币资金后是否及时注销;对长期挂账不注销或一直未收到款项的应查明原因。

做中学 2-4 2021 年 3 月,山东科瑞有限公司发生的经济业务如下。

(1) 3 月 3 日,公司填写汇款委托书,委托银行将款项 30 000 元汇往采购地开立专户,取得汇出款项凭证。

(2) 3 月 5 日,收到采购人员转来供应单位发票账单等报销凭证,注明采购材料价款 26 000 元,增值税 3 380 元。

(3) 3 月 10 日,采购完毕收回剩余款项 620 元,取得银行收账通知。

其具体账务处理如下。

(1) 取得其他货币资金(外埠存款)。

借:其他货币资金——外埠存款　　　　　　　　　　　　　　30 000
　　贷:银行存款　　　　　　　　　　　　　　　　　　　　　30 000

(2) 使用外埠存款进行采购。

借:材料采购　　　　　　　　　　　　　　　　　　　　　　26 000
　　应交税费——应交增值税(进项税额)　　　　　　　　　　3 380
　　贷:其他货币资金——外埠存款　　　　　　　　　　　　29 380

(3) 采购业务完成,剩余款项退回。

借:银行存款　　　　　　　　　　　　　　　　　　　　　　620
　　贷:其他货币资金——外埠存款　　　　　　　　　　　　620

做中学 2-5 2021 年 3 月,山东科瑞有限公司发生的经济业务如下。

(1) 3 月 12 日,公司委托银行办理 20 000 元银行汇票,填写"银行汇票申请书",将款项缴存银行,取得银行汇票和银行盖章后退回的银行汇票申请书存根联。

(2) 3 月 15 日,公司持银行汇票购货,收到有关发票账单,注明采购材料价款 15 000 元,增值税 1 950 元。

(3) 3 月 25 日,采购完毕收回剩余款项 3 050 元,取得银行的多余款项收账通知。

其具体账务处理如下。

(1) 取得其他货币资金(银行汇票存款)。

借:其他货币资金——银行汇票存款　　　　　　　　　　　　20 000
　　贷:银行存款　　　　　　　　　　　　　　　　　　　　　20 000

(2) 使用银行汇票进行采购。

借:材料采购　　　　　　　　　　　　　　　　　　　　　　15 000
　　应交税费——应交增值税(进项税额)　　　　　　　　　　1 950
　　贷:其他货币资金——银行汇票存款　　　　　　　　　　16 950

(3) 采购业务完成,剩余款项退回。

借：银行存款　　　　　　　　　　　　　　　　　　　　　　　　　3 050
　　贷：其他货币资金——银行汇票存款　　　　　　　　　　　　　　3 050

任务训练2-4

训练目的：通过本任务训练，使学生掌握采购其他货币资金业务处理流程，掌握其他货币资金的账务登记业务处理流程。

训练方式：以小组为单位分岗位完成实训任务，在财务核算系统中完成任务训练。

训练环境：综合实训室（学生每人有一台可上网的计算机，桌椅可拼接），安装U8财务系统软件。

训练内容：对以下业务进行账务处理，并进行账务登记。

（1）大通公司向银行申请领取信用卡，填写申请表，公司取得信用卡时交存备用金20 000元。

（2）大通公司收到银行转来的信用卡存款凭证及所附发票账单，发生招待费14 400元。

（3）大通公司不再使用信用卡结算，办理销户手续，信用卡存款余额5 600元转回基本存款账户。

训练要求：以小组为单位，进行岗位分工，如出纳、核算、财务主管等，给出正确的会计分录，并分流程、分岗位在财务系统中进行账务登记。

学习总结

本项目主要介绍库存现金、银行存款和其他货币资金三种货币形态的资产。

库存现金是出纳人员经管的货币，是企业中流动性最强的资产。企业应严格按照国家和企业有关现金管理制度，明确现金的使用范围、现金的限额、现金收支的规定等，正确进行现金收支核算，监督现金使用的合法性与合理性。不得"白条顶库"，不准谎报用途套取现金，不准利用银行账户代其他单位和个人存入或支取现金，不得"公款私存"，不得设置"小金库"等，企业违反上述规定，将按照违规金额的一定比例予以处罚。

银行存款是企业存放在银行或其他金融机构的货币资金。根据《银行账户管理办法》，企业可以设置基本存款账户、一般存款账户、专用存款账户和临时存款账户。企业通过银行办理支付结算时，应严格执行银行结算制度的规定。银行结算方式包括汇兑、支票、汇票、本票、委托收款、托收承付、信用证等。根据《会计法》的规定，账目核对要做到账账相符、账证相符、账实相符，即银行存款的核对需要账账核对、账证核对和账实核对。完成以上核对后，财务人员应编制银行存款余额调节表。

"讲好中国故事，传承中国精神"系列故事2

其他货币资金是单位除库存现金、银行存款以外的以其他形式存在的各种货币资金，包括外埠存款银行汇票存款、银行本票存款、信用卡存款、信用证保证金存款和存出投资款等。其他货币资金往往有其指定的用途，如存出投资款主要用于在证券公司购买股票、债券、基金等，外埠存款主要用于企业到外地进行临时或零星采购，信用证保证金存款主要用于进出口企业货款结算等。

项目2　货币资金 学习测试

项目 3 应收及预付款项

学习目标

【知识目标】

(1) 了解应收及预付款项会计核算的职责、相关单证的填制方法。
(2) 了解商业折扣和现金折扣对应收账款入账价值的影响。
(3) 了解应收款项减值核算的基本原理。
(4) 了解坏账准备的计提对应收账款账面价值的影响。

【能力目标】

(1) 会进行应收及预付款项业务的会计核算。
(2) 能用应收款项余额百分比法计提坏账准备。

【素质目标】

(1) 熟悉最新合同法、银行法、票据法、税法等政策法规的变动。
(2) 养成诚实守信的良好职业操守。
(3) 培养学法守法和保持沟通的良好习惯。

项目 3 应收及预付款项

学习导图

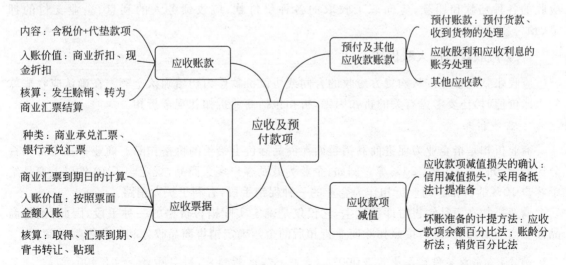

应收及预付款项是指企业在日常生产经营过程中发生的各项债权,包括应收款项和预付款项。应收款项包括应收票据、应收账款、应收股利、应收利息和其他应收款等;预付款项是指企业按照合同规定预付的款项,如预付账款等。

任务 3.1 应收账款

任务描述

某上市公司 2021 年实现营业收入 10 亿元,与 2020 年同期相比上升 20%,净利润为 2 亿元。但公司现金流却为负数。经查,应收账款同比上升 56%,是资产中增长最为迅速的项目。应收账款居高不下,造成企业净资产虚化。可见应收账款是埋伏在企业身边的"定时炸弹",使企业财务安全存在隐患。

任务分析

企业发生应收账款后会产生一些负面影响。不合理应收账款的存在会使营业周期延长,影响企业资金循环,因此,企业应加强应收款项的管理与核算,及时收回货款,减少坏账损失的发生。

知识准备

一、应收账款概述

(一)应收账款的内容

应收账款的入账价值是指企业销售商品、提供服务等经营活动应向购货单位或接受劳务单位收取的款项,包括合同或协议价款、增值税销项税额,以及代购货单位垫付的包装费、运杂费等。企业不是因销售活动、提供劳务而发生的应收款项,不应列入应收账款,如应收的各种赔款和罚款、应向职工收取的各种垫付款、应收债务人的利息、企业支付的押金、预付款项等。

(二)应收账款的入账价值

应收账款通常应按从购货方应收的合同或协议价款作为初始确认金额。在确认应收账款的入账价值时,还要考虑有关的折扣因素,折扣包括商业折扣和现金折扣。

1. 商业折扣

商业折扣是指企业为促进商品销售而在商品标价上给予的价格扣除。商业折扣通常用百分比表示,如 5%、10%、20% 等。例如,企业为鼓励客户多买商品,规定购买 10 件以上商品给予客户 10% 的折扣。商业折扣作为企业的一种促销手段,有利于扩大销路。

商业折扣在商品销售时即已发生,它仅仅是确定实际销售价格的一种手段,因此,销售商品涉及商业折扣的,应当按照扣除商业折扣后的金额确定销售商品收入和应收账款金额。

例 3-1 企业某件商品原价 3 000 元(含税),以 8 折销售,则实际售价为 2 400 元。

2. 现金折扣

现金折扣是指债权人为鼓励债务人在规定的期限内付款而向债务人提供的债务折扣。现金折扣通常表示为"折扣率/付款期",即债务人在不同期限内付款可享受不同比例的折扣。例如,"2/10,1/20,n/30",表示债权人给予债务人(客户)的信用期为30天,如果客户在10天内付款,给予2%的折扣;在11~20天内付款,给予1%的折扣;在21~30天内付款,无折扣,按全价付款。在现金折扣下,应收账款入账价值的确定有两种方法:总价法和净价法。

(1) 总价法是指按扣除现金折扣前的金额确定应收账款的入账价值的方法。现金折扣在实际发生时计入当期财务费用。在总价法下,现金折扣不会影响应收账款入账价值的确定。

例 3-2 某企业赊销商品一批,商品标价10 000元,增值税税率为13%,现金折扣条件为"2/10,n/20",给对方代垫运杂费200元,则应收账款的入账金额为11 500元。

(2) 净价法是指按扣除现金折扣后的金额确定应收账款的入账价值的方法。这种方法把客户取得现金折扣视为正常现象,认为客户一般都会提前付款。如果实际没有发生现金折扣,则收到的现金折扣视为提供信贷获得的收入,在收到账款时冲减财务费用。在净价法下,现金折扣会影响应收账款入账价值的确定。

我国会计实务中,企业应收账款应采用总价法进行核算。商业折扣和现金折扣的比较如表3-1所示。

表 3-1 商业折扣和现金折扣的比较

比 较	商业折扣	现金折扣
目的不同	为促进销售而给予的价格扣除	为鼓励顾客提前付款而给予的债务扣款
时间不同	在销售实现时,按扣除商业折扣后的净额确认销售收入,不需作账务处理	在商品销售后发生,在确认销售收入时不能确定相关的现金折扣,销售后现金折扣是否发生应视买方的付款情况而定

例 3-3 · 多选题 下列各项中,构成应收账款入账价值的有( )。
A. 确认商品销售收入时尚未收到的价款
B. 确认销售收入时尚未收到的增值税
C. 代购货方垫付的包装费
D. 销售货物发生的商业折扣

【答案】ACD。应收账款的入账价值包括销售货物或提供劳务的价款、增值税,以及代购货方垫付的包装费、运输费等。

例 3-4 · 单选题 甲公司为增值税一般纳税人,向乙公司销售商品一批,商品价款20万元、增值税税额2.6万元;以银行存款支付代垫运费1万元、增值税税额0.09万元,上述业务均已开具增值税专用发票,全部款项尚未收到。不考虑其他因素,甲公司应收账款的入账金额为( )万元。
A. 21   B. 22.6   C. 23.69   D. 20

【答案】C。应收账款的入账金额=20+2.6+1+0.09=23.69(万元)。

例 3-5 · 单选题 某企业在2021年4月8日销售商品100件,开具增值税专用发票上注明的价款为20 000元,增值税税额为2 600元。企业为及早收回货款而在合同中规定的现金折扣条件为"2/10,1/20,n/30"。假定计算现金折扣时不考虑增值税。如果购货方2021年4月14日付清货款,该企业实际收款金额应为( )元。
A. 22 332   B. 22 600   C. 23 148   D. 22 200

【答案】D。购货方在 4 月 14 日付款,属于在 10 天内付清货款,可享受 2%的现金折扣,所以,该企业实际收款金额=20 000×(1-2%)+2 600=22 200(元)。

二、应收账款的账务处理

为核算和监督应收账款的增减变动及其结存情况,企业应设置"应收账款"账户。本账户属于资产类账户,核算企业销售商品、提供劳务等日常活动应收取的款项,借方登记应收账款的增加,贷方登记应收账款的收回及确认的坏账损失。本账户可以债务人为条件进行明细核算。

(1) 发生赊销时。

借:应收账款

　　贷:主营业务收入

　　　　应交税费——应交增值税(销项税额)

　　　　银行存款(代垫各类款项)

(2) 转为商业汇票结算时。

借:应收票据

　　贷:应收账款

> **知识链接**
>
> 　　企业因销售商品、提供劳务等,采用递延方式收取合同或协议价款,实质上具有融资性质的,应在"长期应收款"账户核算。

2021 年 1 月 5 日,山东科瑞有限公司向大江公司销售 A 产品一批,货款 100 000 元,增值税税额 13 000 元,以银行存款垫付运杂费 2 000 元,已办妥托收手续。增值税专用发票(记账联)如图 3-1 所示,托收凭证(受理回单)如图 3-2 所示,转账支票存根如图 3-3 所示。

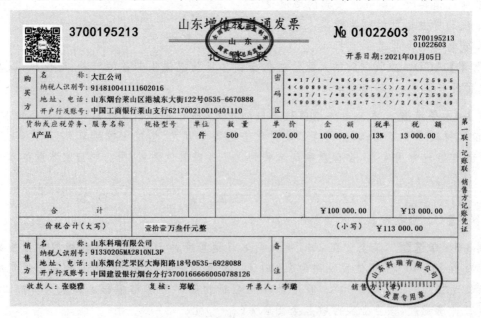

图 3-1　增值税专用发票(记账联)

业务类型	委托收款（☐邮划 ☑电划）		托收承付（☐邮划 ☐电划）			
付款人	全称	大江公司	收款人	全称	山东科瑞有限公司	
	账号	621700210010401110		账号	37001666660050788126	
	地址	山东省烟台市 开户行 中国建设银行莱山支行		地址	山东省烟台市 开户行 建行莱山支行	
金额	人民币（大写）壹拾壹万伍仟元整				¥115 000 00	
款项内容	货款及运杂费	托收凭据名称	增值税专用发票 运单	附寄件单证张数	2张	
商品发运情况	已发运		合同名称号码	20210105		
备注		款项收妥日期 2021.01.05				
复核	记账		年 月 日		年 月 日	

图 3-2 托收凭证（受理回单）

图 3-3 转账支票存根

做中学 3-1 山东科瑞有限公司的账务处理如下。

（1）1月5日销售商品时。

借：应收账款——大江公司　　　　　　　　　　　　　115 000
　　贷：主营业务收入——A产品　　　　　　　　　　100 000
　　　　应交税费——应交增值税（销项税额）　　　　 13 000
　　　　银行存款　　　　　　　　　　　　　　　　　 2 000

（2）实际收到货款时。

借：银行存款　　　　　　　　　　　　　　　　　　　115 000
　　贷：应收账款——大江公司　　　　　　　　　　　115 000

做中学 3-2 2021年1月6日,山东科瑞有限公司向佳乐源公司销售B产品一批,售价为200 000元,给予佳乐源公司10%的商业折扣,适用的增值税税率为13%,已开出增值税专用发票。为及早收回货款,在合同中规定给予佳乐源公司的现金折扣条件为"2/10,1/20,n/30"(假定计算现金折扣时不考虑增值税)。山东科瑞有限公司的账务处理如下。

(1) 1月6日销售商品时。

借:应收账款——佳乐源公司　　　　　　　　　　　　　　　　203 400
　　贷:主营业务收入——B产品　　　　　　　　　　　　　　　　180 000
　　　　应交税费——应交增值税(销项税额)　　　　　　　　　　 23 400

(2) 如果佳乐源公司1月13日付款。

$$折扣额 = 180\,000 \times 2\% = 3\,600(元)$$
$$收款金额 = 203\,400 - 3\,600 = 199\,800(元)$$

借:银行存款　　　　　　　　　　　　　　　　　　　　　　　199 800
　　财务费用　　　　　　　　　　　　　　　　　　　　　　　　 3 600
　　贷:应收账款——佳乐源公司　　　　　　　　　　　　　　　203 400

(3) 如果佳乐源公司1月20日付款。

$$折扣额 = 180\,000 \times 1\% = 1\,800(元)$$
$$收款金额 = 203\,400 - 1\,800 = 201\,600(元)$$

借:银行存款　　　　　　　　　　　　　　　　　　　　　　　201 600
　　财务费用　　　　　　　　　　　　　　　　　　　　　　　　 1 800
　　贷:应收账款——佳乐源公司　　　　　　　　　　　　　　　203 400

(4) 如果佳乐源公司1月31日付款,则不享受现金折扣,需全额付款。

借:银行存款　　　　　　　　　　　　　　　　　　　　　　　203 400
　　贷:应收账款——佳乐源公司　　　　　　　　　　　　　　　203 400

任务训练3-1

应收账款的内容

训练目的: 通过本任务训练掌握应收账款的内容及影响。

训练方式: 以小组为单位讨论、课堂提问。

训练内容: 某企业某年实现销售收入100万元,其中该年收回货款20万元,其他80万元以应收账款的形式存在,结合案例思考以下问题。

(1) 会计上对以上问题的处理思路是什么?

(2) 应收账款对企业持续经营产生的影响有哪些?

(3) 与应收账款相似的项目还有哪些?

(4) 权责发生制的利弊有哪些?如何克服权责发生制的弊端,更好地实现会计目标?

任务训练3-2

应收账款的账务处理

训练目的: 通过本任务训练掌握应收账款的账务处理流程。

训练方式: 以小组为单位分岗位完成实训任务,在财务核算系统中完成任务训练。

训练内容: 对下列业务进行账务处理,并进行账务登记。

2022年1月5日,山东科瑞有限公司向东联有限公司销售A产品一批,货款为600 000元,给予东联有限公司10%的商业折扣,适用13%的增值税税率。山东科瑞有限公司在销售合同中提供的付款条件为"2/10,1/20,n/30",不考虑增值税。东联有限公司于1月10日付款。

(1) 1月5日销售实现时,根据销售合同,在履行增值税专用发票等原始凭证交接手续后,如何编制记账凭证?

(2) 若东联有限公司1月10日付款、1月20日付款、2月1日付款,各享受多少现金折扣?如何编制记账凭证?

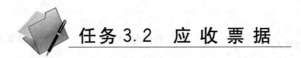

任务3.2 应收票据

任务描述

某银行的一项违规事由是办理无真实贸易背景的银行承兑汇票贴现,被罚款20万元。

任务分析

按照现行中国人民银行和中国银行保险监督管理委员会法规,签发承兑汇票必须有真实贸易往来,但由于出票人只需要缴纳约30%的保证金,所以有个别企业虚构贸易用途开出空票,再背书给票据中介进行"包装"后套取银行资金。

知识准备

一、应收票据概述

(一) 应收票据的含义

应收票据是指企业因销售商品、提供劳务等而收到的商业汇票。

商业汇票是一种由出票人签发的,委托付款人在指定日期无条件支付确定金额给收款人或者持票人的票据。

纸质商业汇票的付款期限最长不得超过6个月。符合条件的商业汇票的持票人,可以持未到期的商业汇票连同贴现凭证向银行申请贴现。

企业申请使用银行承兑汇票时,应向其承兑银行按票面金额的0.5‰交纳手续费,将其记入"财务费用"科目中。

(二) 商业汇票的分类

(1) 商业汇票按承兑人的不同可分为商业承兑汇票和银行承兑汇票。商业承兑汇票的流转程序如图3-4所示。

(2) 商业汇票按是否带息可分为不带息商业汇票和带息商业汇票。

不带息商业汇票是指商业汇票到期时,承兑人只按票面金额向收款人或持票人支付票款的票据。不带息商业汇票的到期值就是票据面值。

带息商业汇票是指商业汇票到期时,承兑人必须按票面金额加上应计利息向收款人或持票人支付票款的票据。带息商业汇票的到期值是票据面值与票据利息之和,用公式表示如下。

票据利息＝票据面值×票据利率×期限

票据到期值＝票据面值＋票据利息

知识链接

在票据利息计算公式中,期限是指签发日至到期日的时间间隔。利率和期限应保持一致,当票据期限按月表示时,要将年利率换算成月利率(年利率÷12);当票据期限按天表示时,要将年利率换算成日利率(年利率÷360)。

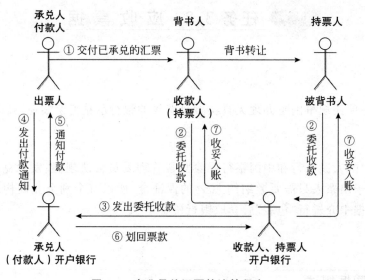

图 3-4 商业承兑汇票的流转程序

(三) 商业汇票的到期日

票据的期限一般有按月表示和按日表示两种。

1. 按月表示

票据期限按月表示时,不论各月份实际天数为多少,均以到期月份中与出票日相同的那一天为到期日,如 3 月 2 日签发的期限为 2 个月的商业汇票,到期日为 5 月 2 日。月末签发的票据,不论月份大小,统一以到期月份的最后一日为到期日。如 4 月 30 日签发的期限为 3 个月的商业汇票,到期日为 7 月 31 日。

2. 按日表示

票据期限按日表示时,统一按票据的实际天数计算到期日,但通常出票日和到期日只计算其中的一天,即"算头不算尾"或"算尾不算头"。例如,3 月 3 日签发的期限为 90 天的商业汇票,到期日为 6 月 1 日(算尾不算头:3 月 28 天＋4 月 30 天＋5 月 31 天＋6 月 1 天)。

(四) 商业汇票的入账价值

企业收到开出、承兑的商业汇票,无论是否带息,均按其面值作为应收票据的入账价值。

二、应收票据的账务处理

企业应通过"应收票据"科目核算应收票据的取得、到期、未到期转让等业务。本账户可按照开出承兑商业汇票的单位进行明细核算,并设置"应收票据备查簿",逐笔登记商业汇票的种类、号数和出票日、票面金额、交易合同号和付款人、承兑人、背书人的姓名或单位名称、到期日、背书转让日、贴现日、贴现率和贴现净额,以及收款日和收回金额、退票情况等资料。商业汇票到期,结清票款或退票后,在备查簿中应予注销。

应收票据取得时按其票面金额入账(包括但不限于应确认的收入、增值税销项税额、代垫的各种款项等)。

(一)应收票据取得

(1)销售商品、提供劳务等收到商业汇票时。

借:应收票据
　　贷:主营业务收入
　　　　应交税费——应交增值税(销项税额)

(2)债务人抵偿前欠货款时取得商业汇票时。

借:应收票据
　　贷:应收账款

做中学 3-3　2021 年 1 月 8 日,山东科瑞有限公司向烟台东方公司销售 B 产品一批,售价为 200 000 元,增值税税额为 26 000 元,收到烟台东方公司交来的一张期限为 3 个月的不带息银行承兑汇票。增值税专用发票(记账联)、银行承兑汇票分别如图 3-5 和图 3-6 所示。

图 3-5　增值税专用发票(记账联)

山东科瑞有限公司的账务处理如下。

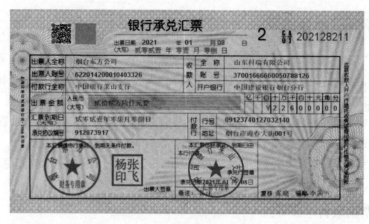

图 3-6 银行承兑汇票

1月8日销售商品时。

借:应收账款——东方公司　　　　　　　　　　　　　　226 000
　　贷:主营业务收入——B 产品　　　　　　　　　　　　　200 000
　　　　应交税费——应交增值税(销项税额)　　　　　　　26 000

做中学 3-4　2021 年 3 月 15 日,山东科瑞有限公司收到大江公司寄来的一张 3 个月期的银行承兑汇票,面值 115 000 元,抵付前欠货款。山东科瑞有限公司的账务处理如下。

借:应收票据——大江公司　　　　　　　　　　　　　　115 000
　　贷:应收账款——大江公司　　　　　　　　　　　　　　115 000

(二)应收票据到期

(1)应收票据到期收回时。

借:银行存款
　　贷:应收票据

(2)商业承兑汇票到期,付款人无力支付票款,企业收到银行退回的商业承兑汇票、委托收款凭证、未付票款通知书或拒绝付款证明等。

借:应收账款
　　贷:应收票据

知识链接

企业应当设置"应收票据备查簿",逐笔登记应收票据的种类、号数和出票日期、票面金额、票面利率、交易合同号和付款人、承兑人、背书人的姓名或单位名称、到期日、背书转让日、贴现日期、贴现率和贴现净额、未计提的利息,以及收款日期和收回金额、退票情况等资料。应收票据到期结清票款或退票后,应当在备查簿内逐笔注销。

做中学 3-5　承接做中学 3-3,2021 年 7 月 8 日,山东科瑞有限公司收回到期银行承兑汇票款 226 000 元。托收凭证(收账通知)如图 3-7 所示。山东科瑞有限公司的账务处理如下。

借:银行存款　　　　　　　　　　　　　　　　　　　　226 000

贷:应收票据——烟台东方公司　　　　　　　　　　　　　　　　226 000

中国建设银行网上银行电子回执(贷方回执)				
币别:人民币	日期:2021-07-08	凭证号:001	账户明细编号-交易流水号:2020030364251240	
付款人	全称　烟台东方公司		收款人	全称　山东科瑞有限公司
	账号　622014200010403326			账号　37001666660050788126
	开户行　中国银行莱山支行			开户行　中国建设银行烟台分行
大写金额	人民币贰拾贰万陆仟元整		小写金额	￥226 000.00
用途	货款		钞汇标志	钞
摘要				（中国建设银行电子回单专用章）
重要提示:银行受理成功,本回执不作为收,付款方交易的最终依据,正式回单请在交易成功第二日打印				

图 3-7　托收凭证(收账通知)

若该票据到期,烟台东方公司无力偿还票款,山东科瑞有限公司的账务处理如下。
借:应收账款——烟台东方公司　　　　　　　　　　　　　　　　226 000
　　贷:应收票据——烟台东方公司　　　　　　　　　　　　　　　226 000

(三) 应收票据转让

企业可以将自己持有的商业汇票背书转让。背书是指在票据背面或者粘单上记载有关事项并签章的票据行为。背书转让的,背书人应当承担票据责任。
借:库存商品等
　　应交税费——应交增值税(进项税额)
　　贷:应收票据
　　　　银行存款(差额,也可能在借方)

(四) 应收票据贴现

应收票据贴现是指企业收到商业汇票,未到期但急需资金,持未到期应收票据向银行融通资金,银行按票据的应收金额扣除一定期间的贴现利息后,将余额付给企业的筹资行为。应收票据贴现属于经营活动产生的现金流量。

应收票据贴现的计算过程可概括为以下四个步骤。
步骤1:计算应收票据到期值。
步骤2:计算贴现利息。
$$贴现利息 = 到期值 \times 贴现率 \div 360 \times 贴现日数$$
其中,贴现日数=票据期限-已持有票据期限。
步骤3:计算贴现收入。
$$贴现收入 = 到期值 - 贴现利息$$
步骤4:编制会计分录。
借:银行存款(贴现收入)
　　财务费用(贴现利息)
　　贷:应收票据(票据面值)(不附追索权)

或

借：银行存款
　　财务费用(贴现利息)
　　贷：短期借款(附票据追索权)

注意：附追索权的视同以票据抵押借款。

> **知识链接**
>
> 　　银行承兑汇票的贴现又可以细分为两类：一类是附追索权的贴现，即票据到期时，如果承兑方未能按照约定付款，银行有权利向贴现方追偿；另一类是不附追索权的贴现，即票据到期时，如果承兑方未能按照约定付款，银行不能再向贴现方追偿。
>
> 　　我国《票据法》(1996年1月1日起施行)及《银行支付结算办法》(1997年12月1日起施行)明确规定，票据到期不获付款的，贴现、转贴现、再贴现银行有权向其前手追索票款，可从申请人的存款账户收取票款。因此，从法律层面来讲，我国票据贴现业务的会计处理仅限于第一种附追索权的情况。但由于银行承兑汇票的承兑方为银行，其信用等级极高，如果是合法票据一般也不会发生到期不予付款的现象，因此所附的追索权在多数情况下仅是一种形式。

做中学 3-6　承接做中学 3-3，2021年6月2日，因急需资金，山东科瑞有限公司将银行承兑汇票向银行贴现，贴现率为5‰，银行扣除贴现息后，将贴现款支付给山东科瑞有限公司，同时山东科瑞有限公司对此票据的到期偿付承担连带责任。贴现凭证如图3-8所示。

贴现凭证（收账通知）

| 申请日期 | 2021年06月02日 | | 编号 0321 |

贴现汇票	种类	银行承兑汇票	号码	202128211	持票人	名称	山东科瑞有限公司
	出票日	2021年01月08日				账号	37001666660050788126
	到期日	2021年07月08日				开户银行	中国建设银行烟台分行

汇票承兑人名称	烟台东方公司	账号	6220142000010403326	开户银行	中国银行莱山支行

| 汇票金额 | 人民币(大写) 贰拾贰万陆仟元整 | 千百十万千百十元角分 ¥ 2 2 6 0 0 0 0 0 |

| 贴现率(月) | 0.5‰ | 贴现利息 | 千百十万千百十元角分 1 1 3 0 0 0 | 实付贴现金额 | 千百十万千百十元角分 ¥ 2 2 4 8 7 0 0 0 |

上述款项已入你单位账户
中国建设银行莱山支行
2021.06.02
此致
接　银行盖章
记　年　月　日

备注

记账：　　复核：

图 3-8　贴现凭证

注：
　　贴现利息 = 226 000 × 5‰ × 36 ÷ 360 = 1 130(元)
　　实付贴现金额 = 226 000 − 1 130 = 224 870(元)

山东科瑞有限公司的账务处理如下。

(1) 2月13日票据贴现时。

借：银行存款　　　　　　　　　　　　　　　　　　　　224 870
　　财务费用　　　　　　　　　　　　　　　　　　　　　1 130
　　贷：短期借款　　　　　　　　　　　　　　　　　　　　　226 000

(2) 如果烟台东方公司到期支付票款。

借：短期借款　　　　　　　　　　　　　　　　　　　　226 000
　　贷：应收票据——烟台东方公司　　　　　　　　　　　　226 000

(3) 如果烟台东方公司到期无力支付票款。

借：短期借款　　　　　　　　　　　　　　　　　　　　226 000
　　贷：银行存款　　　　　　　　　　　　　　　　　　　　226 000

同时，将应收票据转为应收账款。

借：应收账款——烟台东方公司　　　　　　　　　　　　226 000
　　贷：应收票据——烟台东方公司　　　　　　　　　　　　226 000

应收票据主要账务处理如下。

(1) 应收票据取得时。

借：应收票据
　　贷：主营业务收入
　　　　应交税费——应交增值税（销项税额）

或

借：应收票据
　　贷：应收账款

(2) 到期收回时。

借：银行存款
　　贷：应收票据

(3) 到期未收回时。

借：应收账款
　　贷：应收票据

(4) 票据贴现时。

借：银行存款
　　财务费用（贴现息）
　　贷：应收票据（不附追索权）

或

借：银行存款
　　财务费用（贴现息）
　　贷：短期借款（附票据追索权）

注：附追索权的视同以票据抵押借款。

(5) 票据背书转让时。

借：库存商品等
　　应交税费——应交增值税（进项税额）

贷:应收票据
　　　银行存款(差额,也可能在借方)

任务训练3-3

应收票据的到期日

训练目的:通过本任务训练掌握应收票据到日期的确定方法。

训练方式:以小组为单位讨论、课堂提问。

训练内容:确定以下票据的到期日。

1. 票据期限按月表示

(1) 2021年1月5日签发的期限为3个月的票据。

(2) 2021年3月31日签发的期限分别为1个月和2个月的票据。

2. 票据期限按日表示(算头不算尾,算尾不算头)

2021年4月15日签发的90天票据,到期日为哪一天? 写出计算过程。

任务训练3-4

应收票据的账务处理

训练目的:通过本任务训练掌握应收票据的核算方法。

训练方式:以个人为单位完成本笔业务的账务处理。

训练内容:2021年1月15日,山东科瑞有限公司向大创公司销售B产品一批,价值500 000元,给予其10%的折扣,增值税税率为13%。2月1日,收到大创公司签发的期限为3个月的银行承兑汇票一张,用于偿还前欠货款。

训练要求:做出赊销、收到汇票的账务处理。

任务3.3　预付及其他应收款

任务描述

经营着一家公司的王老板需要买一套房子改善生活,于是便从自己所开的公司"借"走了350万元拿去买房子了。

近日,当地的税局在对王老板的公司进行税务稽查中,在公司的"其他应收款"下发现了这笔老板转走多年都没有归还的300万元"借款"。

任务分析

税务机关依法对王老板这笔借走的300万元依照"利息、股息、红利所得"计征20%个人所得税,合计60万元,并对少缴纳税款处以50%的罚款即35万元,共计90万元。

知识准备

一、预付账款

预付账款是指企业按照购货合同的规定,预先以货币资金或货币等价物支付给供应单位的款项。在日常核算中,预付账款按实际付出的金额入账,如预付的材料、商品采购货款、必须预先发放的在以后收回的农副产品预购定金等。对购货企业来说,预付账款是一项流动资产。预付账款一般包括预付的货款、预付的购货定金。施工企业的预付账款主要包括预付工程款、预付备料款等。

预付账款的核算主要包括预付款项和收回货物两个方面。

1. 预付款项的账务处理

借:预付账款
 贷:银行存款

2. 收回货物的账务处理

(1) 收回货物时。

借:原材料等
  应交税费——应交增值税(进项税额)
 贷:预付账款

(2) 补付余款时。

借:预付账款
 贷:银行存款

(3) 收到退回多余金额时。

借:银行存款
 贷:预付账款

知识链接

预付账款应按实际预付的金额入账。预付款项情况不多的企业,可以不设置"预付账款"科目,而直接通过"应付账款"科目核算。在编制资产负债表时,企业应将预付账款和应付账款账户的金额根据明细账的余额填列。使用"应付账款"核算"预付账款"的账务处理如下。

(1) 预付时。

借:应付账款
 贷:银行存款

(2) 收到货物后。

借:原材料等
  应交税费——应交增值税(进项税额)
 贷:应付账款

二、应收股利和应收利息的账务处理

(一) 应收股利的账务处理

应收股利是指企业应收取的现金股利或应收取其他单位分配的利润。

企业在持有以公允价值计量且其变动计入当期损益的金融资产(交易性金融资产)期间,被投资单位宣告发放现金股利,按应享有的份额,确认为当期投资收益。

(1) 被投资单位宣告分配现金股利时。
借：应收股利
　　贷：投资收益
(2) 实际收到时。
借：其他货币资金——存出投资款（上市公司）
　　银行存款（非上市公司）
　　贷：应收股利

（二）应收利息的账务处理

应收利息是指企业根据合同或协议规定应向债务人收取的利息。
借：应收利息
　　贷：投资收益等

三、其他应收款

（一）其他应收款的内容

其他应收款是指企业除应收票据、应收账款、预付账款、应收股利和应收利息以外的其他各种应收及暂付款项。其主要内容如下。

(1) 应收的各种赔款、罚款，如因企业财产等遭受意外损失而应向有关保险公司收取的赔款等。

(2) 应收的出租包装物租金。

(3) 应向职工收取的各种垫付款项，如为职工垫付的水电费、应由职工负担的医药费和房租等。

(4) 存出保证金，如租入包装物支付的押金。

(5) 备用金，如向企业各有关部门拨出的备用资金。

(6) 其他各种应收、暂付款项。

（二）其他应收款的账务处理

(1) 发生时。
借：其他应收款
　　贷：银行存款等
(2) 还款（核销）时。
借：管理费用等（核销，如核销预支的差旅费）
　　银行存款等（还款）
　　贷：其他应收款
　　　　银行存款等（补付）

知识链接

备用金是企业拨付给企业内部用款单位或职工个人作为零星开支的备用款项。企业拨付的备用金，根据管理需要，可以采用一次性备用金或定额备用金制度，在"其他应收款——备用金"明细账户中进行核算。

> 预支差旅费、零星采购等备用金，一般按估计需用数额领取，支用后一次报销，多退少补。前账未清，不得继续预支。按照管理方式的不同，备用金可分为定额备用金和非定额备用金。
>
> 定额管理是指按用款部门的实际需要，核定备用金金额，并按定额拨付现金的管理办法进行管理。对于零星开支用的备用金，可实行定额备用金制度，即由指定的备用金负责人按照规定的数额领取，支用后按规定手续报销，补足原定额。实行定额备用金制度的单位，备用金领用部门支用备用金后，应根据各种费用凭证编制费用明细表，定期向财会部门报销，领回所支用的备用金。
>
> 非定额管理是指用款部门根据实际需要向财会部门领款的管理办法。在凭有关支出凭证向财会部门报销时，作为减少备用金处理，直到用完为止。如需补充备用金，应再另行办理拨款和领款手续。

做中学 3-7 山东科瑞有限公司向宏泰公司租入包装物一批，以银行存款支付包装物押金 5 000 元。山东科瑞有限公司的账务处理如下。

(1) 租入包装物支付押金时。

借：其他应收款——宏泰公司　　　　　　　　　　　　　　　　　　5 000
　　贷：银行存款　　　　　　　　　　　　　　　　　　　　　　　　5 000

(2) 公司归还租入包装物，收到退还的押金时。

借：银行存款　　　　　　　　　　　　　　　　　　　　　　　　　5 000
　　贷：其他应收款——宏泰公司　　　　　　　　　　　　　　　　　5 000

做中学 3-8 山东科瑞有限公司以银行存款代职工王欣怡垫付应由其个人负担的医疗费 3 600 元，拟从其下月工资中扣回。山东科瑞有限公司的账务处理如下。

(1) 公司代王欣怡垫付医疗费时。

借：其他应收款——王欣怡　　　　　　　　　　　　　　　　　　　3 600
　　贷：银行存款　　　　　　　　　　　　　　　　　　　　　　　　3 600

(2) 从王欣怡工资中扣款时。

借：应付职工薪酬　　　　　　　　　　　　　　　　　　　　　　　3 600
　　贷：其他应收款——王欣怡　　　　　　　　　　　　　　　　　　3 600

做中学 3-9 山东科瑞有限公司会计部门对销售部门周转使用的备用金实行非定额备用金制度。会计部门签发现金支票拨付备用金 10 000 元。山东科瑞有限公司的账务处理如下。

借：其他应收款——备用金(销售部门)　　　　　　　　　　　　　　10 000
　　贷：银行存款　　　　　　　　　　　　　　　　　　　　　　　　10 000

销售部门备用金的经管人员凭有关单据向会计部门报销日常支出，报销金额为 8 000 元，余款以银行存款交回。山东科瑞有限公司的账务处理如下。

借：销售费用　　　　　　　　　　　　　　　　　　　　　　　　　8 000
　　银行存款　　　　　　　　　　　　　　　　　　　　　　　　　2 000
　　贷：其他应收款——备用金(销售部门)　　　　　　　　　　　　　10 000

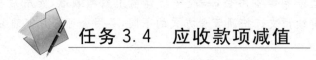

任务 3.4 应收款项减值

任务描述

某公司 2021 年经营状况惨淡,公司某财务人员欲采取多项措施粉饰年度会计报表。其中之一就是人为调整坏账损失的计提比例,仅此一项,公司盈利虚增 300 万多元。另有财务人员中饱私囊,将与公司有密切交易关系的客户正常欠款 20 万元以坏账核销。

任务分析

企业发生应收账款,应采取各种措施,尽量争取按期收回款项。不能为了粉饰报表任意调整账项,不讲商业信用。因此,企业应加强应收款项的管理与核算,及时收回货款,减少坏账损失的发生。

知识准备

一、应收款项减值损失的确认

企业应当以预期信用损失为基础,在资产负债表日对应收款项的账面价值进行评估。预期信用损失是指以发生违约的风险为权重的金融工具信用损失的加权平均值。应收款项发生减值的,应当将减记的金额确认为减值损失,同时计提坏账准备。

知识链接	信用减值损失与资产减值损失

应收账款属于金融资产。根据《企业会计准则第 22 号——金融工具确认和计量》应用指南,金融资产减值准备所形成的预期信用损失应通过"信用减值损失"科目核算。因此,企业执行《企业会计准则第 22 号——金融工具确认和计量》后,其发生的坏账准备应通过"信用减值损失"科目核算,不再通过"资产减值损失"科目核算。

企业应当在资产负债表日计算金融工具预期信用损失。如果该预期信用损失大于该工具当前减值准备的账面金额,企业应当将其差额确认为减值损失,借记"信用减值损失"科目,根据金融工具的种类,贷记"坏账准备"等科目。

固定资产、无形资产、存货还是适用"资产减值损失"核算。

二、应收款项减值的核算

(一)计提减值准备的方法

应收款项减值的核算有直接转销法和备抵法两种。直接转销法是在实际发生坏账时,将坏账损失直接计入当期损益,同时冲销应收款项。备抵法是指企业定期或每年年度终了,对应收款项中可能发生的减值损失予以合理估计,计入当期费用,同时将估计的减值损失作为坏账准备金,待某一特定应收款项的全部或部分被确认为坏账时,根据其金额冲销坏账准备,同时转销相应的应收款项金额。备抵法体现了配比原则,它能使与销售收入相关的减值损失与相应的收入计入同一期间的损益,较为真实地反映企业的财务状况。按照我国企业会计准则的规定,只能采用备抵法核算应收款项的减值损失。

(二) 应收款项减值的账务处理

1. 科目设置

企业应当设置"坏账准备"科目,该科目属于资产类会计科目的备抵科目,坏账准备减少记借方,增加记贷方,期末余额在贷方。

应收账款账面余额减去其对应的坏账准备贷方余额后的净额为应收账款账面价值,即

应收账款账面价值＝应收账款账面余额－坏账准备

坏账准备

② 转回多提的坏账准备 ③ 实际发生的坏账损失	① 当期计提的坏账准备 ④ 确认坏账又重新收回
	已计提,但尚未转销的 坏账准备

2. 坏账准备的计提方法

备抵法下坏账准备的计提方法有三种:应收款项余额百分比法、账龄分析法、销货百分比法。具体采用何种方法由企业自行确定,一经确定不得随意变动。

(1) 应收款项余额百分比法。应收款项余额百分比法是根据会计期末应收款项的余额和估计的坏账准备计提比例,估计坏账损失,计提坏账准备的方法。坏账准备计提比例是根据企业以往的经验计算出来的,同时会受经济趋势和客户财务状况等当前因素的影响。其计算公式如下。

当期应计提的坏账准备＝应收款项的期末余额×坏账准备计提比例
－(或＋)"坏账准备"科目的贷方(或借方)余额

计算结果为正数——补提,计算结果为负数——冲销(在原计提金额内转回)。

(2) 账龄分析法。账龄分析法是根据应收款项账龄的长短来估计坏账的方法。账龄是指债务人所欠款项的时间。一般而言,账龄越长,发生坏账的可能性越大。企业可将应收款项按照账龄长短分为几个区段,分别确定不同的计提比率估算坏账损失。其计算公式如下。

当期应计提的坏账准备＝∑(各区段"应收账款"账户余额×该区段的估计坏账百分比)
－(或 ＋)"坏账准备"账户贷方余额(或借方余额)

(3) 销货百分比法。销货百分比法是根据赊销金额的一定百分比作为估计坏账的方法。百分比按企业以往实际发生的坏账与销售总额的关系结合生产经营与销售政策变动情况测定。一般来说,当期赊销额越大,发生坏账的可能性越大。销货百分比法主要是根据当期利润表上的销货收入来估计当期的坏账损失,因此坏账费用与销货收入能较好地配合,比较符合配比概念。其计算公式如下。

当期应计提的坏账准备＝本期销售总额(或赊销额)×坏账准备计提比例

坏账准备具体的账务处理及对应收账款账面价值的影响如表3-2所示。

表 3-2 坏账准备具体的账务处理及对应收账款账面价值的影响

相关会计分录	对应收账款账面价值的影响
(1) 计提坏账准备时。 借:信用减值损失 　贷:坏账准备	贷方登记坏账准备,坏账准备增加,使应收账款的账面价值减少
(2) 冲减多计提的坏账准备时。 借:坏账准备 　贷:信用减值损失	借方登记坏账准备,坏账准备减少,使应收账款的账面价值增加
(3) 实际发生坏账损失时。 借:坏账准备 　贷:应收账款	坏账准备与应收账款同时减少,不影响应收账款的账面价值
(4) 已确认并转销的应收账款以后又收回时。 借:应收账款 　　贷:坏账准备 同时, 借:银行存款 　贷:应收账款	第一笔分录借贷方同时影响应收账款的账面价值,相互抵销后不影响应收账款账面价值; 第二笔分录贷方登记应收账款,使应收账款的账面价值减少;该项业务使应收账款账面价值减少

该部分是以应收账款作为基本内容进行核算的,除此之外的"应收票据""其他应收款"等债权性科目的坏账计提也通过"坏账准备"科目核算。

除以上三种方法外,新准则下还规定对单项金额重大的应收款项应单独进行减值测试。有客观证据表明其发生了减值的,应根据其未来现金流量现值低于其账面价值的差额确认减值损失,计提坏账准备。

对单项金额非重大的应收款项可以单独进行减值测试,确定减值损失,计提坏账准备;也可以与经单独测试后未减值的应收款项一起按类似信用风险特征划分为若干组合,再按这些应收款项组合在资产负债表日余额的一定比例计算确定减值损失,计提坏账准备。根据应收款项组合余额的一定比例计算确定的坏账准备,应反映各项目实际发生的减值损失,即各项组合的账面价值超过其未来现金流量现值的金额。

企业应根据以前年度与之相同或相类似的、具有类似信用风险特征的应收款项组合的实际损失率为基础,结合现时情况确定本期各项组合计提坏账准备的比例,据此计算本期应计提的坏账准备。

3. 备抵法的优点

(1) 预计不能收回的应收款项作为坏账损失及时计入费用,避免企业的虚盈实亏。

(2) 在报表上列示应收账款净额,使报表阅读者能了解企业真实的财务状况。

(3) 使应收账款占用资金接近实际,消除虚列的应收账款,有利于加快企业资金周转,提高经济效益。

做中学 3-10 山东科瑞有限公司采用应收款项余额百分比法进行应收账款减值损失的核算,2021 年 1 月该公司应收账款余额为 22 153 000 元,规定坏账准备按应收账款的 5% 计提减值损失。2020 年年底"坏账准备"账户余额为 600 000 元。

根据应收账款明细账显示的期末余额,采用备抵法计算本月应计提的坏账准备金额 = 22 153 000×5%−600 000=507 650(元),编写坏账准备计提表后,山东科瑞有限公司编制坏账准备计提的记账凭证。

  借：信用减值损失——计提的坏账准备　　　　　　　　　　　　507 650
   贷：坏账准备　　　　　　　　　　　　　　　　　　　　　　　507 650

  做中学3-11 2021年1月15日,山东科瑞有限公司确认应收客户大明公司的150 000元无法收回。山东科瑞有限公司的账务处理如下。

  借：坏账准备　　　　　　　　　　　　　　　　　　　　　　　　　150 000
   贷：应收账款——大明公司　　　　　　　　　　　　　　　　　　150 000

  做中学3-12 承接做中学3-11,2021年5月1日,山东科瑞有限公司收回已冲销大明公司的150 000元坏账。山东科瑞有限公司的账务处理如下。

  借：应收账款——大明公司　　　　　　　　　　　　　　　　　　　150 000
   贷：坏账准备　　　　　　　　　　　　　　　　　　　　　　　　150 000
  借：银行存款　　　　　　　　　　　　　　　　　　　　　　　　　　150 000
   贷：应收账款——大明公司　　　　　　　　　　　　　　　　　　150 000

任务训练3-5

  训练目的：通过本任务训练掌握应收账款坏账准备的计提方法。
  训练方式：以个人为单位完成本次训练。
  训练内容：2018年12月31日,山东科瑞有限公司应收账款余额为800 000元。该应收账款不包含重大融资成分,山东科瑞有限公司对该应收账款始终按整个存续期内的预期信用损失计量损失准备。应收账款坏账准备计提比率为5%。
  2019年12月30日,山东科瑞有限公司应收账款余额为1 000 000元。
  2020年5月,山东科瑞有限公司实际发生坏账损失10 000元,经批准予以核销。
  2020年12月31日,山东科瑞有限公司应收账款余额为1 200 000元。
  2021年3月1日,山东科瑞有限公司收回已冲销的坏账5 000元。
  训练要求：做出相应的账务处理。

学习总结

  本项目主要介绍企业在日常生产经营过程中发生的各项债权,包括应收款项和预付账款。
  应收款项包括应收账款、应收票据、应收利息、应收股利、其他应收款等,本项目主要讲解了应收款项的入账价值(包括商业折扣、现金折扣对应收款项入账价值的影响)、商业票据到期日的确定、商业票据的贴现、其他应收款的内容和应收款项减值(主要是余额百分比法计提坏账准备)的确认和计量。
  预付款项是指企业按照合同规定预付的款项,如预付账款等。

"讲好中国故事,
传承中国精神"系列故事3

项目3　应收及预付款项 学习测试

项目 4 存 货

学习目标

【知识目标】
(1) 了解存货的概念及分类。
(2) 掌握取得存货的计价原理及核算方法。
(3) 掌握发出存货计价方法的原理。
(4) 掌握期末存货计价方法的原理及存货跌价准备的核算方法。

【能力目标】
(1) 能用实际成本法对原材料进行核算和账务处理。
(2) 能用计划成本法对原材料进行核算和账务处理。
(3) 会进行周转材料、委托加工物资的核算和账务处理。
(4) 会进行库存商品的核算和账务处理。
(5) 会进行存货的期末清查、减值的业务核算。

【素质目标】
(1) 培养学生养成良好的收发记录习惯。
(2) 培养学生严谨细致的职业素养。

项目4 存货

学习导图

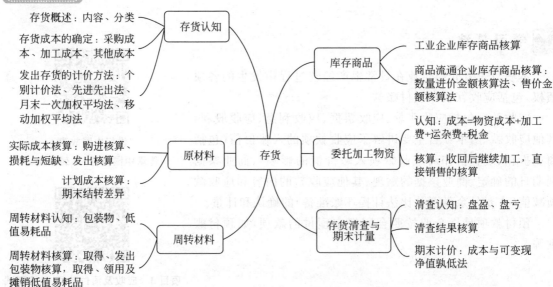

任务 4.1 存货认知

任务描述

2021年11月,大数据与会计专业学生李琳即将到丁公司进行顶岗实习。该公司为增值税一般纳税人,原材料按实际成本计价核算,采用加权平均法作为发出存货的计价方法。该公司2021年11月的有关资料如下。

(1)"原材料"科目月初余额为36 800元,原材料数量为4 600千克。"在途物资"科目月初借方余额为9 800元(上述科目核算的均为甲材料)。

(2)11月5日,公司上月已付款的甲材料1 000千克如数收到,已验收入库。

(3)11月12日,从外地A公司购入甲材料6 000千克,增值税专用发票上注明材料价款54 000元,增值税税额7 020元,公司已用银行存款支付上述款项,材料尚未到达。

(4)11月20日,从外地A公司购入的甲材料到达,验收入库时发现短缺30千克,经查明为途中定额内自然损耗。按实收数量验收入库。

(5)11月30日,汇总本月发料凭证,本月共发出甲材料6 000千克,全部用于产品生产。

学完本项目,请完成任务描述中丁公司上述原材料业务的账务处理。

任务分析

该任务的重点是理解途中定额内自然损耗会影响材料的实际入库数量和实际单价。

知识准备

一、存货概述

(一)存货的内容

存货是指企业在日常活动中持有以备出售的产品或商品、处在生产过程中的在产品、在生产过程或提供劳务过程中储备的材料或物料等,包括各类材料、在产品、半成品、产成品、商品及包装物、低值易耗品、委托代销商品等。

(二)存货的分类

存货主要包括原材料、在产品、半成品、产成品、商品及周转材料、委托加工物资等。

(1)原材料。原材料是指各种原料及主要材料、辅助材料、燃料、修理用备件(备品备件)、包装材料、外购半成品(外购件)等。

(2)在产品。在产品是指企业正在制造尚未完工的生产物,包括正在各个生产工序加工的产品和已加工完毕但尚未检验或已检验但尚未办理入库手续的产品。

(3)半成品。半成品是指经过一定生产过程并已检验合格交付半成品仓库保管,但尚未制造完工成为产成品,仍需进一步加工的中间产品。

(4)产成品。产成品是指工业企业已经完成全部生产过程并已验收入库,可以按照合同规定的条件送交订货单位,或者可以作为商品对外销售的产品。

(5) 商品。商品是指商品流通企业外购或委托加工完成验收入库用于销售的各种商品。

(6) 周转材料。周转材料是指包装物、低值易耗品。

(7) 委托加工物资。委托加工物资是指企业委托外单位加工的各种材料、商品等物资。

> **知识链接**
>
> 不能归属于存货的特殊情况：为建造固定资产等各项工程而储备的各种材料，虽然也具有存货的某些特征，但并不符合存货的概念，因此不能作为企业的存货核算。企业的特种储备及按国家指令专项储备的资产也不符合存货的概念，因而也不属于企业的存货。

二、存货成本的确定

存货应当按照成本进行初始计量。存货成本包括采购成本、加工成本和其他成本。

（一）存货的采购成本

1. 存货的采购成本的计算

$$存货的采购成本＝购买价款＋相关税费＋运输费＋装卸费＋保险费及其他可归属于存货采购成本的费用$$

（1）存货的购买价款是指企业购入的材料或商品的发票账单上列明的价款，但不包括按照规定可以抵扣的增值税进项税额。

（2）存货的相关税费是指企业购买存货发生的进口关税、消费税、不能抵扣的增值税进项税额，以及相应的教育费附加等应计入存货采购成本的税费。

（3）其他可归属于存货采购成本的费用是指采购成本中除上述各项以外的可归属于存货采购的费用，如在存货采购过程中发生的仓储费、包装费、运输途中的合理损耗、入库前的挑选整理费用等。

注：针对分不清途中合理损耗的问题，举个生活中的例子。小王去超市买了100枚鸡蛋，单价2元。回家路上损坏了1枚，但因为是超市特价鸡蛋，小王认为这是合理损耗。那请问剩余99枚鸡蛋的购买成本为多少元？很简单，还是200元，但是计算鸡蛋单位成本时应为$200÷99≈2.02$(元)。

2. 存货的采购成本的特殊规定

（1）商品流通企业在采购商品过程中发生的运输费、装卸费、保险费及其他可归属于存货采购成本的费用等进货费用，应计入存货采购成本。

（2）企业也可以先归集进货费用，期末根据所购商品的存销情况进行分摊，对已售商品的进货费用，计入当期损益（主营业务成本）；对未售商品的进货费用，计入期末存货成本。

（3）采购商品的进货费用金额较小的，也可在发生时直接计入当期损益（销售费用）。

（4）非正常消耗的直接材料、直接人工和制造费用，应在发生时计入当期损益，不应计入存货成本。如由于自然灾害而发生的直接材料、直接人工和制造费用，这些费用的发生无助于使该存货达到目前场所和状态，不应计入存货成本，而应确认为当期损益。

（5）仓储费用是指企业在存货采购入库后发生的储存费用，应在发生时计入当期损益。但是，在生产过程中为达到下一个生产阶段所必需的仓储费用应计入存货成本。

(6) 不能归属于使存货达到目前场所和状态的其他支出,应在发生时计入当期损益,不得计入存货成本。

(二) 存货的加工成本

存货的加工成本是指在存货的加工过程中发生的追加费用,包括直接人工及按照一定方法分配的制造费用。直接人工是指企业在生产产品和提供劳务过程中发生的直接从事产品生产和劳务提供人员的职工薪酬。制造费用是指企业为生产产品和提供劳务而发生的各项间接费用。

(三) 存货的其他成本

存货的其他成本是指除采购成本、加工成本以外的,使存货达到目前场所和状态所发生的其他支出。企业设计产品发生的设计费用通常应计入当期损益,但是为特定客户设计产品所发生的、可直接确定的设计费用应计入存货的成本。

存货的来源不同,其成本的构成也不同。原材料、商品、低值易耗品等通过购买而取得的存货的成本由采购成本构成;产成品、在产品、半成品等自制或需委托外单位加工完成的存货的成本由采购成本、加工成本及使存货达到目前场所和状态所发生的其他支出构成。

三、发出存货的计价方法

发出存货可以采用实际成本核算,也可以采用计划成本核算。

如果采用实际成本核算,则发出存货成本的计算要在个别计价法、先进先出法、月末一次加权平均法、移动加权平均法等方法中做出选择。

如果采用计划成本核算,会计期末要对存货计划成本和实际成本之间的差异进行单独核算,最终将计划成本调整为实际成本。

1. 个别计价法

个别计价法又称个别认定法、具体辨认法或分批实际法,是通过逐一辨认每批发出存货和期末存货所属的购进批别或生产批别,分别按其购入或生产时所确定的单位实际成本作为计算各批发出存货和期末存货成本的方法。发出存货的实际成本的计算公式为

每批存货发出成本＝该批存货发出数量×该批存货收入时的实际单位成本

采用这种方法计算发出存货和期末存货的成本比较合理、准确,但应用的前提是必须能够对发出和结存存货的批次进行具体辨认,以确认其所属的收入批次,这往往需要做大量具体的工作。因此,这种方法适用于一般不能替代使用的存货、为特定项目专门购入或制造的存货及提供的劳务,如船舶、飞机、珠宝、名画等贵重物品。

假设前提:实物流转与成本流转一致。

具体计算过程:按照各种存货逐一辨认各批发出存货和期末存货所属的购进批别或生产批别,分别按其购入或生产时确定的单位成本计算各批发出存货和期末存货的成本。

优点:计算准确。

缺点:工作量大。

2. 先进先出法

假设前提:先购进的存货先发出。

具体计算过程:按先进先出的假定流转顺序来确定发出存货的成本及期末结存存货的成本。

优点：可以随时结转存货发出成本。

缺点：较烦琐，如果存货收发业务较多，且存货单价不稳定时，其工作量较大。

需要说明的是，先进先出法下，在物价持续上升时，期末存货成本接近于市价，而发出成本偏低，会高估企业当期利润和存货价值；反之，会低估企业当期利润和存货价值。

3. 月末一次加权平均法

具体计算过程：

$$存货单位成本 = [月初结存存货的实际成本 + \sum(本月各批进货的实际单位成本 \times 本月各批进货的数量)] \div (月初结存存货的数量 + 本月各批进货数量之和)$$

本月发出存货的成本 = 本月发出存货的数量 × 存货单位成本

本月月末结存存货成本 = 月末结存存货的数量 × 存货单位成本

优点：简化成本计算工作。

缺点：平时无法从账簿中查询存货的收发及结存金额，需到月末才能计算出相应的结果，不利于存货成本的日常管理与控制。

4. 移动加权平均法

具体计算过程：

$$存货单位成本 = (原有结存存货成本 + 本次进货实际成本) \div (原有结存存货数量 + 本次进货数量)$$

本次发出存货成本 = 本次发出存货数量 × 本次发货前存货单位成本

本月月末结存存货成本 = 月末结存存货数量 × 本月月末存货单位成本

优点：计算准确，能够随时计算存货的收发及结转金额。

缺点：计算量大。

知识链接

存货岗位会计人员的主要岗位职责：①会同有关部门拟定存货核算管理制度；②会同有关部门审核存货采购计划及供货合同，分析、控制采购成本及储备成本；③负责制定合理的凭证传递程序，审核存货收发原始凭证，并进行存货核算；④会同有关部门制定存货消耗定额和计划成本，并进行材料成本差异核算分析；⑤参与存货的清查盘点，分析存货的储备情况，并进行盈亏核算。

做中学 4-1 存货的采购成本。山东科瑞有限公司为增值税一般纳税人。本月购进原材料 200 吨，增值税专用发票上注明的价款为 1 800 000 元，增值税税额为 234 000 元，支付的保险费为 90 000 元，入库前的挑选整理费用为 10 000 元。不考虑其他因素，计算该批原材料的实际总成本和单位成本。

【解析】该批原材料的实际总成本 = 1 800 000 + 90 000 + 10 000 = 1 900 000（元）

该批原材料的单位成本 = 1 900 000 ÷ 200 = 9 500（元/吨）

做中学 4-2 山东科瑞有限公司为增值税一般纳税人。本月购进丁材料 300 千克，单价为 40 元，货款为 12 000 元，增值税为 1 560 元；保险费为 700 元，入库前的挑选整理费用为 410 元；

验收入库时发现数量短缺5%,经查属于运输途中合理损耗。计算该批原材料的实际单位成本。

【解析】实际入库数量＝300×(1－5%)＝285(千克)

购入丁材料的实际总成本＝12 000＋700＋410＝13 110(元)

该批丁材料实际单位成本＝13 110÷285＝46(元/千克)

做中学 4-3 先进先出法。2021年11月,山东科瑞有限公司乙材料的入库、发出和结存情况如表4-1所示。

表4-1 乙材料的入库、发出和结存情况

日期	摘要	入库		发出数量/千克	结存	
		数量/千克	单价/元		数量/千克	单价/元
11月1日	期初结存				400	20
11月7日	购入	600	21			
11月12日	发出			500		
11月15日	购入	500	22			
11月20日	发出			600		
11月26日	发出			300		
本期合计		1 100	—			

采用先进先出法,山东科瑞有限公司乙材料的入库、发出和结存情况如表4-2所示。

表4-2 乙材料先进先出法下的入库、发出和结存情况

日期	摘要	入库		发出		结存	
		数量/千克	单价/元	数量/千克	单价/元	数量/千克	单价/元
11月1日	期初结存					400	20
11月7日	购入	600	21			400 600	20 21
11月12日	发出			400 100	20 21	500	21
11月15日	购入	500	22			500 500	21 22
11月20日	发出			500 100	21 22	400	22
11月26日	发出			300	22	100	22

做中学 4-4 加权平均法。2021年11月,山东科瑞有限公司采用月末一次加权平均法对乙材料进行核算,材料发出成本、期末成本见原材料明细账,如表4-1所示。

乙材料的平均单位成本＝(400×20＋600×21＋500×22)÷(400＋600＋500)

＝(8 000＋12 600＋11 000)÷1 500

＝31 600÷1 500

＝21.07(元)

乙材料的发出成本＝21.07×1 400＝29 498(元)

月末结存存货成本＝31 600－29 498＝2 102(元)

采用月末一次加权平均法只在月末一次计算加权平均单价,比较简单,有利于简化成本计算工作,但由于平时无法从账上提供发出和结存存货的单价及金额,因此不利于存货成本的日常管理与控制。

做中学 4-5 移动加权平均法。假设山东科瑞有限公司采用移动加权平均法进行成本计价,各平均成本计算如下。乙材料移动加权平均法下的入库、发出、结存情况如表4-3所示。

11月7日购入后乙材料的平均单位成本 ＝(400×20＋600×21)÷(400＋600)
＝(8 000＋12 600)÷1 000
＝20 600÷1 000
＝20.6(元)

11月15日购入后乙材料的平均单位成本 ＝(500×20.6＋500×22)÷(500＋500)
＝(10 300＋11 000)÷1 000
＝21 300÷1 000
＝21.3(元)

表4-3　乙材料移动加权平均法下的入库、发出和结存情况

日期	摘要	入库			发出			结存		
		数量/千克	单价/元	金额/元	数量/千克	单价/元	金额/元	数量/千克	单价/元	金额/元
11月1日	期初结存							400	20	8 000
11月7日	购入	600	21	12 600				1 000	20.6	20 600
11月12日	发出				500	20.6	10 300	500	20.6	10 300
11月15日	购入	500	22	11 000				1 000	21.3	21 300
11月20日	发出				600	21.3	12 780	400	21.3	8 520
11月26日	发出				300	21.3	6 390	100	21.3	2 130
本期合计		1 100	—	23 600	1 400	—	29 470	100	21.3	2 130

从表4-3中可以看出,本期发出存货成本和期末存货成本分别是29 470元和2 130元。

任务训练4-1

训练目的:通过本任务训练掌握原材料采购成本的计算方法。

训练方式:掌握原材料采购成本的构成内容。

训练内容:某企业为增值税小规模纳税企业,购入材料400千克,每千克不含税单价为50元,发生运杂费1 000元,增值税90元,运输途中发生合理损耗10千克,入库前发生挑选整理费用380元。

训练要求:计算该批材料的单位实际成本。

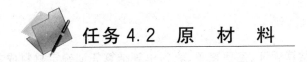

任务4.2 原 材 料

任务描述

琦美服装公司在年度财务审计过程中发现,购入的原材料存在购入的存货在仓库但未及时入账的现象,财务人员解释尚未收到发票。

任务分析

注册会计师就审计中发现的问题与财务经理进行沟通,对材料已到达并已验收入库,但发票账单等结算凭证未到的业务,月末之前可以不作处理,但月末如果已入库材料仍未收到发票账单,则需按暂估价格入账,以保证账实相符。

知识准备

原材料是指企业在生产过程中经过加工改变其形态或性质并构成产品主要实体的各种原料、主要材料和外购半成品,以及不构成产品实体但有助于产品形成的辅助材料。原材料具体包括原料及主要材料、辅助材料、外购半成品(外购件)、修理用备件(备品备件)、包装材料、燃料等。

原材料的日常收发及结存可以采用实际成本核算,也可以采用计划成本核算。

一、采用实际成本核算

原材料按实际成本计价核算,是指原材料的收入、发出和结存,无论总分类核算还是明细分类核算,均按照实际成本计价。

(一)账户设置

1."原材料"账户

"原材料"账户用于核算企业库存材料的收发与结存情况。其借方登记入库材料的实际成本,贷方登记发出材料的实际成本,余额在借方,表示月末库存材料的实际成本。该账户可按照原料及主要材料、辅助材料、外购半成品、修理用备件、包装材料、燃料等设置明细账,也可按材料的类别、品种和规格设置明细账,进行明细分类核算。

2."在途物资"账户

"在途物资"账户用于核算企业已经支付货款或已开出承兑的商业汇票但尚未运抵企业或尚未验收入库的材料的实际成本。其借方登记企业购入的在途物资的实际成本,贷方登记验收入库的在途物资的实际成本,余额在借方,表示尚未验收入库的在途物资的实际成本。该账户应按供货单位与物资品种进行明细分类核算。

(二)原材料购进的核算

企业外购的材料,由于支付结算方式不同,材料入库和货款的支付在时间上不一定完全同步,有以下三种情况:一是银行的结算账单和运输部门运送的材料同时到达(单料同到);二是银行结算账单先到,而材料后到(单先到,料后到);三是材料先到,银行结算账单后到(料先到,单后到)。

1. 单料同到

借:原材料(根据结算凭证、发票账单、收料单等结算凭证确定材料成本)
　　应交税费——应交增值税(进项税额)(增值税专用发票上注明的增值税税额)
　贷:银行存款/应付票据(实际支付的款项)

2. 单先到,料后到

(1) 单到时。

借:在途物资(根据结算凭证、发票账单等结算凭证确定材料成本)
　　应交税费——应交增值税(进项税额)(增值税专用发票上注明的增值税税额)
　贷:银行存款/应付账款/其他货币资金

(2) 材料到达并验收入库时。

借:原材料
　贷:在途物资

3. 料先到,单后到

对材料已到达并已验收入库,但发票账单等结算凭证未到,货款尚未支付的采购业务,暂不做任何账务处理,等到发票、账单到达后,再按单料同到进行账务处理。

月末,如果已入库材料仍未收到发票账单,因无法确定材料实际成本,则账务处理如下。

借:原材料(按材料的暂估价值)
　贷:应付账款——暂估应付账款

下月初做相反的会计分录予以冲回。

下月付款或开出、承兑商业汇票后,做如下会计分录。

借:原材料
　　应交税费——应交增值税(进项税额)
　贷:银行存款/应付票据等

知识链接

1. 自制原材料入库

企业自制并验收入库原材料的账务处理如下。

借:原材料(实际成本)
　贷:生产成本

2. 投资者投入原材料

投资者投入的原材料,按投资各方确认的价值,具体账务处理如下。

借:原材料(投资双方确认的价值)
　　应交税费——应交增值税(进项税额)
　贷:实收资本/股本(确定的出资额)
　　资本公积(差额)

(三) 外购材料损耗与短缺

(1) 外购材料损耗与短缺属于途中的合理损耗,如由于自然损耗等原因而发生的定额内损耗,应将损耗材料的成本计入材料的采购成本。

（2）外购材料损耗与短缺属于由供应单位、外部运输部门造成的损失,账务处理如下。

借:应付账款/其他应收款(损失材料的实际成本和已支付的增值税税额)
　　贷:在途物资(损失材料的实际成本)
　　　　应交税费——应交增值税(进项税额转出)(损失材料应负担的增值税税额)

（3）外购材料损耗与短缺属于自然灾害如水灾等原因造成的损失,账务处理如下。

借:营业外支出(损失材料的实际成本)
　　贷:在途物资

（4）外购材料损耗与短缺属于其他人为因素造成的损失,如火灾,应将损失材料的实际成本和增值税税额报经批准后,对账务进行如下处理。

借:管理费用(损失材料的实际成本和增值税税额)
　　贷:在途物资(损失材料的实际成本)
　　　　应交税费——应交增值税(进项税额转出)(损失材料的增值税税额)

（四）原材料发出的核算

企业各生产单位及有关部门领用的材料具有种类多、收发业务频繁等特点。为简化核算,平时一般只是随时登记材料明细账,以便及时反映各种材料的购进、发出及结存情况。月末根据"领料单"或"限额领料单"中有关领料的单位、部门等加以归类,编制"发料凭证汇总表"（表4-4）,据以编制记账凭证,登记入账。

表 4-4　发料凭证汇总表

2021 年 11 月

会计账户	领用部门及用途	甲材料	乙材料	合　计
生产成本——基本生产成本	A产品	100 000	120 000	220 000
	B产品	110 000	80 000	190 000
	小　计	210 000	200 000	410 000
生产成本——辅助生产成本		50 000	20 000	70 000
制造费用	一车间	20 000		20 000
	二车间	10 000		10 000
	小　计	30 000		30 000
管理费用		6 000		6 000
销售费用		4 000		4 000
合　计		300 000	220 000	520 000

发出材料实际成本的确定,企业可以选择采用先进先出法、月末一次加权平均法、移动加权平均法、个别计价法等方法。

原材料发出的去向有三个:一是生产领用,即在生产经营活动中被耗用;二是对外销售;三是用于其他方面,如改变用途用于工程建设、对外投资或捐赠,以及集体福利等。

1. 生产领用

生产领用的原材料,应按用途分别记入有关账户,具体账务处理如下。

借:生产成本——基本生产成本
　　　　　——辅助生产成本
　　制造费用(生产车间一般耗用)
　　管理费用(企业行政部门一般耗用)
　　销售费用(销售产品时领用)
　　委托加工物资(委托加工发出的材料)
　贷:原材料

2. 对外销售

(1) 企业出售材料,确认材料销售收入的实现。
借:银行存款/应收账款(已收或应收的价款)
　贷:其他业务收入(实现的销售收入)
　　　应交税费——应交增值税(销项税额)

(2) 结转已售材料的成本。
借:其他业务成本(按出售材料的实际成本)
　贷:原材料

3. 用于其他方面

企业发出材料用于对外投资、捐赠,以及分配给投资者时,应视同销售材料。
借:长期股权投资/营业外支出/利润分配
　贷:其他业务收入
　　　应交税费——应交增值税(销项税额)
结转材料成本。
借:其他业务成本
　贷:原材料

做中学 4-6 单料同时到达。2021 年 1 月 3 日,山东科瑞有限公司向智达有限公司采购甲材料一批,增值税专用发票上注明的价款为 100 000 元,增值税税额 13 000 元,全部款项已用银行存款支付,材料验收入库。山东科瑞有限公司对原材料的核算采用的是实际成本法,根据入库单、增值税专用发票、银行业务付款回单进行核算。

借:原材料——甲材料　　　　　　　　　　　　　　　　　　　100 000
　　应交税费——应交增值税(进项税额)　　　　　　　　　　 13 000
　贷:银行存款——工商银行　　　　　　　　　　　　　　　　113 000

做中学 4-7 单先到,料后到。2021 年 4 月 20 日,采购员张楠采购材料返回,交来恒信有限责任公司(以下简称"恒信公司")开具的增值税发票,列明乙材料 9 000 千克,单价为 40 元,增值税税率为 13%,价税合计 406 800 元。对方垫付运费 2 000 元,增值税税率为 9%,增值税税额为 180 元。款项已通过银行转账支付,材料尚未运到。其账务处理如下。

借:在途物资——恒信公司(乙材料)　　　　　　　　　　　　362 000
　　应交税费——应交增值税(进项税额)　　　　　　　　　　 46 980
　贷:银行存款　　　　　　　　　　　　　　　　　　　　　　408 980

2021 年 4 月 25 日上述材料到达验收入库后,仓库交来收料单,账务处理如下。

借:原材料——乙材料　　　　　　　　　　　　　　　　　　　362 000

贷：在途物资——恒信公司（乙材料）　　　　　　　　　　　　　362 000

做中学 4-8　料先到，单后到。2021 年 4 月 22 日，山东科瑞有限公司采用异地托收承付结算方式，采购甲材料 6 000 千克并验收入库。4 月 25 日，收到甲材料的发票账单，单价为 30 元，增值税税率为 13%，价税合计 203 400 元。对方垫付运费，增值税专用发票上显示运费为 3 000 元，增值税税率为 9%，增值税税额为 270 元。款项已通过银行转账支付，其账务处理如下。

4 月 22 日，将甲材料验收入库，不做任何账务处理。
4 月 25 日，做会计分录如下。
　　借：原材料——甲材料　　　　　　　　　　　　　　　　　　　　183 000
　　　　应交税费——应交增值税（进项税额）　　　　　　　　　　　　23 400
　　　贷：银行存款　　　　　　　　　　　　　　　　　　　　　　　206 400

假设 4 月 30 日山东科瑞有限公司购入的甲材料已经运到并验收入库，但发票等结算凭证尚未收到，货款尚未支付。

4 月末，按照暂估价入账，假设其暂估价为 190 000 元。
　　借：原材料——甲材料　　　　　　　　　　　　　　　　　　　　190 000
　　　贷：应付账款——暂估应付账款　　　　　　　　　　　　　　　190 000

5 月初，做相反的会计分录予以冲回。
　　借：应付账款——暂估应付账款　　　　　　　　　　　　　　　　190 000
　　　贷：原材料——甲材料　　　　　　　　　　　　　　　　　　　190 000

收到有关结算凭证，并支付货款时，视同单料同到处理。

做中学 4-9　发出材料核算。2021 年 11 月，山东科瑞有限公司发出材料见表 4-4，业务处理如下。

　　借：生产成本——基本生产成本——A 产品　　　　　　　　　　　220 000
　　　　　　　　　　　　　　　　　　——B 产品　　　　　　　　　190 000
　　　　　　　　——辅助生产成本　　　　　　　　　　　　　　　　 70 000
　　　　制造费用——一车间　　　　　　　　　　　　　　　　　　　 20 000
　　　　　　　　——二车间　　　　　　　　　　　　　　　　　　　 10 000
　　　　管理费用　　　　　　　　　　　　　　　　　　　　　　　　　6 000
　　　　销售费用　　　　　　　　　　　　　　　　　　　　　　　　　4 000
　　　贷：原材料——甲材料　　　　　　　　　　　　　　　　　　　300 000
　　　　　　　　——乙材料　　　　　　　　　　　　　　　　　　　220 000

二、采用计划成本核算

原材料采用计划成本核算，其本质上还是实际成本，只是将实际成本分为计划成本和材料成本差异。

（一）设置的科目

1."原材料"账户

"原材料"账户属于资产类账户，用于反映企业验收入库的各种材料的计划成本。其借方登记验收入库的材料的计划成本,贷方登记发出材料的计划成本;月末余额在借方,反映库存材料的计划成本。该账户可按材料的保管地点(仓库)、材料类别、品种及规格等进行明细核算。

2."材料采购"账户

"材料采购"账户属于资产类账户,用于总括反映企业购入各种材料的采购成本。其借方登记外购材料的实际成本,贷方登记验收入库材料的计划成本。实际成本大于计划成本的超支差异,从本账户贷方结转到"材料成本差异"账户的借方;实际成本小于计划成本的节约差异,从本账户借方结转到"材料成本差异"账户的贷方。月末余额在借方,表示已取得但尚未运达企业或尚未验收入库的在途物资的实际采购成本。该账户可按材料的供应单位、材料类别、品种进行明细核算。

3."材料成本差异"账户

"材料成本差异"账户属于资产类账户,实质上是"原材料"账户的备抵附加调整账户,用于核算企业各种材料的实际成本与计划成本之间的差异。其借方登记入库材料形成的超支差异及转出发出材料应负担的节约差异,贷方登记入库材料形成的节约差异及转出发出材料应负担的超支差异。期末余额在借方,表示企业库存材料实际成本大于计划成本的超支差异;期末余额在贷方,表示企业库存材料实际成本小于计划成本的节约差异。该账户应分别按"原材料""周转材料""委托加工物资"等设置明细账户,进行明细核算。

(二)基本核算程序

(1)按实际采购成本做如下处理。

借:材料采购(实际成本)
　　应交税费——应交增值税(进项税额)
　贷:银行存款(其他货币资金、应付票据、应付账款等)

(2)验收入库时。

借:原材料(计划成本)
　贷:材料采购(实际成本)
　　　材料成本差异(差额,或借方)

"材料成本差异"科目的借方差额为购入时的超支差异;贷方差额为购入时的节约差异。

(3)领用时。

借:生产成本(计划成本)
　贷:原材料(计划成本)

(4)期末结转差异。

借:生产成本等
　贷:材料成本差异(结转超支差异)
借:材料成本差异(结转节约差异)
　贷:生产成本等

(5)材料期末实际成本的计算。

本期材料成本差异率=(期初结存材料的成本差异+本期验收入库材料的成本差异)
　　　　　　　　　÷(期初结存材料的计划成本+本期验收入库材料的计划成本)
　　　　　　　　　×100%

节约差异为负号,超支差异为正号。

发出材料应负担的成本差异=发出材料的计划成本×本期材料成本差异率

期末结存材料的实际成本=期末材料的计划成本×(1+材料成本差异率)

(6)如果企业的材料成本差异率各期之间是比较均衡的,也可以采用期初材料成本差异率分摊本期的材料成本差异。年度终了,应对材料成本差异率进行核实调整。

期初材料成本差异率=期初结存材料的成本差异÷期初结存材料的计划成本×100%

发出材料应负担的成本差异=发出材料的计划成本×期初材料成本差异率

注:
(1)采购时,按实际成本记入"材料采购"科目的借方。
(2)验收入库时,按计划成本记入"原材料"科目的借方,实际成本记入"材料采购"科目的贷方,差额形成"材料成本差异"。
(3)平时发出材料一律用计划成本。
(4)期末,计算材料成本差异率,结转发出材料应负担的差异额。

做中学 4-10 计划成本法——材料采购单料同时到达。山东科瑞有限公司1月采购丙材料一批,增值税专用发票上注明的价款为300 000元,增值税税额为39 000元,发票账单已收到,计划成本为320 000元,已验收入库,全部款项以银行存款支付。山东科瑞有限公司应编制如下会计分录。

借:材料采购——丙材料	300 000
应交税费——应交增值税(进项税额)	39 000
贷:银行存款	339 000
借:原材料——丙材料	320 000
贷:材料采购——丙材料	300 000
材料采购差异	20 000

做中学 4-11 计划成本法——领用材料。2021年1月,山东科瑞有限公司丙材料采用计划成本法核算,具体领用情况如下:基本生产车间领用100 000元,辅助生产车间领用50 000元,车间管理部门领用5 000元,企业行政管理部门领用2 000元。根据"发料凭证汇总表",应编制如下会计分录。

借:生产成本——基本生产成本	100 000
——辅助生产成本	50 000
制造费用	5 000
管理费用	2 000
贷:原材料——丙材料	157 000

做中学 4-12 计划成本法——结转发出材料成本差异。承接做中学 4-11 山东科瑞有限公司2021年年初结存铜线材料的计划成本为1 000 000元,成本差异为超支66 200元;1月入库材料的计划成本为320 000元,成本差异为节约20 000元,则材料成本差异率=(66 200-20 000)÷(1 000 000+320 000)×100%=3.5%,结转发出材料的成本差异,山东科瑞有限公司应编制如下会计分录。

借:生产成本——基本生产成本(100 000×3.5%)	3 500
——辅助生产成本(50 000×3.5%)	1 750

```
        制造费用(5 000×3.5%)                                              175
        管理费用(2 000×3.5%)                                               70
    贷:材料成本差异——丙材料(157 000×3.5%)                                 5 495
```

任务训练4-2

训练目的: 通过本任务训练掌握原材料计划成本法下发出材料的核算方法。

训练方式: 根据发出材料凭证汇总表进行业务处理。

训练内容: 2021年4月30日,山东科瑞有限公司本月发出原材料15吨,如表4-5所示。其中:基本生产车间生产A产品耗用5吨,生产B产品耗用3吨;辅助生产车间耗用1吨;车间一般耗用3吨,其中一车间2吨,二车间1吨;行政管理部门耗用2吨;产品销售部门耗用1吨。

表4-5　发出材料凭证汇总表

2021年4月30日

会计账户	领用部门及用途	甲材料			
		数量/吨	计划成本/元	差异率	差异额/元
生产成本——基本生产成本	A产品	5	10 000	−5%	−500
	B产品	3	6 000		−300
	小　计	8	16 000		−800
生产成本——辅助生产成本		1	2 000		−100
制造费用	一车间	2	4 000		−200
	二车间	1	2 000		−100
	小　计	3	6 000		−300
管理费用		2	4 000		−200
销售费用		1	2 000		−100
合　计		15	30 000		−1 500

会计:张科　　　　　　　　　复核:刘慧　　　　　　　　　制单:于光

训练要求: 按计划成本法进行发出甲材料及结转发出材料成本差异的业务处理。

任务4.3　周转材料

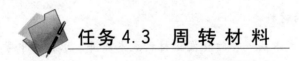

任务描述

山东科瑞有限公司采购了一批桶、罐、包装箱、铁丝、绳等,新入职的刘会计不知应记入原材料还是包装物?

任务分析

企业应根据材料在生产及使用过程中的状态来判断其属于原材料还是周转材料,一般情况下,在生产过程中使用的包装材料,如绳、铁丝等应作为原材料核算,不作为包装物核算;多次重复使用但仍保持原有形态的罐、包装箱等作为包装物核算。

知识准备

一、周转材料的认知

周转材料是指企业能够多次使用,不符合固定资产定义,逐渐转移其价值但仍保持原有形态,不确认为固定资产的材料。按其用途不同,周转材料可分为包装物和低值易耗品。

(一)包装物

包装物是指用于包装本企业商品并随产品出售、出租、出借给购买单位而储存的各种包装容器,如瓶、坛、袋等。包装物主要包括以下四种。

(1)生产过程中用于包装产品作为产品组成部分的包装物。

(2)随同商品出售而不单独计价的包装物。

(3)随同商品出售并单独计价的包装物。

(4)出租或出借给购买单位使用的包装物。

(二)低值易耗品

低值易耗品是指不能作为固定资产核算的各种用具物品,如一般工具、专用工具、管理用具、替换设备、劳动保护用品,以及在经营过程中周转使用的容器等。

二、周转材料的核算

"周转材料"账户核算企业持有的周转材料成本,借方登记取得周转材料的成本;贷方登记处置周转材料时,转出周转材料的账面余额;期末余额在借方,反映企业周转材料的成本。"周转材料"账户应按照周转材料的项目设置明细账户进行核算。

(一)包装物核算

为反映和监督包装物的增减变动及其价值损耗、结存等情况,企业应设置"周转材料——包装物"账户进行核算。该账户借方登记包装物的增加;贷方登记包装物的减少;期末余额在借方,反映企业期末结存包装物的金额。

1. 取得包装物的核算

企业购入、自制、委托加工收回验收入库包装物的核算,与原材料取得的核算原理相同,此处不再赘述。

2. 发出包装物的核算

(1)生产领用包装物。生产领用的包装物大多属于产品的内包装,构成产品不可分割的组成部分,因此,应将包装物成本直接计入产品生产成本。

① 实际成本法。

借:生产成本(实际成本)

贷：周转材料——包装物（实际成本）
　　② 计划成本法。
　　借：生产成本（实际成本）
　　　　贷：周转材料——包装物（计划成本）
　　　　　　材料成本差异（差额）

（2）随同商品出售而不单独计价的包装物。使用这种包装物是为了确保销售商品的质量或提供良好的服务，因此，应将包装物的成本作为销售费用核算。
　　① 实际成本法。
　　借：销售费用（实际成本）
　　　　贷：周转材料——包装物（实际成本）
　　② 计划成本法。
　　借：销售费用（实际成本）
　　　　贷：周转材料——包装物（计划成本）
　　　　　　材料成本差异（差额）

（3）随同商品出售并单独计价的包装物。包装物随同商品出售并单独计价，实质上就是出售包装物，因此，其账务处理与出售原材料相同，其收入作为其他业务收入核算，其成本列为其他业务成本。
　　借：银行存款/应收账款
　　　　贷：其他业务收入
　　　　　　应交税费——应交增值税（销项税额）

结转所售包装物成本时。
　　① 实际成本法。
　　借：其他业务成本
　　　　贷：周转材料包装物
　　② 计划成本法。
　　借：其他业务成本
　　　　贷：周转材料包装物
　　借/贷：材料成本差异

（4）出租或出借包装物。出租包装物是指企业将包装物以租赁形式借给购货方暂时使用。出租包装物属于企业经营业务，在包装物出租期间，企业应将双方约定收取的租金作为其他业务收入，与之对应的出租包装物的成本应列为其他业务成本。

　　出借包装物是指企业将包装物无偿提供给购货方暂时使用。出借包装物是企业的一种促销手段，包装物出借期间发生的包装物成本应作为销售费用。

　　出租或出借包装物的成本摊销一般采用一次摊销法，即包装物一经发出，其成本一次全部注销。

> **知识链接**
>
> 　　企业在生产经营过程中用于储存和保管货物，不对外出售、出租或出借的包装物，如企业经营过程中周转使用的包装容器，可以按使用年限长短，作为"固定资产"或"周转材料——低值易耗品"进行核算。

做中学 4-13 山东科瑞有限公司对包装物采用计划成本法核算,3月6日生产产品领用包装物一批,计划成本为300 000元,材料成本差异率为-3%。山东科瑞有限公司编制如下会计分录。

```
借:生产成本                                               210 000
    材料成本差异——包装物                                    9 000
  贷:周转材料——包装物                                    300 000
```

做中学 4-14 3月7日,山东科瑞有限公司销售商品领用不单独计价包装物一批,计划成本为50 000元,材料成本差异率为-3%。山东科瑞有限公司编制如下会计分录。

```
借:销售费用                                                48 500
    材料成本差异——包装物                                    1 500
  贷:周转材料——包装物                                     50 000
```

做中学 4-15 3月12日,山东科瑞有限公司销售商品领用单独计价包装物一批,售价为30 000元,增值税税额为3 900元,款项已存入银行。该批包装物的计划成本为26 000元,材料成本差异率为3%。

随同商品销售收到款项时,编制会计分录如下。

```
借:银行存款                                                33 900
  贷:其他业务收入                                          30 000
      应交税费——应交增值税(销项税额)                       3 900
```

结转所售包装物成本时,编制会计分录如下。

```
借:其他业务成本                                            26 780
  贷:周转材料——包装物                                     26 000
      材料成本差异                                             780
```

做中学 4-16 山东科瑞有限公司随产品销售出租包装箱30个,每个成本为20元,押金按每个25元收取,存入银行,本月收回包装物,收取包装箱租金300元,增值税税额从押金中扣除,包装物价值采用一次摊销法摊销,编制会计分录如下。

(1) 领用包装物时。

```
借:其他业务成本——包装物                                     600
  贷:周转材料——包装物                                        600
```

(2) 收到押金时。

```
借:银行存款——工商银行                                       750
  贷:其他应付款                                               750
```

(3) 退还押金和扣除租金时。

```
借:其他应付款                                                750
  贷:其他业务收入——包装物                                    300
      应交税费——应交增值税(销项税额)                          39
      银行存款——工商银行                                      411
```

做中学 4-17 山东科瑞有限公司3月12日随产品销售出借包装箱100个,每个计划成本为30元,押金按每个35元收取,当月包装物成本差异率为3%,该批包装物成本分两次摊销,包装箱按时收回,押金退还,并通过银行结算,编制有关会计分录如下。

(1) 领出出借用包装箱时。

借:待摊费用　　　　　　　　　　　　　　　　　　　　　　　3 000
　　贷:周转材料——包装物　　　　　　　　　　　　　　　　　　3 000

(2) 收取押金时。

借:银行存款——工商银行　　　　　　　　　　　　　　　　　3 500
　　贷:其他应付款　　　　　　　　　　　　　　　　　　　　　　3 500

(3) 月末结转该批包装物成本差异时。

借:待摊费用　　　　　　　　　　　　　　　　　　　　　　　　90
　　贷:材料成本差异　　　　　　　　　　　　　　　　　　　　　　90

(4) 月末摊销包装物成本时。

借:销售费用　　　　　　　　　　　　　　　　　　　　　　　1 545
　　贷:待摊费用　　　　　　　　　　　　　　　　　　　　　　　1 545

4月末做与(4)相同的会计分录。

(5) 退还包装物押金时。

借:其他应付款　　　　　　　　　　　　　　　　　　　　　　3 500
　　贷:银行存款——工商银行　　　　　　　　　　　　　　　　　3 500

(二) 低值易耗品核算

1. 取得低值易耗品

企业购入、自制、委托加工完成验收入库的低值易耗品的核算,与原材料取得的核算完全相同。

2. 低值易耗品领用及摊销

企业领用低值易耗品,可以根据低值易耗品的消耗方式、价值大小、使用期限等情况,选择采用一次摊销法或者五五摊销法,将低值易耗品的价值计入有关成本费用。

(1) 一次摊销法。一次摊销法是指在领用低值易耗品时,将其价值一次计入成本、费用的摊销方法。

若领用的低值易耗品价值较大,会使当期成本费用增高,不利于成本费用的均衡分配,也不能反映低值易耗品的损耗程度,会存在会计账簿上一次转销而实际仍在使用从而形成账外资产的情况。因此,该方法主要适用于数量不多、价值较低、使用期限较短或容易破损的低值易耗品的摊销。

借:制造费用/管理费用
　　贷:周转材料——低值易耗品

> **知识链接**
>
> 采用一次摊销法,在领用低值易耗品时,如果按计划成本核算,还应贷记"材料成本差异"账户。低值易耗品报废时,将其残值冲减当月低值易耗品的摊销额,借记"原材料"等账户,贷记"制造费用""管理费用"等账户。

(2) 五五摊销法。五五摊销法是指低值易耗品在领用时摊销其价值的一半,在报废时再摊销其价值的另一半并注销其总成本的一种摊销方法。

该方法适用于一次领用低值易耗品数量较多、价值较大的情况。采用五五摊销法,应在"周转材料——低值易耗品"账户下设置"在库""在用""摊销"三个明细账户。

3. 低值易耗品报废收回残料

报废时,将报废低值易耗品的残料价值作为当月低值易耗品摊销额的减少,冲减有关成本费用,借记"原材料"等账户,贷记"制造费用""管理费用"等账户。

做中学4-18 3月12日,山东科瑞有限公司基本生产车间领用一般工具一批,实际成本为5 000元。山东科瑞有限公司编制如下会计分录。

借:制造费用　　　　　　　　　　　　　　　　　　　　　　5 000
　　贷:周转材料——低值易耗品　　　　　　　　　　　　　　　　　5 000

做中学4-19 3月10日,山东科瑞有限公司基本生产车间领用专用工具一批,实际成本为30 000元,同年9月16日公司所用专用工具报废,假设无残值。采用五五摊销法,编制会计分录如下。

3月10日,领用专用工具时,编制如下会计分录。

借:周转材料——低值易耗品(在用)　　　　　　　　　　　　　30 000
　　贷:周转材料——低值易耗品(在库)　　　　　　　　　　　　　　30 000

同时摊销其50%成本,编制如下会计分录。

借:制造费用　　　　　　　　　　　　　　　　　　　　　　15 000
　　贷:周转材料——低值易耗品(摊销)　　　　　　　　　　　　　　15 000

9月16日,专用工具报废时,摊销其剩余的50%成本,编制如下会计分录。

借:制造费用　　　　　　　　　　　　　　　　　　　　　　15 000
　　贷:周转材料——低值易耗品(摊销)　　　　　　　　　　　　　　15 000

同时转销低值易耗品摊销账户,编制如下会计分录。

借:周转材料——低值易耗品(摊销)　　　　　　　　　　　　　30 000
　　贷:周转材料——低值易耗品(在用)　　　　　　　　　　　　　　30 000

任务训练4-3

训练目的:通过本任务训练掌握不同情况下发出包装物的核算方法。

训练方式:根据具体业务情况进行账务处理。

训练内容:2021年5月,山东科瑞有限公司发生的包装物业务如下。

(1) 为生产甲产品,加工车间领用包装物一批,其实际成本为2 000元。

(2) 为销售甲产品,领用包装纸箱一批,实际成本为800元,纸箱随同甲产品一起出售但不单独计价。

(3) 在销售甲产品时随同产品出售单独计价的包装物一批,其售价为900元,增值税税率为13%,应收增值税为117元,已通过银行收讫,该批包装物的实际成本为820元。

训练要求:做包装物发出时的账务处理。

任务4.4 库存商品

任务描述

张岚原是一家工业企业的成本会计,后因企业整体搬迁张岚重新应聘新百百货公司财务人员岗位,在工作中发现工业企业与商品流通企业在库存商品核算中存在很多不同之处。

任务分析

工业企业存货核算一般采用实际成本法和计划成本法,发出存货的核算一般采用先进先出法、月末一次加权平均法、移动加权平均法、个别计价法等方法。流通企业存货的核算主要采用数量进价金额核算法和售价金额核算法。

知识准备

一、库存商品概述

库存商品是指企业完成全部生产过程并已验收入库、符合标准规格和技术条件,既可以按照合同规定的条件送交订货单位,也可以作为商品对外销售的产品,以及外购或委托加工完成验收入库用于销售的各种商品。

二、工业企业库存商品的核算

工业企业的库存商品主要是指产成品。工业企业的库存商品还包括企业接受外来原材料加工制造完成的代制品和外单位委托加工修理完成的代修品。既可以降价出售的不合格品,也可以作为库存商品核算,但应与合格商品分开记账。

企业应设置"库存商品"账户进行核算。其借方登记已经完成生产过程并验收入库的各种产成品的实际成本;贷方登记发出和销售产成品的实际成本;余额在借方,反映企业各种库存产成品的实际成本。该账户应按库存商品的种类和规格设置明细账。

工业企业的库存商品可以采用实际成本核算,也可以采用计划成本核算。采用实际成本核算时,对发出和销售的库存商品,可以采用先进先出法、加权平均法、移动加权平均法或者个别计价法等确定其实际成本。

(1) 企业生产完成验收入库的产成品。

借:库存商品
  贷:生产成本

(2) 企业销售商品,结转销售产品成本。

借:主营业务成本
  贷:库存商品

> **知识链接**
>
> 产成品种类繁多的企业，也可以按计划成本进行日常核算。实际成本与计划成本之间的差异应单独设置"产品成本差异"账户进行核算。
>
> 产成品的收入、发出和销售，平时可以用计划成本核算；月终，计算入库产成品的实际成本，并将实际成本与计划成本的差额记入"产品成本差异"账户，然后将产品成本差异在发出、销售和结存的产成品之间进行分配。

三、商品流通企业库存商品的核算

商品流通企业的库存商品，通常采用数量进价金额核算法和售价金额核算法等进行日常核算。

（一）数量进价金额核算法

1. 数量进价金额核算法的概念

数量进价金额核算法是以实物数量和进价金额两种计量单位，反映商品进、销、存情况的一种方法。在该方法下，财会部门对库存商品总账和明细账的进、销、存金额均按进价记载。该方法一般适用于批发企业。

2. 账户设置

商品流通企业采用数量进价金额核算法，对已支付货款或已签发商业汇票但尚未运抵验收入库商品的实际成本，应通过"在途物资"账户核算。

商品流通企业验收入库商品的实际成本应通过"库存商品"账户核算，该账户借方登记验收入库商品的实际成本；贷方登记发出库存商品的实际成本；期末借方余额，反映库存商品的实际成本。该账户应按商品的品名、规格等进行明细核算。

3. 库存商品的典型业务核算

（1）商品购进的核算。数量进价金额核算法下，商品购进业务与实际成本计价法下原材料购进业务的核算原理相似，此处不做介绍。

（2）商品销售成本的计算与结转。企业销售商品后，应按一定的方法计算并结转已售商品成本。商品销售成本的计算方法有先进先出法、加权平均法、个别计价法和毛利率法。批发企业经营的商品品种多，用前三种方法计算商品销售成本的工作量大。

批发企业经营在每个季度的前两个月可以采用毛利率法匡算商品销售成本，在季末最后一个月，再采用先进先出法、加权平均法等方法计算确定商品销售成本，以保证商品销售成本最终计算的准确性。

毛利率法是指根据本期销售净额乘以上期实际（或本期计划）毛利率匡算本期销售毛利，并据以计算发出存货和期末存货成本的一种方法。其计算公式如下：

毛利率＝销售毛利÷销售额×100％

销售净额＝商品销售收入－销售退回与折让

销售毛利＝销售净额×上期毛利率

销售成本＝销售净额－销售毛利＝销售净额×（1－毛利率）

期末存货成本＝期初存货成本＋本期购货成本－本期销售成本

此方法是商品流通企业,尤其是商业批发企业常用的计算本期商品销售成本和期末库存商品成本的方法。商品流通企业由于经营商品的品种繁多,如果分品种计算商品成本,工作量将大幅增加,而且一般来讲,商品流通企业中同类商品的毛利率大致相同,采用这种存货计价方法既能减轻工作量,也能满足对存货管理的需要。

(二) 售价金额核算法

1. 售价金额核算法的概念

售价金额核算法是指平时商品的购进与销售均按售价记账,售价与进价的差额通过专设账户(商品进销差价)核算,期末计算进销差价率和本期已售商品应分摊的进销差价,并据以调整本期销售成本的一种方法。

采用该方法,企业应建立实物负责制,将所经营的全部商品按品种、类别及管理的需要划分为若干实物负责小组,确定其实物负责人,实物负责人对其所经营的商品负全部经济责任。库存商品总账和明细账都按商品的售价记账,库存商品明细账按实物负责人或小组分户,只记售价金额,不记实物数量。对库存商品进价与售价之间的差额,应设置"商品进销差价"账户核算,并在期末计算和分摊已售商品的进销差价。

售价金额核算法一般适用于零售企业的商品管理与核算。这种方法把大量按各种不同品种开设的库存商品明细账归并为按实物负责人来分户的明细账,从而简化核算工作。

2. 售价金额核算法的账户设置

商品流通企业在售价金额核算法下,应设置"库存商品"账户核算验收入库的库存商品。该账户借方登记验收入库商品的售价;贷方登记发出商品的售价;期末借方余额,反映库存商品售价。该账户按商品类别或实物负责人进行明细核算。

采用售价金额核算法,为核算库存商品进价与售价之间的差额,应设置"商品进销差价"账户,该账户属资产类账户,也是"库存商品"账户的备抵调整账户。该账户贷方登记购进、加工收回以及销售退回等增加的商品进销差价;借方登记转出已售商品实现的进销差价;期末贷方余额,反映库存商品应保留的进销差价。本账户应按商品类别或实物负责人进行明细核算。

3. 库存商品的典型业务核算

(1) 商品购进的核算。售价金额核算法与数量进价金额核算法的最大区别在于,库存商品按售价记账,商品验收入库时应确认商品进销差价。

借:商品采购(实际成本)
　　应交税费——应交增值税(进项税额)
　贷:银行存款(价税合计)

同时,
借:库存商品——A 商品(含税售价)
　贷:商品进销差价(含税进销差价)
　　商品采购(实际进价)

(2) 商品销售的核算。采用售价金额核算法,财会部门根据"商品进销存日报表"及所附交款单、进货凭证及其他有关凭证进行核对,审核无误后,据以登记"主营业务收入"账户,同时按零售价冲减库存商品,结转商品销售成本。

借:银行存款
　贷:主营业务收入(含税零售价)

同时，按售价结转销售成本。

借：主营业务成本（含税零售价）
　　贷：库存商品（含税零售价）

$$销售额＝含税销售额÷(1＋税率)$$
$$应交增值税额＝销售额×税率$$

借：主营业务收入（应交增值税额）
　　贷：应交税费——应交增值税（销项税额）

（3）商品销售成本的结转。采用售价金额核算法，商品销售成本平时是按含税售价计算结转的，其中包含商品进价成本、商品进销差价和增值税税额。企业在月末要采用一定的方法计算和结转已销商品含税的进销差价，将商品销售成本调整为进价成本，调整公式为

$$商品进销差价率＝(期初商品进销差价＋本期增加商品进销差价)$$
$$÷(期初库存商品售价＋本期购入商品售价)×100\%$$

本期销售商品应分摊的商品进销差价＝本期商品销售收入×商品进销差价率

本期销售商品成本＝本期商品销售收入－本期销售商品应分摊的商品进销差价

期末结存商品成本＝期初库存商品进价成本＋本期购进商品进价成本
　　　　　　　　－本期销售商品成本

调整分录如下。

借：商品进销差价（本期分摊的进销差价）
　　贷：主营业务成本

企业的商品进销差价率各期之间是比较均衡的，因此，也可以采用上期商品进销差价率计算分摊本期的商品进销差价。年度终了，应对商品进销差价进行核实调整。

知识链接

产成品种类繁多的企业，也可以按计划成本进行日常核算。实际成本与计划成本之间的差异应该单独设置"产品成本差异"账户进行核算。

产成品的收入、发出和销售，平时可以用计划成本核算；月终，计算入库产成品的实际成本，并将实际成本与计划成本的差额记入"产品成本差异"账户，然后将产品成本差异在发出、销售和结存的产成品之间进行分配。

做中学 4-20　数量进价金额核算法——商品购进的核算。科达百货公司从某工厂购进 A 类商品一批，增值税专用发票列示商品价款为 400 000 元，增值税税率为 13％，增值税税额为 52 000 元。A 类商品已验收入库，货款及增值税税额以转账支票付讫。

借：商品采购　　　　　　　　　　　　　　　　　　　　　　　　　400 000
　　应交税费——应交增值税（进项税额）　　　　　　　　　　　　　52 000
　　贷：银行存款　　　　　　　　　　　　　　　　　　　　　　　　　　452 000
同时，
借：库存商品——A 类商品　　　　　　　　　　　　　　　　　　　400 000
　　贷：商品采购　　　　　　　　　　　　　　　　　　　　　　　　　　400 000

做中学 4-21　数量进价金额核算法——商品销售的核算。科达百货公司销售 A 类商品

一批,货款 113 000 元,销售额为 100 000 元,增值税税率为 13%,增值税销项税额为 13 000 元,货款全部存入银行。

借:银行存款   113 000
　　贷:主营业务收入   100 000
　　　　应交税费——应交增值税(销项税额)   13 000

做中学 4-22　数量进价金额核算法——商品销售成本的计算与结转。2021 年 3 月 1 日,科达百货公司 A 类商品库存 860 000 元,本月购进 400 000 元,本月销售收入 100 000 元,发生销售折让 6 200 元。上月该类商品的毛利率为 20%。

本月 A 类商品销售净额 = 100 000 - 6 200 = 93 800(元)
A 类商品销售毛利 = 93 800 × 20% = 18 760(元)
本月 A 类商品销售成本 = 93 800 - 18 760 = 75 040(元)
期末 A 类商品成本 = 860 000 + 400 000 - 75 040 = 1 184 960(元)

借:主营业务成本   75 040
　　贷:库存商品   75 040

数量进价金额核算法的优点是能全面反映各种商品进、销、存的数量和金额,便于从数量和金额两个方面进行控制。由于每笔进、销货业务都要填制凭证,按商品品种逐笔登记明细分类账,核算工作量较大,手续较复杂,一般适用于规模较大、经营金额较大、批量较大而交易笔数不多的大中型批发企业。

做中学 4-23　售价金额核算法——商品购进的核算。新百购物商场从某批发公司购进 A 商品一批,发货单上列明商品价款为 30 000 元,增值税税率为 13%,增值税税额为 3 900 元。该批商品含税零售价为 42 000 元,货款及增值税以转账支票支付,商品由百货部验收。

商品购进时。
借:商品采购   30 000
　　应交税费——应交增值税(进项税额)   3 900
　　贷:银行存款   33 900

同时,
借:库存商品——A 商品   42 000
　　贷:商品进销差价   12 000
　　　　商品采购   30 000

做中学 4-24　售价金额核算法——商品销售的核算。新百购物商场为一般纳税人,某日其含税销售额为 113 000 元,其中服装组 45 200 元,鞋帽组 11 300 元,家电组 56 500 元,货款送存银行。

借:银行存款   113 000
　　贷:主营业务收入   113 000

同时,按售价结转销售成本。
借:主营业务成本   113 000
　　贷:库存商品——服装组   45 200
　　　　　　——鞋帽组   11 300
　　　　　　——家电组   56 500

该商场调整主营业务收入,主营业务收入为 113 000 元。

$$销售额 = 113\ 000 \div (1 + 13\%) = 100\ 000(元)$$
$$应交增值税 = 100\ 000 \times 13\% = 13\ 000(元)$$

借:主营业务收入　　　　　　　　　　　　　　　　　　　　　　　　13 000
　　贷:应交税费——应交增值税(销项税额)　　　　　　　　　　　　　　13 000

做中学 4-25 售价金额核算法——商品销售成本的结转。12 月 31 日,新百购物商场月初库存商品进价成本为 8 700 000 元,账户售价总额为 10 000 000 元;本月购进商品进价为 983 100 元,售价为 1 130 000 元;本月商品销售收入为 1 500 000 元。

$$商品进销差价率 = (1\ 300\ 000 + 146\ 900) \div (10\ 000\ 000 + 1\ 130\ 000) \times 100\%$$
$$= 1\ 446\ 900 \div 11\ 130\ 000 \times 100\% = 13\%$$

本期销售商品应分摊的商品进销差价 = 1 500 000 × 13% = 195 000(元)

借:商品进销差价　　　　　　　　　　　　　　　　　　　　　　　　195 000
　　贷:主营业务成本　　　　　　　　　　　　　　　　　　　　　　　195 000

本期销售商品成本 = 1 500 000 - 195 000 = 1 305 000(元)
期末结存商品成本 = 8 700 000 + 983 100 - 1 305 000 = 8 378 100(元)

任务训练 4-4

训练目的: 通过本任务训练掌握毛利率法下库存商品成本的核算方法。
训练方式: 根据同类商品毛利率匡算销售成本具体业务情况并进行账务处理。
训练内容: 新悦超市采用毛利率法进行核算,2021 年 7 月 1 日,库存商品余额 1 200 000 元,本月购进 3 500 000 元,本月销售收入 480 000 元,上季度库存商品毛利率为 30%。
训练要求: 根据上述内容计算 7 月已销商品和月末库存商品的成本。

任务 4.5　委托加工物资

任务描述

山东科瑞有限公司在生产过程中需要委托外单位进行生产加工。请设计委托加工物资的业务流程。

任务分析

由主管部门填制"委托加材料申请单",经部门经理及中心总监批准后,由设备部或技术部门核定金额及价格,并与受托单位签订"委托加工合同",主要通过购买方式取得委托加工物资。财务部门根据出单、委托加工合同及入库单进行会计核算。

知识准备

一、委托加工物资的认知

委托加工物资是企业向受托加工企业提供原材料,并向受托加工企业支付一定的加工费用,待加工完成后由企业收回的制成品。

企业委托外单位加工物资的成本包括加工中实际耗用物资的成本、支付的加工费用及应负担的运杂费等；支付的税金包括委托加工物资所应负担的消费税（指属于消费税应税范围的加工物资）等。

二、委托加工物资的核算

企业应设置"委托加工物资"账户。该账户属于资产类账户，借方登记委托加工物资发生的实际成本，贷方登记加工完成验收入库物资的实际成本和收回剩余物资的实际成本，期末余额在借方，反映企业尚未完工的委托加工物资的实际成本等。该账户可按加工合同、受托加工单位及加工物资的品种等进行明细核算。

委托加工物资的账务处理包括发出委托加工物资，支付加工费、运杂费，结算增值税、消费税，加工完成回收加工物资等。

（1）发给外单位加工的物资，按实际成本核算。

借：委托加工物资
　　贷：原材料
　　　　库存商品等
借/贷：材料成本差异

（2）支付加工费用、应负担的运杂费，取得增值税专用发票。

借：委托加工物资
　　　应交税费——应交增值税（进项税额）
　　贷：银行存款等

如果委托加工物资属于应纳消费税的应税消费品，应由受托方在向委托方交货时代收代缴消费税。

$$应交消费税＝加工物资售价×消费税税率$$

无售价的按组成计税价格计算：

$$组成计税价格＝（材料成本＋加工费）÷（1－消费税税率）$$

$$应交消费税＝组成计税价格×消费税税率$$

（3）需要缴纳消费税的委托加工物资，收回后直接用于销售的，应将受托方代收代缴的消费税计入委托加工物资成本。

借：委托加工物资
　　贷：银行存款等

（4）委托加工的应税消费品收回后用于连续生产应税消费品，已纳消费税税款按规定准予抵扣以后销售环节的应交消费税。

借：应交税费——应交消费税
　　贷：银行存款等

（5）收到加工完成验收入库的物资和剩余物资，按实际成本核算。

借：原材料
　　　库存商品等
　　贷：委托加工物资
　　　　材料成本差异（或借方）

> **知识链接**
>
> 如果以计划成本核算,在发出委托加工物资时,同时结转发出材料应负担的材料成本差异;收回委托加工物资时,应视同材料购入结转采购形成的材料成本差异。

做中学 4-26 山东科瑞有限公司委托甲公司加工商品一批(属于应税消费品),有关资料如下:3月10日,发出委托加工材料一批,实际成本为1 360 000元;3月25日,支付加工费100 000元(不含增值税),应由受托方代收代缴的消费税为55 000元,该商品收回后用于连续生产应税消费品;3月30日,用银行存款支付往返运费6 000元(不含税),取得的增值税专用发票注明税额为540元;4月5日,上述商品加工完毕,已办理验收入库手续。双方均为增值税一般纳税人,适用的增值税税率为13%。山东科瑞有限公司对库存商品按实际成本计价核算,有关账务处理如下。

(1) 3月10日,发出委托加工材料。

借:委托加工物资　　　　　　　　　　　　　　　　　1 360 000
　　贷:原材料　　　　　　　　　　　　　　　　　　　　1 360 000

(2) 3月25日,支付加工费、增值税和消费税。

借:委托加工物资　　　　　　　　　　　　　　　　　　100 000
　　应交税费——应交消费税　　　　　　　　　　　　　 55 000
　　　　　　——应交增值税(进项税额)　　　　　　　　 13 000
　　贷:银行存款　　　　　　　　　　　　　　　　　　　 168 000

(3) 3月30日,支付往返运杂费。

借:委托加工物资　　　　　　　　　　　　　　　　　　 6 000
　　应交税费——应交增值税(进项税额)　　　　　　　　　 540
　　贷:银行存款　　　　　　　　　　　　　　　　　　　 6 540

(4) 4月5日,委托收回商品验收入库。

借:库存商品　　　　　　　　　　　　　　　　　　　 1 466 000
　　贷:委托加工物资　　　　　　　　　　　　　　　　　1 466 000

如果上述材料收回后直接用于销售,3月25日,支付加工费、增值税和消费税时,账务处理如下。

借:委托加工物资　　　　　　　　　　　　　　　　　　155 000
　　应交税费——应交增值税(进项税额)　　　　　　　　 13 000
　　贷:银行存款　　　　　　　　　　　　　　　　　　　 168 000

3月30日,支付往返运杂费时,账务处理同上。

4月5日,委托收回商品验收入库时,账务处理如下。

借:库存商品　　　　　　　　　　　　　　　　　　　 1 521 000
　　贷:委托加工物资　　　　　　　　　　　　　　　　　1 521 000

任务训练4-5

训练目的:通过本任务训练掌握委托加工物资成本的核算方法。

训练方式:比较委托加工物资收回后两种情况的处理方式。

训练内容：山东科瑞有限公司委托旭日公司加工铸件一批（属于应税消费品）。拨出丙材料成本为 43 000 元，支付加工费 11 000 元，消费税税率为 10%。加工完成并已验收入库，双方适用的增值税税率为 13%。企业按实际成本核算原材料。

训练要求：根据委托加工收回后两种情况的处理方式不同，计算收回物资的成本并进行账务处理。

任务 4.6　存货清查与期末计量

任务描述

某会计师事务所受山东科瑞有限公司委托对存货进行审计，发现原材料账实不符。

任务分析

首先，会计师事务所应查看山东科瑞有限公司是否建立了完善的存货管理内部控制制度，对材料采购人员、运输人员、保管人员等不同岗位分工负责的内部牵制制度；其次，山东科瑞有限公司应根据材料的种类查清每种材料盘盈、盘亏的原因，分别根据具体情况进行处理。

知识准备

一、存货清查认知

存货清查是指通过对存货的实地盘点，确定存货的实有数量，并与账面结存数核对，从而确定存货实存数与账面结存数是否相符的一种专门方法。企业中，由于存货种类繁多、数量大、收发频繁，在日常收发过程中可能发生计量错误、计算错误、自然损耗，以及损坏变质、贪污、盗窃等情况，使账实不符，形成存货的盘盈、盘亏。

存货清查按照清查的对象和范围不同，分为全面清查和局部清查；按照清查时间不同，分为定期清查与不定期清查。

存货清查的方法一般采用实地盘点法。清查后，对于存货的盘盈、盘亏，应填写"存货盘点报告单"（表 4-6），并及时查明原因，按照规定程序报批处理。

表 4-6　存货盘点报告单

库号：1　　　　　　　　　　　2021 年 6 月 30 日

名称	规格型号	单位	单价/元	账面数	实存数	盘盈数		盘亏数		盈亏原因
						数量	金额/元	数量	金额/元	
甲材料		千克	30	7 560	7 600	40	1 200			待查
乙材料		千克	20	3 600	3 250			350	7 000	台风
丁材料		千克	40	4 500	4 300			200	8 000	待查

部门主管：王丽　　　　　　　保管员：陈力　　　　　　　复查人：李刚

二、存货清查结果的核算

为反映和监督企业在财产清查中查明的各种存货的盘盈、盘亏和毁损情况，企业应设置"待处理财产损溢"科目，借方登记存货的盘亏、毁损金额及盘盈的转销金额，贷方登记存货的盘盈金额及盘亏的转销金额。企业清查的各种存货损溢，应在期末结账前处理完毕，期末处理后，本科目应无余额。

存货清查发生盘盈和盘亏通过"待处理财产损溢"科目核算，核算时分两步：第一步，批准前调整为账实相符，即将账按实物数量进行调整；第二步，批准后按规定结转处理。

1. 存货盘盈的核算

企业盘点后发现存货实存数大于账存数，即发生存货盘盈，应根据"存货盘点报告单"做如下处理。

借：原材料/库存商品等
　　贷：待处理财产损溢

按管理权限报经批准后做如下处理。

借：待处理财产损溢
　　贷：管理费用

2. 存货盘亏的核算

企业盘点后发现存货实存数小于账存数，即发生盘亏，根据造成盘亏的原因，分以下情况进行处理。

（1）属于自然损耗产生的定额内合理损耗，经批准后计入管理费用。

借：待处理财产损溢
　　贷：原材料等
借：管理费用
　　贷：待处理财产损溢

（2）属于计量、收发差错和管理不善等原因造成的材料短缺或毁损，能确定过失人的，做如下处理。

借：待处理财产损溢
　　贷：原材料等
　　　　应交税费——应交增值税（进项税额转出）
借：其他应收款——××（过失人赔偿）
　　　　　　　——保险公司（保险责任范围内的部分）
　　原材料（收回残料价值）
　　应交税费——应交增值税（进项税额转出）（残料的进项税额）
　　管理费用（净损失，差额）
　　　贷：待处理财产损溢

（3）属于自然灾害造成的存货非常毁损，应先扣除残料价值和可以收回的保险赔偿，将净损失计入营业外支出。

借：待处理财产损溢
　　贷：原材料等

借:其他应收款——保险公司(保险责任范围内的部分)
   原材料(收回残料价值)
   营业外支出
 贷:待处理财产损溢

> **知识链接**
>
> 根据《中华人民共和国增值税条例暂行条例实施细则》等相关法规规定,因自然灾害发生损失的货物的进项税额准予抵扣,已抵扣的进项税额不必作为进项税额转出;而因非正常损失的购进货物的进项税额非正常损失的在产品、产成品所耗用的购进货物或应税劳务的进项税额不准予从销项税额中抵扣。

做中学 4-27 存货盘盈的核算。2021 年 6 月 30 日,山东科瑞有限公司进行存货盘点,发现甲材料账面结存 7 560 千克,经实地盘点实存 7 600 千克,甲材料实际单位成本为 30 元,详见表 4-6 存货盘点报告单。后经查实,属于材料收发计量方面的错误。

(1) 批准处理前。

借:原材料——甲材料   1 200
 贷:待处理财产损溢——待处理流动资产损溢   1 200

(2) 批准处理后。

借:待处理财产损溢——待处理流动资产损溢   1 200
 贷:管理费用——存货盘盈   1 200

做中学 4-28 存货盘亏的核算。2021 年 6 月 30 日,山东科瑞有限公司进行期末财产清查,发现毁损丁材料 200 千克,实际单位成本为 40 元,该批材料已抵扣的进项税额为 1 040 元。经查属于保管员过失造成,按规定个人赔偿 5 000 元,收回残料 500 元,账务处理如下。

(1) 批准处理前。

借:待处理财产损溢——待处理流动资产损溢   9 040
 贷:原材料——丁材料   8 000
   应交税费——应交增值税(进项税额转出)   1 040

(2) 批准处理后。

借:其他应收款   5 000
   原材料   500
   应交税费——应交增值税(进项税额转出)   65
   管理费用   3 475
 贷:待处理财产损溢——待处理流动资产损溢   9 040

做中学 4-29 存货盘亏的核算。山东科瑞有限公司因台风造成一批乙材料盘亏,该材料实际损失 350 千克,实际单位成本为 20 元。在保险公司责任范围内由保险公司赔偿 5 000 元,余额 2 000 元计入营业外支出。

(1) 批准处理前。

借:待处理财产损溢——待处理流动资产损溢   7 000
 贷:原材料——乙材料   7 000

(2) 批准处理后。
借:其他应收款——保险公司　　　　　　　　　　　　　　5 000
　　营业外支出　　　　　　　　　　　　　　　　　　　　2 000
　　贷:待处理财产损溢——待处理流动资产损溢　　　　　　　　7 000

三、存货期末计价

企业购入存货后,可能发生毁损、陈旧或价格下跌等情况,为在资产负债表中更可靠地反映期末存货的价值,我国企业会计准则规定,企业应按照成本与可变现净值孰低法计量。

(一)成本与可变现净值孰低法

成本是指期末存货的实际成本,如存货采用计划成本法,则期末存货的实际成本是指进行差异调整后的存货成本。

可变现净值是指在日常活动中,存货的估计售价减去至完工时估计将要发生的成本、估计的销售费用及相关税费后的金额。

按照成本与可变现净值孰低法计量,在资产负债表日,当存货成本低于可变现净值时,存货按成本计量;当存货成本高于可变现净值时,存货按可变现净值计量,同时按成本高于可变现净值的差额计提存货跌价准备,计入当期损益。这种做法体现了谨慎性的要求,即若存货可变现净值低于成本,表明该存货会给企业带来的未来经济利益低于其账面成本,应将这部分损失从资产价值中扣除,否则,就会出现虚计资产的现象。

1. 确定存货的可变现净值时应考虑的因素

存货可变现净值的确定必须有可靠的证据,如产品或商品的市场销售价格、与企业产品或商品相同或类似商品的市场销售价格、供货方提供的有关资料、销售方提供的有关资料、生产成本资料等证据。存货可变现净值的确定不仅要以取得的确凿证据为依据,还要考虑持有存货的目的,以及资产负债表日后事项的影响,如考虑持有存货是为了销售还是加工后销售,预计未来产品更新换代、消费者偏好等市场情况。

2. 存货可变现净值的确定

　　　　可变现净值＝估计售价－估计的销售费用和税费－至完工时预计的加工成本

如果存货是直接用于出售的,则

　　　　　　可变现净值＝存货的估计售价－估计的销售费用和税费

(二)存货跌价准备的账务处理

企业应设置"存货跌价准备"科目,核算存货跌价准备的计提、转回和转销情况,跌价准备记入"资产减值损失"科目。

(1)存货成本高于其可变现净值的,企业应按照存货可变现净值低于成本的差额计提存货跌价准备。

借:资产减值损失——计提的存货跌价准备
　　贷:存货跌价准备

(2)以前减记存货价值的影响因素已经消失的,减记的金额应予以恢复,并在原已计提的存货跌价准备金额内转回,转回的金额以将存货跌价准备余额冲减至零为限。

借:存货跌价准备

贷：资产减值损失——计提的存货跌价准备

（3）企业结转存货销售成本时，对已计提存货跌价准备的，借记"存货跌价准备"，贷记"主营业务成本""其他业务成本"等。

　　借：主营业务成本/他业务成本
　　　　贷：库存商品/原材料
　　借：存货跌价准备
　　　　贷：主营业务成本/其他业务成本

（4）存货跌价准备计提金额的计算。

　　存货跌价准备应保持的贷方余额＝存货的实际成本－可变现净值
　　当年实际应提取的存货跌价准备＝存货跌价准备应保持的贷方余额的贷方余额
　　　　　　　　　　　　　　　　－提取准备前已有的贷方余额

做中学 4-30　山东科瑞有限公司为增值税一般纳税人，公司从 2016 年开始对存货计提跌价准备。2020 年 12 月 31 日，该公司库存的 A 产品的账面成本为 600 000 元，预计可变现净值为 550 000 元。2021 年 6 月 30 日，A 产品的市场价格有所上升，预计可变现净值为 570 000 元。2021 年 9 月 1 日，对外出售部分 A 产品，不含税销售价格为 160 000 元，货款已于当日存入银行，出售部分的 A 产品的账面成本为 100 000 元。2021 年 12 月 31 日，A 产品的可变现净值为 530 000 元。

（1）2020 年 12 月 31 日，计提存货跌价准备。

　　借：资产减值损失——计提的存货跌价准备——A 产品　　　50 000
　　　　贷：存货跌价准备——A 产品　　　　　　　　　　　　　　50 000

（2）2021 年 6 月 30 日，A 产品市场价格上升。

　　借：存货跌价准备——A 产品　　　　　　　　　　　　　　　　20 000
　　　　贷：资产减值损失——计提的存货跌价准备——A 产品　　　20 000

（3）2021 年 9 月 1 日，对外出售部分 A 产品。

　　借：银行存款——工商银行　　　　　　　　　　　　　　　　　180 800
　　　　贷：主营业务收入——A 产品　　　　　　　　　　　　　　160 000
　　　　　　应交税费——应交增值税（销项税额）　　　　　　　　20 800
　　借：主营业务成本——A 产品　　　　　　　　　　　　　　　　95 000
　　　　存货跌价准备——A 产品　　　　　　　　　　　　　　　　5 000
　　　　贷：库存商品——A 产品　　　　　　　　　　　　　　　　100 000

　　销售库存商品的账面价值＝历史成本－计提的存货跌价准备
$$=100\ 000-\frac{100\ 000}{600\ 000}\times 30\ 000=95\ 000(元)$$

（4）2021 年 12 月 31 日，存货期末计价。

　　借：存货跌价准备——A 产品　　　　　　　　　　　　　　　　25 000
　　　　贷：资产减值损失——计提的存货跌价准备——A 产品　　　25 000

任务训练4-6

存货盘亏的核算

训练目的：通过本任务训练掌握存货盘亏的处理方法。

训练方式：通过掌握存货盘亏的处理方法，完成本笔业务的账务处理。

训练内容：2021年7月30日，山东科瑞有限公司对乙材料进行盘点，根据填写的物资盘点表，发现盘亏乙材料30千克，乙材料实际单位成本为20元，经查属于收发计量差错造成的，全部损失由企业承担；毁损丁材料300千克，实际单位成本为60元，相关增值税发票注明的增值税额为2 340元。经查属于材料保管员过失造成的，按规定由其赔偿10 000元。

任务训练4-7

存货跌价准备的计提

训练目的：通过本任务训练掌握存货跌价准备的计提方法。

训练方式：以个人为单位完成本笔业务的账务处理。

训练内容：山东科瑞有限公司采用成本与可变现净值孰低法进行期末存货计价。假设公司从2018年年末开始计提存货跌价准备，有关年度B商品存货的资料如表4-7所示。

表4-7 B商品存货资料

日　　期	实际成本/元	可变现净值/元
2018年12月31日	165 000	152 000
2019年12月31日	215 000	210 000
2020年12月31日	20 500	20 000
2021年12月31日	24 200	25 000

训练要求：根据业务数据做出相应的账务处理。

学习总结

本项目主要介绍存货的种类、存货成本的构成内容、存货在核算中采用的计价方法、存货收发存的账务处理及期末存货清查与计价。

存货是指企业日常活动过程中持有以备出售的产成品或商品、处在生产过程中的在产品、在生产过程中或提供劳务过程中耗用的各种材料，属于企业的流动资产。存货按取得时的实际成本入账，企业取得存货的途径不同，其实际成本的构成也有所不同。企业存货在核算中采用的计价方法可以分为按实际成本计价和按计划成本计价两大类。计价方法不同，账户设置和账务处理过程也有差异，企业应选择合适的计价方法进行存货核算。期末企业采用成本与可变现净值孰低法对期末存货进行计量，对可变现净值低于成本的差额计提存货跌价准备，并定期做好存货清查工作。

"讲好中国故事，
传承中国精神"系列故事4

项目4　存货 学习测试

项目 5 固定资产

学习目标

【知识目标】

(1) 了解固定资产的基本概念、特征与分类。

(2) 了解固定资产折旧和减值处理的实际意义。

(3) 了解固定资产取得的确认原则、计价基础。

【能力目标】

(1) 能够熟练进行固定资产初始入账价值的确定。

(2) 能够熟练进行固定资产折旧的计提及相关账务处理。

(3) 能够进行固定资产期末计量、减值判断和账务处理。

(4) 能够进行固定资产清查的方法与核算、固定资产减值计提及固定资产处置的确认与计量。

【素质目标】

(1) 培养学生固定资产安全与账实核对意识。

(2) 培养严谨细致、勤俭节约的职业素养。

(3) 强化资产管理的责任意识。

项目5 固定资产

学习导图

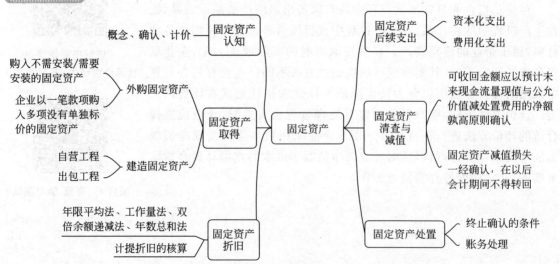

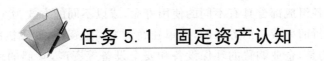

任务5.1 固定资产认知

任务描述

某项目工程浩大,有三家著名跨国公司参与投资。2003年,外方主张折旧年限为28~30年,而中方主张折旧年限为14~15年。最终因为没能达成一致,外资撤出。

任务分析

(1) 为什么会出现这种结果?
(2) 折旧年限不同的后果是什么?
(3) 从中你想到了什么?

知识准备

固定资产是企业进行生产经营活动的主要生产资料,通常是企业最具盈利性的核心资产之一。固定资产一般占企业资产总额的比重比较大,是一项重要的长期资产。正确地对固定资产进行分类并核算,有利于提高企业管理资产的水平,降低生产成本,并实现资产的保值和增值。

一、固定资产的概念和特征

根据《企业会计准则第4号——固定资产》(财政部2006年2月27日发布)的规定,固定资产是指为生产商品、提供劳务、出租或经营管理而持有且使用寿命超过一个会计年度的有形资产。

这里定义给出了判定资产是否属于固定资产的三个标准——目的标准、使用寿命标准和资产形态标准。

目的标准意味着能够被定义为固定资产的设备器具必须是用于企业生产经营的,是为生产商品、提供劳务、出租或经营管理而持有的,这与流动资产直接用于出售或耗用的特征明显不同。但是,反过来不一定成立,即用于企业生产经营的设备器具未必都是固定资产,如经营租入固定资产。需要注意的是,此处的"出租"仅指机器设备的出租,以经营租赁方式出租建筑物属于企业的投资性房地产。

使用寿命超过一个会计年度的标准意味着固定资产属于长期资产。这是区分于存货类流动资产的一项重要判定标准。

资产形态标准是将固定资产与无形资产区分开来。固定资产一定是有形资产,为生产经营而持有且寿命超过一个会计年度但不具有实物形态的资产仍不属于固定资产。

有些资产虽然符合上述确认固定资产的三项标准,如企业持有的工具、模具、管理工具和玻璃器皿等,但是由于它们数量大、单位价值低,逐项确认为固定资产显然不符合成本效益原则,因此,在实务中,通常将其认定为存货(低值易耗品)。需要说明的是,新准则中的定义与原准则相比取消了"单位价值较高"这一条件,但实务中,企业仍可根据自身情况确定将单位价值在一定金额以上的项目归入固定资产。

如果固定资产的各组成部分具有不同的使用寿命,或以不同的方式为企业提供经济利益,且应该适用于不同的折旧率或折旧方法的,应单独确认为固定资产,如飞机的引擎。

另外,需要注意的是,企业购置的环保设备和安全设备等资产,它们的使用虽然不能直接为企业带来经济利益,但有助于企业从相关资产中获取经济利益,或者将减少企业未来经济利益的流出,因此,对这些设备,企业应将其确认为固定资产。备品、备件和维修设备一般作为存货核算,但某些备品备件和维修设备需与相关固定资产组合起来发挥效用。例如,民用航空运输企业的高价周转件,就应确认为固定资产。

总之,作为企业进行生产经营活动必须拥有的劳动资料,固定资产具有以下特点。

第一,企业持有固定资产的目的是满足生产经营活动的需要,而不是出售。

第二,使用期限较长,固定资产的使用寿命一般超过一个会计年度,能在 1 年以上的时间里连续多次为企业生产经营活动服务而不改变其实物形态,并为企业创造经济利益。

第三,固定资产为有形资产。

二、固定资产的确认条件

确认固定资产必须同时满足以下两个条件。

1. 与该固定资产有关的经济利益很可能流入企业

企业的资产是企业获取经济利益的物质基础,因此,资产应能给企业带来经济利益。如果某一项资产预期不能给企业带来经济利益,就不能将其确认为企业资产。

判断固定资产包含的经济利益是否很可能流入企业,主要是依据与该固定资产所有权相关的风险和报酬是否转移到了企业。其中,与固定资产所有权相关的风险是指由于经营情况变化造成的相关收益的变动,以及由于资产闲置、设备陈旧等原因造成的损失;与固定资产所有权相关的报酬是指在固定资产使用寿命内直接使用该资产而获得的经济利益,以及处置该资产所实现的收益等。通常,取得固定资产的所有权是判断与固定资产所有权相关的报酬转移到企业的一个重要标志。凡是所有权已属于企业的固定资产,无论企业是否收到或持有该固定资产,均应作为企业的固定资产;反之,如果没有取得所有权,即使存放在企业的固定资产也不能作为企业的固定资产。有时,企业虽然不能取得固定资产的所有权,但是,与固定资产所有权相关的风险和报酬的经济利益流入企业,此时,企业能够控制该项固定资产所包含的经济利益流入企业。

2. 该固定资产的成本能够可靠地计量

成本能够可靠地计量是资产确认的一项基本条件。固定资产作为企业资产的主要组成部分,要予以确认,其为取得该固定资产而发生的支出也必须能够确切地计量或合理地估计。如果固定资产的成本能够可靠地计量,并同时满足其他确认条件,就可以在会计报表中加以确认;否则,企业不应加以确认。

企业在确定固定资产成本时,有时需要根据所获得的最新资料,对固定资产的成本进行合理的估计。比如,企业对已达到预定可使用状态的固定资产,在尚未办理竣工决算时,需要根据工程预算、工程造价或者工程实际发生的成本等资料,按暂估价值确定固定资产的入账价值,待办理竣工决算手续后再做调整。

三、固定资产的分类

企业的固定资产种类繁多、规格不一、用途各异,为加强管理,便于组织会计核算,必须对固定资产进行科学、合理的分类。企业根据不同的管理需要和核算要求,可以按下列不同标准进行分类,如表5-1所示。

表5-1 固定资产的分类

分类标准	具 体 分 类
经济用途	生产经营用固定资产(如生产经营用的房屋、建筑物、机器设备等)
	非生产经营用固定资产(如职工宿舍、食堂、浴室等)
使用状态	使用中固定资产(包括季节性停用、大修理停用、经营租出的固定资产等)
	未使用固定资产(包括尚未交付使用或更新改造停用的固定资产等)
	不需用固定资产(多余或不适用准备处理的固定资产)
产权归属	自有固定资产(包括经营性租出的机器设备等)
	融资租入固定资产(根据实质重于形式原则确认的企业固定资产)
最短使用期限	5年(如电子设备和火车、轮船以外的运输工具,以及与生产经营有关的器具、工具、家具等固定资产)
	10年(如火车、轮船、机器、机械和其他生产设备)
	20年(如房屋、建筑物等固定资产)
综合分类	生产经营用固定资产
	非生产经营用固定资产
	经营租出固定资产
	不需用固定资产
	未使用固定资产
	土地(过去已经估价单独入账的土地)
	融资租入固定资产(除短期租赁和低价值租赁租入的固定资产)

知识链接   **企业账簿中所列"固定资产——土地"的形成历史**

第一次全国性的清产核资是1950年开始的。1950年12月23日,政务院财政经济委员会公布《私营企业重估财产调整资本办法》(中财委)规定,全国私营企业于1950年12月31日办理年度决算后,将全部财产(包括资产、负债)重估价值并调整其资本额。重估财产一律以1950年12月31日实有财产以当时当地价格为估价根据,以人民币为计算单位,并规定了各种财产的估价标准。当时的土地属于固定资产,而无形资产仅包括商标权、著作权和专利权等。

1950—1956年,基本完成中国资本主义工商业的社会主义改造。1956年2月8日,国务院全体会议第二十四次会议通过并发布的《国务院关于私营企业实行公私合营时对财产清理估价的几项主要问题的规定》中规定:"(二)对房屋、其他建筑物和可资利用的铺面装修设备,按照它的新旧程度,参照当地房地产管理机关的估价标准进行估价;如果没有上述价格,由公私双方协商估价。土地也应该进行适当的估价。""(十)企业实行公私合营的时候,如果需要迁移、合并,应该按照迁移、合并以前的情况,对企业的机器、设备、房屋、土地和其他建筑物,予以估价。""(十一)根据1950年12月政务院财政经济委员会《私营企业重估财产调整资本办法》进行过重估财产的企业,重估结果比较合理的,经公私双方协商,可以作为估价的基础。"1955年1月31日,国务院发布《国营企业决算报告编送办法》,其中第四章(资产估价)第二十八条:"各种固定资产,除土地外,列入资产负债表的价值,为其原价及折旧;原价列入资产方,折旧列入负债方。"同时规定"土地列入资产负债的价值,应依《国营企业资产清理及估价暂行办法》第八条的规定"。即依据估价列入资产方的"固定资产——土地",并相应列入固定资金(反映国家对企业固定资产上的投资)。

第五次全国性的清产核资是1993年开始的。这次全国国有企业清产核资工作的主要任务之一是对全部国有企业占用的土地进行清查和估价,逐步建立国有土地基准价制度。财政部《关于国有企业清产核资中土地估价有关财务处理问题的通知》(财工字〔1995〕108号)规定:"二、对于企业过去已作为固定资产单独入账的土地,估价后,应按确认、批复的价值调整账面价值,并按调整后的账面价值单独入账,不计提折旧,调整后的土地账面价值高于原账面价值部分,经清产核资机构会同同级财政部门批准后,作为国家投资,在资本公积金中单独反映。三、对于通过行政划拨方式依法无偿取得的土地,企业应按确认、批复后的价值,经清产核资机构会同同级财政部门批准后,作增加固定资产处理,同时增加国家资本公积金。"

四、固定资产计价

固定资产计价是指企业以货币对固定资产的价值进行计量,作为固定资产的入账价值。一般来说,固定资产的计价标准有以下几种。

(一)原始价值

原始价值又称历史成本、原始成本,是指企业为取得某项固定资产所支付的全部价款,以及使固定资产达到预期工作状态前所发生的一切合理、必要的支出。一般来说,由于固定资产取得的渠道不同,取得时的成本构成也不尽相同。

(1)购置不需要经过建造过程即可使用的固定资产应按实际支付的买价、使固定资产达到预定可使用状态前所发生的应归属于固定资产的运输费、装卸费、安装费、税金和专业人员服务费等作为固定资产的初始成本计价入账。

(2)自行建造固定资产应按建造该项固定资产达到预定可使用状态前所发生的全部支出作为成本计价入账。

(3)投资者投入固定资产应按投资合同或协议约定的价值作为入账价值,但合同或协议约定价值不公允的除外。

(4)融资租入固定资产应按租赁开始日租赁资产的公允价值与最低租赁付款额现值两者中的较低者,以及在租赁谈判和签订租赁合同过程中发生的、可直接归属于租赁项目的手续费、律师费、差旅费、印花税等初始直接费用作为融资租入固定资产的入账价值。

(5)接受捐赠固定资产,如果捐赠方提供了相关凭据的,应按凭据上的金额加上有关税费作为入账价值;如果捐赠方没有提供有关凭据的,则可按下列顺序确定入账价值:第一,同类或类似固定资产存在活跃市场的,可按同类或类似固定资产的市场价格估计金额入账;第二,同类或类似固定资产不存在活跃市场的,按该受赠固定资产的预计未来现金流量求其现值入账;第三,如果受赠固定资产系旧固定资产的,应按照上述方法确定价值后再减去按该项资产新旧程度估计的价值损耗后的金额入账。

接受捐赠发生的相关税费也应作为固定资产价值入账。

(6) 盘盈固定资产,如果同类或类似固定资产存在活跃市场的,可按同类或类似固定资产的市场价格减去按该项资产新旧程度估计的价值损耗后的金额入账;如果同类或类似固定资产不存在活跃市场的,则应按该项资产预计未来现金流量的现值入账。

(二) 重置价值

重置价值又称现时重置成本,是指在当前的生产技术条件下重新购建同样的固定资产所需要的全部支出。按重置价值计价可以比较真实地反映固定资产的现时价值,因此,有人主张以重置完全价值代替原始价值作为固定资产的计价依据。但是这种方法缺乏可验证性,具体操作也比较复杂,一般在无法取得固定资产原始价值或需要对报表进行补充说明时采用。如发现盘盈固定资产,可以用重置完全价值入账。但在这种情况下,重置完全价值一经入账,即成为该固定资产的原始价值。

(三) 净值

净值又称折余价值,是指固定资产的原始价值或重置完全价值减去已提折旧后的金额。固定资产净值可以反映企业一定时期固定资产尚未磨损的现有价值和固定资产实际占用的资金数额。将净值与原值相比,可反映企业当前固定资产的新旧程度。

知识链接　　　　账面余额、账面净值、账面价值和账面净额的关系

"账面价值"与"账面余额"是两个不同的概念。账面价值是指某账户(通常是资产类账户)的账面余额减去相关备抵项目后的净额。例如,"应收账款"的账面余额减去相应的"坏账准备"后的净额为账面价值。账面余额是指某账户的账面实际余额,不扣除作为该账户备抵的项目(如累计折旧、相关资产的减值准备等)。

财政部《企业会计制度》〔财会(2000)25号〕规定,各项主要资产,如短期投资、应收款项、存货、长期投资、固定资产、无形资产、在建工程及委托贷款都要计提资产减值准备。上述项目除固定资产外,其他七项资产在资产负债表上全部采用净值反映,即按照期末有关资产的"账面价值"填列。

1. 对固定资产来讲

　　账面价值=固定资产的原价-计提的减值准备-计提的累计折旧

　　账面余额=固定资产的账面原价

　　账面净值=固定资产的折余价值=固定资产原价-计提的累计折旧

2. 对无形资产来讲

　　账面价值=无形资产的原价-计提的减值准备-累计摊销

　　账面余额=无形资产的账面原价

　　账面净值=无形资产的摊余价值=无形资产原价-累计摊销

> 3. 其他资产
>
> $$账面价值＝账面余额－计提的资产减值准备$$
>
> 对企业其他的资产，只涉及账面价值和账面余额的概念。账面价值都是减去计提的减值准备后的金额；账面余额都是各自账户结余的金额。
>
> 与此相关的还有两个容易混淆的概念，即固定资产净值与固定资产净额。它们之间的关系用公式表示为
>
> $$固定资产净值＝固定资产原价－累计折旧$$
>
> $$固定资产净额＝固定资产净值－固定资产减值准备$$

（四）现值

现值是指固定资产在使用期间内及处置时产生的未来净现金流量的折现值。

五、固定资产的科目设置

为核算和监督固定资产的取得、计提折旧和处置等情况，企业一般需要设置"固定资产""累计折旧""在建工程""工程物资""固定资产清理"等账户。

（一）"固定资产"账户

"固定资产"账户属于资产类账户，用于核算企业所有固定资产的原价。该账户借方登记企业增加的固定资产的原价，贷方登记企业减少的固定资产的原价，期末借方余额反映固定资产的原价。

企业应设置固定资产登记簿和固定资产卡片，按固定资产的类别、使用部门和每项固定资产进行明细核算。

（二）"累计折旧"账户

"累计折旧"账户属于资产类账户，是"固定资产"的调整账户，用于核算企业固定资产的累计折旧数额。该账户贷方登记企业计提的固定资产折旧，借方登记处置固定资产转出的累计折旧，期末贷方余额反映企业固定资产折旧的累计数。该账户可以按照固定资产类别或项目进行明细核算。

（三）"在建工程"账户

"在建工程"账户用于核算企业基建、更新改造等在建工程发生的支出。该账户借方登记企业各项在建工程的实际支出，贷方登记完工工程转出的实际支出，期末借方余额反映尚未完工的工程的实际成本。该账户可按具体工程项目进行明细核算。

（四）"工程物资"账户

"工程物资"账户用于核算企业为在建工程而准备的各种物资的实际成本，包括各种工程使用的材料、尚未安装的设备及为生产准备的器具等。该账户借方登记购入工程物资的实际成本，贷方登记领出工程物资的实际成本，期末借方余额反映企业库存工程物资的实际成本。

（五）"固定资产清理"账户

"固定资产清理"账户用于核算企业因出售、报废和毁损、对外投资、非货币性资产交换、债

务重组等原因转出的固定资产价值,以及在清理过程中所发生的清理税费和清理收入等。该账户借方登记转出的固定资产和清理过程中支付的相关税费及其他费用,贷方登记清理固定资产的变价收入和应由保险公司或过失人承担的损失等,期末借方余额反映企业尚未清理完毕的固定资产清理净损失。该账户应按照被清理的固定资产项目设置明细账。

此外,还要设置"固定资产减值准备""在建工程减值准备""工程物资减值准备"等账户,以核算企业固定资产、在建工程和工程物资发生的减值。

任务训练5-1

训练目的:通过本任务训练掌握固定资产的内容。
训练方式:以小组为单位讨论、课堂提问。
训练内容:简述什么样的资产属于固定资产、固定资产计价的意义。

任务5.2 固定资产取得

任务描述

某上市公司打算购买新型高效的激光印刷机替代正在使用的设备。现用设备的账面净值为200万元,如果不替换还可以使用10年。购买激光印刷机的成本是120万元,预计使用年限也是10年。

任务分析

使用激光印刷机能够降低公司的营运成本,增加公司的营业收入。但是,购买新设备需要处理旧设备,是否会对企业造成一定的损失?

知识准备

固定资产的取得按照来源不同可分为外购固定资产、自行建造的固定资产和投资者投入的固定资产等,企业应根据不同的来源进行账务处理。固定资产应按照取得时的成本进行初始计量。

一、外购固定资产

企业购置的固定资产,有的需要经过安装、调试和试生产后才能投入正常使用,称为需要安装的固定资产;有的则无须经过安装调试,购入后即可投入使用,称为不需要安装的固定资产。

1. 购入不需要安装的固定资产

入账成本=买价+运输费+保险费+装卸费+税金+专业人员服务费等

专业人员培训费不构成固定资产的入账成本,在发生时计入当期损益。

企业作为一般纳税人,购入固定资产支付的增值税,取得增值税专用发票可以作为进项税额抵扣。

借：固定资产

　　应交税费——应交增值税（进项税额）

　　贷：银行存款等

按照《关于全国实施增值税转型改革若干问题的通知》（财政部、国家税务总局财税〔2008〕170 号 20081219）规定，自 2009 年 1 月 1 日起，增值税一般纳税人购进或者自制固定资产发生的进项税额，凭增值税专用发票、海关进口增值税专用缴款书和运输费用结算单据从销项税额中抵扣，其进项税额应当记入“应交税费——应交增值税（进项税额）”账户。

以一笔款项购入多项没有单独标价的固定资产，应按照各项固定资产的公允价值比例对总成本进行分配，分别确定各项固定资产的成本。

做中学 5-1　山东科瑞有限公司为增值税一般纳税人，2021 年 1 月 10 日，购入一台不需要安装的 M 设备，取得的增值税专用发票上注明的设备价款为 200 000 元，增值税税额为 26 000 元。另支付包装费并取得增值税专用发票，注明包装费 1 000 元，增值税税率为 6%，以上款项均以银行存款支付。固定资产验收单如图 5-1 所示，增值税专用发票如图 5-2 和图 5-3 所示，付款电子回单省略。

固定资产验收单

填报部门（单位）名称：山东科瑞有限公司　　2021年1月10日　　编号：PE21001CJ

序号	资产名称	收到日期	规格	运输方式	数量	单位	价格说明					随机附件	备注	财务会计部填写项	
							单价	总价	运输费	原值增加	总计			资产编号	凭证
1	生产设备	2021.1.10	M		1	台	200 000.00	200 000.00		1 000.00	201 000.00			160101001	
2															
3															
4															

验收经办人	日常管理部门	需用部门	采购部门	预算部门	分管领导
杨安然 2021.1.10	李海洋 2021.1.10	李海洋 2021.1.10	王文 2021.1.10	王超凡 2021.1.10	徐凯旋 2021.1.10

图 5-1　固定资产验收单

山东增值税专用发票

3700195211　　发票联　　№ 01022601　3700195211 01022601

开票日期：2021年01月10日

购买方　名　　称：山东科瑞有限公司
纳税人识别号：91330205MA2810NL3P
地 址、电 话：山东烟台芝罘区大海阳路18号0535-6928088
开户行及账号：中国建设银行烟台分行37001666660050788126

密码区
**17/1-/*8<9<659/7+7+*/25903
4<90898-2+42+7--<>/2/6<42-47
**17/1-/*8<9<659/7+7+*/25903
4<90898-2+42+7--<>/2/6<42-47

货物或应税劳务、服务名称	规格型号	单位	数量	单价	金额	税率	税额
设备	M	台	1	200 000.00	200 000.00	13%	26 000.00
合　计					¥200 000.00		¥26 000.00
价税合计（大写）	⊗贰拾贰万陆仟元整				（小写）¥226 000.00		

销售方　名　　称：烟台新华机械厂
纳税人识别号：91331116LB16100831
地 址、电 话：山东烟台莱山区迎春大街18号0535-6918888
开户行及账号：中国银行莱山支行622014200010403318

备注

收款人：张露露　　复核：郑宝雅　　开票人：刘璐　　销售方：（章）

烟台新华机械厂 91331116LB16100831 发票专用章

第三联：发票联　购买方记账凭证

图 5-2　增值税专用发票（设备费）

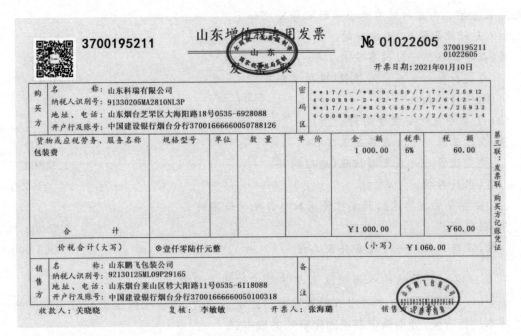

图 5-3 增值税专用发票（包装费）

山东科瑞有限公司编制会计分录如下。

借：固定资产 201 000
　　应交税费——应交增值税（进项税额） 26 060
　　贷：银行存款 227 060

2. 购入需要安装的固定资产

购入需要安装的固定资产，应在购入的固定资产取得成本的基础上加上安装调试成本等，作为购入固定资产的成本，先通过"在建工程"科目归集其成本，待达到预定可使用状态时，再由"在建工程"科目转入"固定资产"科目。

（1）购入时。

借：在建工程
　　应交税费——应交增值税（进项税额）
　　贷：银行存款等

（2）安装时。

借：在建工程
　　贷：银行存款、原材料、库存商品、应付职工薪酬等

（3）安装完毕达到预定可使用状态时。

借：固定资产
　　贷：在建工程

做中学 5-2　山东科瑞有限公司为增值税一般纳税人，2021年1月20日，购入一台需要安装的N设备，取得的增值税专用发票上注明的设备价款为300 000元，增值税税额为39 000元，运输单位的增值税专用发票注明运费为5 000元，增值税税额为450元，支付安装费并取得增值税专用发票注明安装费20 000元，增值税税额为1 800元，以上款项均以银行存款支付。设

备已安装完毕。山东科瑞有限公司的账务处理如下。

(1) 支付设备价款、运输费时。

借:在建工程——N 设备安装工程　　　　　　　　　　　　305 000
　　应交税费——应交增值税(进项税额)　　　　　　　　　 39 450
　　贷:银行存款　　　　　　　　　　　　　　　　　　　　344 450

(2) 安装中支付安装费用时。

借:在建工程——N 设备安装工程　　　　　　　　　　　　 20 000
　　应交税费——应交增值税(进项税额)　　　　　　　　　　1 800
　　贷:银行存款　　　　　　　　　　　　　　　　　　　　 21 800

(3) 设备安装完毕达到预定可使用状态并交付使用时。

借:固定资产　　　　　　　　　　　　　　　　　　　　　 325 000
　　贷:在建工程——N 设备安装工程　　　　　　　　　　　325 000

3. 企业以一笔款项购入多项没有单独标价的固定资产

企业以一笔款项购入多项没有单独标价的固定资产时,按各项固定资产公允价值的比例对总成本进行分配,分别确定各项固定资产的成本。

例 5-1　甲公司以 500 万元购入 A、B、C 三项没有单独标价的固定资产,这三项资产的公允价值分别为 200 万元、180 万元和 220 万元,则 B 固定资产的入账成本为(　　)万元。

A. 150　　　　　　B. 180　　　　　　C. 135　　　　　　D. 165

【答案】A。按各项固定资产公允价值的比例对总成本进行分配,B 固定资产的入账成本＝500×180÷(200＋180＋220)＝150(万元)。

任务训练5-2

训练目的: 通过本任务训练掌握取得固定资产的核算方法。

训练方式: 以个人为单位完成本笔业务的账务处理。

训练内容: 2021 年 5 月 15 日,甲公司用银行存款购入一台需要安装的设备,取得的增值税专用发票上注明的价款为 200 000 元,增值税税额为 26 000 元,支付安装费并取得增值税专用发票,注明安装费 40 000 元,税率为 9%,增值税税额为 3 600 元。甲公司为增值税一般纳税人。

训练要求: 做出购入时、支付安装费时、设备安装完毕交付时的账务处理。

任务训练5-3

训练目的: 通过本任务训练掌握取得多项没有单独标价的固定资产的核算方法。

训练方式: 以个人为单位完成本笔业务的账务处理。

训练内容: 2021 年 7 月 1 日,甲公司向乙公司(为增值税一般纳税人)一次购进了三台不同型号且具有不同生产能力的设备 A、B、C,增值税专用发票上注明支付款项 100 000 000 元,增值税税额为 13 000 000 元,另支付包装费 750 000 元,增值税税额为 45 000 元,全部以银行存款转账支付;假定设备 A、B、C 均满足固定资产的定义及确认条件,公允价值分别为 45 000 000 元、38 500 000 元、16 500 000 元。甲公司为增值税一般纳税人,增值税进项税额可以在销项中抵扣,不纳入固定资产成本核算。

训练要求：计算各项固定资产的成本，并做出相应的账务处理。

二、建造固定资产

自行建造的固定资产按建造该项资产达到预定可使用状态前所发生的必要支出作为入账价值。核算时应先将相关支出记入"在建工程"科目，待达到预定可使用状态时再转入"固定资产"科目。

1. 自营工程

（1）购入工程物资时。

借：工程物资
　　应交税费——应交增值税（进项税额）
　　贷：银行存款等

（2）领用工程物资时。

借：在建工程
　　贷：工程物资

（3）支付其他工程费用时。

借：在建工程
　　应交税费——应交增值税（进项税额）
　　贷：银行存款

（4）支付工程人员薪酬时。

借：在建工程
　　贷：应付职工薪酬

（5）领用本企业自产产品时。

借：在建工程
　　贷：库存商品（成本价）

（6）领用本企业外购原材料时。

借：在建工程
　　贷：原材料（成本价）

（7）工程完工时。

借：固定资产
　　贷：在建工程

应该说明的是，当固定资产达到预定可使用状态时，如果尚未办理竣工决算，应先按暂估价入账，同时停止借款费用的资本化并开始计提折旧，待办理竣工决算手续后，再按实际成本调整账面暂估成本（注意原先已提取的折旧不再调整）。如该固定资产的实际原值大于原入账价值，应对原入账价值进行调整，借记"固定资产"账户，贷记"在建工程"账户（实际原值小于原入账价值的差额做相反处理）。

做中学 5-3　山东科瑞有限公司为增值税一般纳税人，2021 年 1 月 2 日，自营建造一台生产设备，用银行存款购入工程所需物资一批，增值税专用发票上注明买价为 600 000 元，增值税税额为 78 000 元，全部用于工程建设；领用企业生产的产品，成本价为 500 000 元；计提工程人员工资 100 000 元；用银行存款支付其他费用并取得增值税专用发票，注明安装费 30 000 元，增值税税率为 9%。工程完工达到预定可使用状态。山东科瑞有限公司编制会计分录如下：

(1) 购入工程物资时。

借：工程物资　　　　　　　　　　　　　　　　　　　　　　600 000
　　应交税费——应交增值税(进项税额)　　　　　　　　　　 78 000
　　　贷：银行存款　　　　　　　　　　　　　　　　　　　　678 000

(2) 工程领用工程物资时。

借：在建工程　　　　　　　　　　　　　　　　　　　　　　600 000
　　　贷：工程物资　　　　　　　　　　　　　　　　　　　　600 000

(3) 工程领用企业库存商品时。

借：在建工程　　　　　　　　　　　　　　　　　　　　　　500 000
　　　贷：库存商品　　　　　　　　　　　　　　　　　　　　500 000

(4) 计提工程人员工资时。

借：在建工程　　　　　　　　　　　　　　　　　　　　　　100 000
　　　贷：应付职工薪酬　　　　　　　　　　　　　　　　　　100 000

(5) 支付工程发生的其他费用。

借：在建工程　　　　　　　　　　　　　　　　　　　　　　 30 000
　　应交税费——应交增值税(进项税额)　　　　　　　　　　 2 700
　　　贷：银行存款　　　　　　　　　　　　　　　　　　　　 32 700

(6) 工程达到预定可使用状态并交付使用时。

借：固定资产　　　　　　　　　　　　　　　　　　　　　1 230 000
　　　贷：在建工程　　　　　　　　　　　　　　　　　　　1 230 000

任务训练5-4

训练目的：通过本任务训练掌握自行建造固定资产的核算方法。

训练方式：以个人为单位完成本笔业务的账务处理。

训练内容：甲公司为增值税一般纳税人，2021年6月1日，自行建造厂房一幢，购入为工程准备的各种物资500 000元，支付的增值税税额为65 000元，全部用于工程建设；领用本企业生产的水泥一批，实际成本为400 000元；应计工程人员工资100 000元；支付其他费用并取得增值税专用发票，注明安装费为30 000元，税率为9%，增值税税额为2 700元。工程完工并达到预定可使用状态。

训练要求：做出购入工程物资时、领用工程物资时、领用本企业生产的水泥时、分配人员薪酬时、支付其他费用时、工程完工时的账务处理。

2. 出包工程

出包工程是指企业通过招标方式将工程项目发包给建造承包商，由建造承包商组织施工的建筑工程和安装工程。

企业采用出包方式进行的固定资产工程，其工程的具体支出主要由建造承包商核算，在这种方式下，"在建工程"科目主要是反映企业与建造承包商办理工程价款结算的情况，企业支付给建造承包商的工程价款作为工程成本，通过"在建工程"科目核算。

工程达到预定可使用状态时，将"在建工程"科目余额转入"固定资产"科目。

(1) 按工程进度结算工程款时。
借：在建工程
　　应交税费——应交增值税（进项税额）
　　贷：银行存款、应付账款等
(2) 补付工程款时。
借：在建工程
　　应交税费——应交增值税（进项税额）
　　贷：银行存款等
(3) 工程验收合格达到预定可使用状态时。
借：固定资产
　　贷：在建工程

做中学5-4 山东科瑞有限公司为增值税一般纳税人，2020年3月15日，将一栋厂房的建造工程出包给甲公司（为增值税一般纳税人）承建，按合理估计的发包工程进度和合同规定向甲公司结算进度款并取得增值税专用发票，注明工程款500 000元，增值税税率为9%。2021年1月20日，工程完工后，收到甲公司有关工程结算单据和增值税专用发票，注明工程款300 000元，增值税税率为9%。工程完工达到预定可使用状态。山东科瑞有限公司编制会计分录如下。

(1) 按合理估计的发包工程进度和合同规定向甲公司结算进度款时。

借：在建工程　　　　　　　　　　　　　　　　　　　　　　500 000
　　应交税费——应交增值税（进项税额）　　　　　　　　　　45 000
　　贷：银行存款　　　　　　　　　　　　　　　　　　　　　　545 000

(2) 补付工程款时。

借：在建工程　　　　　　　　　　　　　　　　　　　　　　300 000
　　应交税费——应交增值税（进项税额）　　　　　　　　　　27 000
　　贷：银行存款　　　　　　　　　　　　　　　　　　　　　　327 000

(3) 工程完工达到预定可使用状态时。

借：固定资产　　　　　　　　　　　　　　　　　　　　　　800 000
　　贷：在建工程　　　　　　　　　　　　　　　　　　　　　　800 000

任务训练5-5

训练目的：通过本任务训练掌握出包建造固定资产的核算方法。

训练方式：以个人为单位完成本笔业务的账务处理。

训练内容：甲公司为增值税一般纳税人，2020年7月1日，将一幢厂房的建造工程出包给丙公司（为增值税一般纳税人）承建，按合理估计的发包工程进度和合同规定向丙公司结算进度款并取得丙公司开具的增值税专用发票，注明工程款为600 000元，税率为9%，增值税税额为54 000元。2021年7月1日，工程完工后，收到丙公司有关工程结算单据和增值税专用发票，补付工程款并取得丙公司开具的增值税专用发票，注明工程款为400 000元，税率为9%，增值税税额为36 000元。工程完工并达到预定可使用状态。

训练要求：做出相应的账务处理。

任务5.3 固定资产折旧

任务描述

由于大机器、大工业的发展,特别是铁路的发展和股份公司的出现,需要购入使用年限更长的设备。固定资产能够给企业创造利润,必然需要付出一定的代价,即成本。成本的计算需要系统的会计(计价)方法来反映。

任务分析

固定资产达到预定可使用状态时,会给企业带来当期收入和以后各项收入,同时固定资产在使用过程中会发生一定的损耗,其部分价值会发生一定的转移,转移到成本或费用中,该如何计量呢?

知识准备

一、固定资产折旧概述

固定资产折旧是指在固定资产使用寿命内,按照确定的方法对应计折旧额进行系统分摊。

应计折旧额是指应当计提折旧的固定资产的原价扣除其预计净残值后的金额。已计提减值准备的固定资产,还应扣除已计提的固定资产减值准备累计金额。

(一)影响固定资产折旧的主要因素

(1)固定资产原价是指固定资产的成本。

(2)预计净残值是指假定固定资产预计使用寿命已满并处于使用寿命终了时的预期状态,企业目前从该项资产处置中获得的扣除预计处置费用后的金额。

(3)固定资产减值准备是指固定资产已计提的固定资产减值准备累计金额。每计提一次减值准备,固定资产后续期间都应按最新的固定资产账面价值重新计算折旧。

(4)固定资产的使用寿命是指企业使用固定资产的预计期间,或者该固定资产所能生产产品或提供劳务的数量。

企业在确定固定资产使用寿命时,应当考虑下列因素:①该项资产预计生产能力或实物产量;②该项资产预计有形损耗,如设备使用中发生磨损、房屋建筑物受到自然侵蚀等;③该项资产预计无形损耗,如因新技术的出现而使现有的资产技术水平相对陈旧、市场需求变化使其所生产的产品过时等;④法律或者类似规定对该项资产使用的限制。

企业应根据固定资产的性质和使用情况,合理确定固定资产的使用寿命和预计净残值。固定资产的使用寿命、预计净残值一经确定,不得随意变更。

固定资产账面净值=固定资产原值-累计折旧
固定资产账面价值=固定资产原值-累计折旧-固定资产减值准备
=固定资产账面净值-固定资产减值准备

（二）计提折旧的范围

除以下情况外,企业应对所有固定资产计提折旧。
(1) 已提足折旧仍继续使用的固定资产。
(2) 单独计价入账的土地。
(3) 处于更新改造或改扩建期间的固定资产。
(4) 提前处置的固定资产。

（三）计提折旧时的注意事项

(1) 固定资产应按月计提折旧,当月增加的固定资产,当月不计提折旧,从下月起计提折旧;当月减少的固定资产,当月仍计提折旧,从下月起不计提折旧。

(2) 固定资产提足折旧后,不论能否继续使用,均不再计提折旧;提前报废的固定资产,也不再补提折旧。所谓提足折旧,是指已经提足该项固定资产的应计折旧额。

(3) 已达到预定可使用状态但尚未办理竣工决算的固定资产,应按照估计价值确定其成本,并计提折旧;待办理竣工决算后,再按实际成本调整原来的暂估价值,但不需要调整原已计提的折旧额。

(4) 融资租入的固定资产,能确定租赁期届满时将会取得资产所有权的,应在租赁资产尚可使用年限内计提折旧;不能确定租赁期届满时能否取得资产所有权的,应在租赁期与租赁资产尚可使用年限两者中较短的期间内计提折旧。

(5) 因进行大修理而停用的固定资产,应照提折旧,计提的折旧计入相关资产成本或当期损益。

(6) 企业对未使用、不需用的固定资产也应计提折旧,计提的折旧计入当期管理费用。

(7) 企业至少应当于每年年度终了对固定资产的使用寿命、预计净残值和折旧方法进行复核。使用寿命预计数与原先估计数有差异的,应调整固定资产使用寿命。预计净残值数与原先估计数有差异的,应调整预计净残值。与固定资产有关的经济利益预期实现方式有重大改变的,应改变固定资产折旧方法。

固定资产使用寿命、预计净残值和折旧方法的改变应作为会计估计变更处理。

例 5-2·多选题 下列各项中,影响固定资产折旧的因素有(　　)。
A. 固定资产原价　　　　　　　　B. 固定资产的预计使用寿命
C. 固定资产预计净残值　　　　　D. 已计提的固定资产减值准备
【答案】ABCD。

例 5-3·多选题 下列各项中,企业应计提折旧的有(　　)。
A. 日常维修期间停工的生产设备
B. 上月已达到预定可使用状态尚未办理竣工决算的办公大楼
C. 非生产经营用的中央空调设施
D. 已提足折旧继续使用的生产线
【答案】ABC。

例 5-4·单选题 下列各项中,关于固定资产计提折旧的表述正确的是(　　)。
A. 单独计价入账的土地应计提折旧
B. 提前报废的固定资产应补提折旧

C. 已提足折旧继续使用的房屋应计提折旧

D. 暂时闲置的库房应计提折旧

【答案】D。单独计价入账的土地不计提折旧,选项 A 不正确;提前报废的固定资产无须补提折旧,选项 B 不正确;已提足折旧仍继续使用的房屋无须计提折旧,选项 C 不正确。

二、固定资产的折旧方法

固定资产的折旧可以采用年限平均法、工作量法、双倍余额递减法、年数总和法等。折旧方法的选择应遵循可比性原则,如需变更,在会计报表附注中应予以说明。每月计提折旧时需填写固定资产折旧明细表,如图5-4所示。

固定资产折旧明细表

单位: 　　　　　　　　　　　　　　　年　月　日　　　　　　　　　　　　金额:元

序号	资产类别	固资名称	购买时间	原值	使用年限	月折旧率	已提折旧	本期折旧	累计折旧	净值	预计残值 5%	备注
	合计											
	生产设备(制造费用)											
	小计											
	管理部门(计入管理费用)											
	小计											
	销售部门(计入销售费用)											
	小计											

图 5-4　固定资产折旧明细表

(一)年限平均法

年限平均法是指按固定资产使用年限平均计算折旧额的一种方法。采用这种方法计提的折旧额在各个会计期都是相等的。其计算公式如下。

年折旧额=(固定资产原值-预计净残值)÷预计使用年限

月折旧额=年折旧额÷12

在实际工作中,为简便计算,可以合理确定预计净残值率,再计算年折旧率和月折旧率,每月用固定资产原价乘以月折旧率即可求得月折旧额。预计净残值率是指预计净残值占固定资产原价的比率。

年折旧率=(1-预计净残值率)÷预计使用年限

月折旧率=年折旧率÷12

月折旧额=固定资产原价×月折旧率

例5-5　山东科瑞有限公司有一台设备,原价为500 000元,预计使用5年,预计净残值率为3%。该设备的折旧率和折旧额的计算如下。

年折旧率=(1-3%)÷5=19.4%

月折旧率=19.4%÷12≈1.617%

月折旧额=500 000×1.617%=8 085(元)

(二)工作量法

工作量法是指按照固定资产所能完成的工作总量计算单位工作量的折旧额,然后按每期实际完成的工作量计提折旧的一种方法。其计算公式如下。

单位工作量折旧额＝固定资产原值×(1－预计净残值率)÷预计总工作量

月折旧额＝当月工作量×单位工作量折旧额

例 5-6 山东科瑞有限公司有一辆货车,原价为 400 000 元,预计净残值率为 4%,预计总行驶里程为 600 000 千米,本月实际行驶 5 000 千米。该货运汽车的里程折旧额和该月折旧额计算如下。

单位里程折旧额＝400 000×(1－4%)÷600 000＝0.64(元)

本月折旧额＝5 000×0.64＝3 200(元)

采用工作量法计算折旧能较准确地反映固定资产的使用状况和实物磨损程度,一般用于价值较高的大型精密机床及运输设备等固定资产的折旧计算。这些设备的价值较高,各月的工作量一般并不均衡,采用平均年限法计算折旧,会使各月的成本费用的负担不够合理。

(三) 双倍余额递减法

双倍余额递减法是以固定资产的年初账面余额为折旧基数,以双倍的直线法折旧率(不考虑预计净残值)来计算各期固定资产折旧额的一种方法。

由于双倍余额递减法计算折旧率时并不考虑固定资产的预计净残值,这样会导致使用寿命结束时已折旧总额不等于应计折旧总额。为解决这一问题,采用本方法计提折旧时,应当在固定资产使用到期的前 2 年内,将固定资产账面净值减去预计净残值后的余额平均摊销。其计算公式如下。

年折旧率＝2÷预计使用年限×100%

年折旧额＝固定资产账面净值×年折旧率

在最后两年应改为年限平均法计提折旧。

例 5-7·单选题 某企业的一台生产设备原价为 800 万元,预计净残值为 38.4 万元,预计可使用 5 年,采用双倍余额递减法计提折旧。至 2019 年 12 月 31 日,该设备已使用 3 年,账面净值为 172.8 万元,未计提固定资产减值准备。不考虑其他因素,该设备 2020 年应计提的折旧额为( )万元。

A. 86.4　　　　B. 67.2　　　　C. 53.76　　　　D. 69.12

【答案】B。2020 年应计提的折旧额＝(172.8－38.4)÷2＝67.2(万元)。

例 5-8·多选题 2016 年 12 月 20 日,某企业购入一台设备,其原价为 2 000 万元,预计使用年限为 5 年,预计净残值为 5 万元,采用双倍余额递减法计提折旧。下列各项中,该企业采用双倍余额递减法计提折旧的结果表述正确的有( )。

A. 2017 年折旧额为 665 万元

B. 应计折旧总额为 1 995 万元

C. 年折旧率为 33%

D. 2017 年折旧额为 800 万元

【答案】BD。本题采用双倍余额递减法计提折旧:

年折旧率＝2÷预计使用年限×100%＝2÷5×100%＝40%,选项 C 不正确。

第 1 年应计提的折旧额＝2 000×40%＝800(万元)

第 2 年应计提的折旧额＝(2 000－800)×40%＝480(万元)

第 3 年应计提的折旧额＝(2 000－800－480)×40％＝288(万元)

第 4 年起改用年限平均法计提折旧：

第 4 年和第 5 年的年折旧额＝(2 000－800－480－288－5)÷2＝213.5(万元)

应计折旧总额可以用原值减去预计净残值，即 2 000－5＝1 995(万元)；也可以用各年计提的折旧求和，即 800＋480＋288＋213.5×2＝1 995(万元)，选项 B 正确；因为该设备是 2016 年 12 月 20 日购入的，该企业当月增加的固定资产次月开始计提折旧，即从 2017 年 1 月开始计提折旧，也就是第一个折旧年度和会计年度完全相同，因此 2017 年折旧额为 800 万元，选项 D 正确，选项 A 不正确。

做中学 5-5 山东科瑞有限公司的一台机器设备原价为 800 000 元，预计使用寿命为 5 年，预计净残值为 5 000 元。按双倍余额递减法计提折旧，每年的折旧额计算如下。

年折旧率＝2÷5＝40％

第 1 年应计提的折旧额＝800 000×40％＝320 000(元)

第 2 年应计提的折旧额＝(800 000－320 000)×40％＝192 000(元)

第 3 年应计提的折旧额＝(800 000－320 000－192 000)×40％＝115 200(元)

从第 4 年改按年限平均法计提折旧：

第 4 年和第 5 年应计提的折旧额＝(800 000－320 000－192 000－115 200－5 000)÷2
　　　　　　　　　　　　　　＝83 900(元)

双倍余额递减法下固定资产折旧计算如表 5-2 所示。为简化计算，每年各月折旧额可根据年折旧额除以 12 来计算。

表 5-2　双倍余额递减法下固定资产折旧计算表

年份	期初净值	年折旧率	年折旧额	累计折旧	期末净值
1	800 000	40％	320 000	320 000	480 000
2	480 000	40％	192 000	512 000	288 000
3	288 000	40％	115 200	627 200	172 800
4	147 200	—	83 900	711 100	88 900
5	88 400	—	83 900	795 000	5 000

(四) 年数总和法

年数总和法是以固定资产的应计折旧总额(固定资产原价减去预计净残值)作为折旧基数，各年分别以一个逐年递减的分数作为折旧率来计提各期折旧额的一种方法。其中，逐年递减的分数中，分母是使用寿命的逐年数字的总和，如使用寿命为 5 年，则分母的年数总和为 15(1＋2＋3＋4＋5)；分子则为固定资产尚可使用的年数。其计算公式如下。

年折旧率＝尚可使用年限÷预计使用年限的年数总和(各年折旧率不同)

年折旧额＝(固定资产原值－预计净残值)×年折旧率

做中学 5-6　承接做中学 5-5，采用年数总和法计算年折旧额，每年的折旧额计算如表 5-3 所示。

表5-3 年数总和法下固定资产折旧计算表

年份	尚可使用年限	原价—预计净残值	年折旧率	每年折旧额	累计折旧
1	5	795 000	5/15	265 000	265 000
2	4	795 000	4/15	212 000	477 000
3	3	795 000	3/15	159 000	636 000
4	2	795 000	2/15	106 000	742 000
5	1	795 000	1/15	53 000	795 000

例5-9·单选题 2018年12月3日,某企业购入一台不需要安装的生产设备并投入使用,原价为60 000元,预计净残值为3 000元,预计使用年限为5年,按年数总和法计提折旧。不考虑其他因素,2019年12月31日该设备的账面价值为( )元。

A. 48 600　　　　B. 48 000　　　　C. 41 000　　　　D. 40 000

【答案】C。2018年12月购入的设备,2019年1月开始计提折旧,折旧年度和会计年度是一致的。由于该企业采用年数总和法,所以2019年计提的折旧额=(60 000－3 000)×5/15＝19 000(元),2019年12月31日该设备的账面价值＝该设备的账面原值－累计折旧－固定资产减值准备(本题不涉及)＝60 000－19 000＝41 000(元)。

三、固定资产折旧的账务处理

固定资产应当按月计提折旧,计提的折旧应当记入"累计折旧"科目,并根据用途计入相关资产的成本或者当期损益。

借:制造费用(用于生产车间)
　　管理费用(用于行政管理部门)
　　销售费用(用于销售部门)
　　在建工程(用于工程建设)
　　研发支出(用于项目研发)
　　其他业务成本(用于经营租赁)
　贷:累计折旧

知识链接

采用双倍余额递减法计提折旧时,每年各月折旧额根据年折旧额除以12来计算,如果折旧年度和会计年度不一致,需要分段计算当年应计提折旧的金额。

另外,在采用双倍余额递减法计算年折旧额时,不需要考虑预计净残值,在最后两年改为年限平均法时需要考虑预计净残值。

做中学5-7 山东科瑞有限公司编制固定资产折旧计算表,计算出各部门所使用的固定资产折旧额如下:基本生产车间用固定资产折旧60 000元,行政管理部门用固定资产折旧20 000元,销售部门用固定资产折旧15 000元,经营租出固定资产折旧15 000元,编制会计分录如下。

借:制造费用——基本生产车间(折旧费)　　　　　　　　　　60 000
　　管理费用——行政管理部门(折旧费)　　　　　　　　　　20 000

销售费用——销售部门(折旧费)　　　　　　　　　　　　　　15 000
其他业务成本——经营租出固定资产(折旧费)　　　　　　　15 000
　　贷:累计折旧　　　　　　　　　　　　　　　　　　　　110 000

任务训练5-6

训练目的:通过本任务训练掌握双倍余额递减法计提折旧的计算方法。

训练方式:以个人为单位完成本笔业务的计算。

训练内容:2019年8月20日,山东科瑞有限公司购入一台生产设备,其原价为2 000万元,预计使用年限为5年,预计净残值为10万元,采用双倍余额递减法计提折旧,计算2020年应计提的折旧额并进行账务处理。

任务训练5-7

训练目的:通过本任务训练掌握年数总和法计提折旧的计算方法。

训练方式:以个人为单位完成本笔业务的计算。

训练内容:2019年8月20日,山东科瑞有限公司购入一台设备,其原价为2 000万元,预计使用年限为5年,预计净残值为10万元,采用年数总和法计提折旧,计算2020年应计提的折旧额。

任务5.4　固定资产后续支出

任务描述

因芯片核心技术及关键设备或材料一直由海外垄断,为打破垄断局面,智光科技与中芯国际合作,参与中芯国际的基于55纳米嵌入式闪存平台项目,并承担该项目A03号子任务的主体工作。智光科技为完成该项目,积极引进新型芯片机,淘汰部分光刻机,并计划改造厂房,划分纳米嵌入生产区。

任务分析

智光科技改造期间厂房还能作为固定资产核算吗?改造期间的费用应如何处理?还能计提折旧吗?

知识准备

固定资产后续支出是指固定资产在使用过程中发生的更新改造支出、修理费用等。根据《企业会计准则第4号——固定资产》第六条和《企业会计准则第4号——固定资产》应用指南的规定,固定资产的更新改造、装修修理等后续支出,如果与该固定资产有关的经济利益很可能流入企业或该固定资产的成本能可靠地计量,如延长了固定资产的使用寿命,或者使产品质量实质性提高、产品成本实质性降低,则满足固定资产确认条件的应予以资本化,计入固定资产成本,如有被替换的部分,应扣除其账面价值;不满足上述规定的后续支出应费用化,在发生时计入当期损益。

后续支出的处理原则:符合固定资产确认条件的,应计入固定资产成本,同时将被替换部分的账面价值扣除;不符合固定资产确认条件的,应计入当期损益。

一、资本化支出

(一)固定资产转入改扩建

在固定资产投入更新改造时,应先将该资产的原价、累计折旧和已计提的减值准备转销,将其账面净值转入在建工程,并停止折旧。待改造工程达到预定可使用状态时,应重新确定固定资产的使用寿命、预计净残值等进行折旧。

借:在建工程
　　累计折旧
　　固定资产减值准备
　　贷:固定资产
发生改扩建工程支出时,
借:在建工程
　　应交税费——应交增值税(进项税额)
　　贷:银行存款、原材料、应付职工薪酬等

(二)替换原固定资产的某组成部分

企业发生的某些固定资产后续支出可能涉及替换原固定资产的某组成部分,当发生的后续支出符合固定资产确认条件时,应将其计入固定资产成本,同时将被替换部分的账面价值扣除。这样可以避免将替换部分的成本和被替换部分的成本同时计入固定资产成本,导致高估固定资产成本。

借:银行存款或原材料(残料价值)
　　营业外支出(净损失)
　　贷:在建工程(被替换部分的账面价值)

需要说明的是,被替换部分资产无论是否有残料收入等经济利益的流入,都不会影响最终固定资产的入账价值。

例 5-10·单选题　A公司对一幢办公楼进行更新改造,该办公楼原值为1 000万元,已计提折旧500万元。更新改造过程中发生支出600万元,被替换部分账面原值为100万元,出售价款为2万元。不考虑相关税费,则新办公楼的入账价值为(　　)万元。

A. 1 100　　　　B. 1 050　　　　C. 1 048　　　　D. 1 052

【答案】B。被替换部分的账面价值=100-100×500/1 000=100×(1-500/1 000)=50(万元)。新办公楼的入账价值=1 000-500+600-50=1 050(万元)。

例 5-11·单选题　某企业对生产设备进行改良,发生资本化支出共计45万元,被替换旧部件的账面价值为10万元,该设备原价为500万元,已计提折旧300万元。不考虑其他因素,该设备改良后的入账价值为(　　)万元。

A. 245　　　　B. 235　　　　C. 200　　　　D. 190

【答案】B。该设备改良后的入账价值=500-300+45-10=235(万元)。

(三) 改扩建工程完工,达到预定可使用状态

借:固定资产
　　贷:在建工程

注:转为固定资产后需按照重新确定的使用寿命、预计净残值和折旧方法计提折旧。

做中学 5-8 甲航空公司 2012 年 12 月购入一架飞机,总计花费 8 000 万元(含发动机),发动机当时的购价为 500 万元。甲公司未将发动机作为一项单独的固定资产进行核算。2020 年 12 月 1 日,甲公司开辟新航线,航程增加。为延长飞机的空中飞行时间,甲公司决定更换一部性能更为先进的发动机。新发动机购入取得增值税专用发票注明的价款为 1 000 万元,增值税税额为 130 万元。另需支付安装费,取得增值税专用发票注明的价款为 5 万元,增值税税额为 0.45 万元。假定飞机的年折旧率为 3%,不考虑预计净残值影响,假设替换下的老发动机报废且无残值,甲公司应编制如下会计分录。

(1) 2021 年 12 月 1 日飞机的累计折旧金额为 80 000 000×3%×8=19 200 000(元),将固定资产转入在建工程。

　　借:在建工程　　　　　　　　　　　　　　　　　　　60 800 000
　　　　累计折旧　　　　　　　　　　　　　　　　　　　19 200 000
　　　　贷:固定资产　　　　　　　　　　　　　　　　　　80 000 000

(2) 购入新发动机。

　　借:工程物资　　　　　　　　　　　　　　　　　　　10 000 000
　　　　应交税费——应交增值税(进项税额)　　　　　　　1 300 000
　　　　贷:银行存款　　　　　　　　　　　　　　　　　　11 300 000

(3) 安装新发动机。

　　借:在建工程　　　　　　　　　　　　　　　　　　　10 050 000
　　　　应交税费——应交增值税(进项税额)　　　　　　　　　4 500
　　　　贷:工程物资　　　　　　　　　　　　　　　　　　10 000 000
　　　　　　银行存款　　　　　　　　　　　　　　　　　　　　54 500

(4) 2020 年 12 月 1 日老发动机的账面价值=5 000 000-5 000 000×3%×8=3 800 000(元)。

　　借:营业外支出　　　　　　　　　　　　　　　　　　3 800 000
　　　　贷:在建工程　　　　　　　　　　　　　　　　　　3 800 000

(5) 发动机安装完毕投入使用。

　　固定资产的入账价值=60 800 000+10 050 000-3 800 000=67 050 000(元)

　　借:固定资产　　　　　　　　　　　　　　　　　　　67 050 000
　　　　贷:在建工程　　　　　　　　　　　　　　　　　　67 050 000

任务训练5-8

训练目的: 通过本任务训练掌握固定资产的资本化支出方法。

训练方式: 以个人为单位完成本笔业务的账务处理。

训练内容: 2020 年 12 月 5 日,山东科瑞有限公司对一栋厂房进行改造,该厂房的账面原值为 2 000 000 元,已计提折旧 1 100 000 元;改造中领用原材料 200 000 元,直接用于工程改造;计提工程人员工资 90 000 元;2021 年 3 月 15 日,该资产达到预定可使用状态并重新投入

使用,该厂房可使用10年;预计净残值为5%。

训练要求:做出改造厂房的账务处理,计提2021年固定资产折旧,并做出计提折旧的账务处理。

二、费用化支出

一般情况下,固定资产的不断使用往往会使实物发生局部损坏,或者由于科学技术的进步而使使用中的固定资产逐渐处于落后状态。为保持固定资产的正常运转和使用,充分发挥它们在使用寿命期内的产出效能,企业会对固定资产进行必要的维护。

与固定资产有关的修理费用等后续支出,不符合固定资产确认条件的,应根据不同情况分别在发生时计入当期管理费用或销售费用。

(1)企业生产车间(部门)和行政管理部门发生的固定资产日常修理费用等后续支出记入"管理费用"科目。

(2)企业专设销售机构发生的与专设销售机构相关的固定资产日常修理费用等后续支出记入"销售费用"科目。

例5-12 2021年1月25日,山东科瑞有限公司对生产车间使用的设备进行日常维修,发生修理费并取得增值税专用发票,注明修理费为10 000元,增值税税率为13%,编制会计分录如下。

借:管理费用   10 000
　　应交税费——应交增值税(进项税额)   1 300
　贷:银行存款   11 300

任务训练5-9

训练目的:通过本任务训练掌握固定资产的费用化支出方法。

训练方式:以个人为单位完成本笔业务的账务处理。

训练内容:甲公司为增值税一般纳税人,2022年6月1日,对生产车间使用的设备进行日常修理,发生维修费并取得增值税专用发票,注明修理费为20 000元,税率为13%,增值税税额为2 600元。

训练要求:做出相应的账务处理。

任务5.5　固定资产清查与减值

任务描述

烟台某企业于2020年6月30日对企业全部的固定资产进行盘查,盘盈一台办公设备,该设备的同类产品的市场价格为6万元,企业所得税税率为25%。

任务分析

盘盈一台办公设备会影响利润吗?盘亏会不会影响企业的利润?

知识准备

一、固定资产清查

企业应定期或者至少于每年年末对固定资产进行清查盘点,以保证固定资产核算的真实性,充分挖掘企业现有固定资产的潜力。在固定资产清查过程中,如果发现盘盈、盘亏的固定资产,应填制固定资产盘盈盘亏报告表,如图 5-5 所示。清查固定资产的损溢,应及时查明原因,并按照规定程序报批处理。

固定资产盘盈、盘亏报告表

单位名称:　　　　　　　　　　　　　年　月　日　　第　号　　　　　　财固-（　）

卡片号	固定资产编号	固定资产名称	计量单位	数量	市场价	成新率	入账价值	数量	固定资产入账价值	已提折旧	已提减值	账面价值	理由书编号	附注

单位领导:　　　　　技术（设备）主管:　　　　　会计机构负责人:　　　　　制表人:

图 5-5　固定资产盘盈、盘亏报告表

（一）固定资产盘盈

按照现行会计准则规定,企业在清查中盘盈的固定资产,应做前期差错处理。

借:固定资产(重置成本)
　　贷:以前年度损益调整
借:以前年度损益调整
　　贷:盈余公积
　　　　利润分配——未分配利润

> **知识链接**
>
> 根据《企业会计准则第 4 号——固定资产》及其应用指南的有关规定,固定资产盘盈应作为前期差错记入"以前年度损益调整"科目,而原来则是作为当期损益。之所以新准则将固定资产盘盈作为前期差错进行会计处理,是因为这些资产尤其是固定资产,出现由于企业无法控制的因素而造成盘盈的可能性极小,甚至是不可能的,这些资产如果出现盘盈,必定是企业自身"主观"原因所造成的,或者说以前会计期间少计或漏计该些资产等会计差错而形成的,所以,应按照前期差错进行更正处理。旧准则直接计入营业外收入,直接影响净利润,新准则通过以前年度损益调整,计入未分配利润,使企业的报表更加透明。

做中学 5-9　山东科瑞有限公司 2020 年年末在固定资产清查中发现一台账外设备,该类设备尚存在活动市场,按类似设备的市场价格减去按新旧程度估计的价值损耗后的余额为 50 000 元,当即填了固定资产盘点盈亏报告表,并上报有关机构审批。假设所得税税率为

25%,法定盈余公积提取比例为10%。公司管理机构批复按会计准则的有关规定处理。

(1) 报批前将盘盈固定资产登记入账。

借:固定资产　　　　　　　　　　　　　　　　　　　　　　　　　50 000
　　贷:以前年度损益调整　　　　　　　　　　　　　　　　　　　　50 000

(2) 批准后计算应交所得税为12 500元(50 000×25%)。

借:以前年度损益调整　　　　　　　　　　　　　　　　　　　　　12 500
　　贷:应交税费——应交所得税　　　　　　　　　　　　　　　　　12 500

(3) 结转留存收益。

借:以前年度损益调整　　　　　　　　　　　　　　　　　　　　　37 500
　　贷:盈余公积——法定盈余公积　　　　　　　　　　　　　　　　3 750
　　　　利润分配——未分配利润　　　　　　　　　　　　　　　　　33 750

任务训练5-10

训练目的:通过本任务训练掌握固定资产的盘盈方法。

训练方式:以个人为单位完成本笔业务的账务处理。

训练内容:丁公司为增值税一般纳税人,2019年1月5日在财产清查过程中发现2017年12月购入的一台设备尚未入账,重置成本为30 000元。假定丁公司按净利润的10%计提法定盈余公积,不考虑相关税费及其他因素的影响。

训练要求:做出盘盈固定资产的账务处理。

(二)固定资产盘亏

固定资产盘亏造成的损失应计入当期损益,通过"待处理财产损溢"账户核算。报经批准后,按可收回的保险赔偿或过失人赔偿,记入"其他应收款",差额记入"营业外支出——盘亏损失"。

(1) 发现盘亏。

借:待处理财产损溢
　　累计折旧
　　固定资产减值准备
　　贷:固定资产
　　　　应交税费——应交增值税(进项税额转出)

(2) 报批后。

借:其他应收款(保险赔款或责任人赔款)
　　营业外支出——盘亏损失
　　贷:待处理财产损溢

做中学5-10　山东科瑞有限公司在2020年年末对固定资产的清查中,发现短缺一台小型仓库运输设备,该设备的账面原价为70 000元,已计提折旧20 000元,当即填写了固定资产盘点盈亏报告表,并上报有关机构审批。经查明,该设备的丢失,仓库管理员李斌负有责任。公司管理机构批复由仓库管理员赔偿损失10 000元,其余部分做营业外支出处理。

(1) 报批前转销盘亏固定资产账面价值。

借:待处理财产损溢　　　　　　　　　　　　　　　　　　　　　　50 000

  累计折旧   20 000
   贷：固定资产   70 000
 （2）转出不可抵扣的进项税额。
  借：待处理财产损溢   6 500
   贷：应交税费——应交增值税（进项税额转出）   6 500
 （3）按批复转销。
  借：其他应收款——李斌   10 000
   营业外支出——盘亏损失   46 500
   贷：待处理财产损溢   56 500

任务训练5-11

  训练目的： 通过本任务训练掌握固定资产的盘亏处理方法。
  训练方式： 以个人为单位完成本笔业务的账务处理。
  训练内容： 乙公司为增值税一般纳税人，2020年12月31日进行财产清查时发现短缺一台笔记本电脑，原价为10 000元，已计提折旧7 000元，购入时增值税税额为1 300元。
  训练要求： 做出盘盈固定资产的账务处理。

二、固定资产减值

  固定资产在资产负债表日存在可能发生减值的迹象时，其可收回金额低于账面价值的，企业应将该固定资产的账面价值减记至可收回金额，减记的金额确认为减值损失，计入当期损益，同时计提相应的资产减值准备。
  固定资产的可收回金额应以固定资产的预计未来现金流量现值与公允价值减处置费用的净额孰高原则确认。
  固定资产的公允价值是指在公平交易中，熟悉情况的交易双方自愿进行固定资产交换的金额，如固定资产交易中的销售协议价格；处置费用是指可以直接归属于固定资产处置的增量成本，包括与固定资产处置有关的但不含财务费用和所得税费用的其他所有相关税费，如运输费、销售费、法律费用等。固定资产的公允价值减去处置费用后的净额，通常就是固定资产如果被出售或处置时可以收回的净现金收入。
  按照现行会计准则要求，企业应按照所确认的可收回金额低于其账面价值的金额，做以下账务处理。
  借：资产减值损失
   贷：固定资产减值准备
  需要说明的是，固定资产减值损失一经确认，在以后会计期间不得转回。

知识链接

  固定资产发生减值的迹象，可以从外部和内部两个方面的信息来判断。
  从外部信息看，存在以下情况则表明固定资产可能发生减值。
  （1）如果出现了固定资产的市价在当期大幅下降，其跌幅明显高于因时间推移或正常使用而预计的下跌。

(2) 如果企业经营所处的经济、技术或者法律等环境及固定资产所处的市场在当期或者将在近期发生重大变化,从而对企业产生不利影响。

(3) 如果市场利率或者其他市场投资报酬率在当期已经提高,从而影响企业计算固定资产预计未来现金流量现值的折现率,导致固定资产可收回金额大幅度降低等。

从内部信息看,存在以下情况则同样表明固定资产可能发生减值。

(1) 如果企业有证据表明固定资产已经陈旧过时或者其实体已经损坏。

(2) 如果固定资产已经或者将被闲置、终止使用或者计划提前处置。

(3) 如果有证据表明固定资产的经济绩效已经低于或者将低于预期。

出现上述迹象,尽管并不必然表明固定资产发生减值,但存在减值的可能性,企业应综合其他因素做出专业判断。

做中学 5-11 2018 年 12 月 31 日,山东科瑞有限公司购入一条生产线,原价 570 000 元,预计净残值为 10 000 元,预计使用年限为 8 年,假定采用年限平均法于每年年末计提折旧,已提折旧 1 年。2020 年年末,该设备存在可能发生减值的迹象,经计算,该设备的可收回金额合计为 400 000 元,预计尚可使用年限为 5 年。山东科瑞有限公司的账务处理如下。

(1) 2020 年年末计提折旧。

$$应计提折旧额 = (570\,000 - 10\,000) \div 8 = 70\,000(元)$$

借:管理费用——折旧费　　　　　　　　　　　　　　　　70 000
　　贷:累计折旧　　　　　　　　　　　　　　　　　　　　　　70 000

(2) 2020 年年末计提固定资产减值准备。

$$固定资产账面价值 = 570\,000 - 70\,000 \times 2 = 430\,000(元)$$
$$应计提的减值准备 = 430\,000 - 400\,000 = 30\,000(元)$$

借:资产减值损失——计提的固定资产减值准备　　　　　　30 000
　　贷:固定资产减值准备　　　　　　　　　　　　　　　　　　30 000

(3) 2021 年年末计提折旧。

$$应计提折旧额 = (570\,000 - 70\,000 \times 2 - 30\,000 - 10\,000) \div 5 = 78\,000(元)$$

借:管理费用　　　　　　　　　　　　　　　　　　　　　78 000
　　贷:累计折旧　　　　　　　　　　　　　　　　　　　　　　78 000

例 5-13·多选题 下列各项中,导致企业固定资产账面价值减少的事项有(　　)。

A. 计提固定资产折旧　　　　　　　　B. 提前报废固定资产

C. 盘亏固定资产　　　　　　　　　　D. 确认固定资产减值损失

【答案】ABCD。固定资产账面价值=账面原值-累计折旧-固定资产减值准备。选项 A 增加累计折旧,账面价值减少;选项 BC 账面原值减少,账面价值减少;选项 D 增加固定资产减值准备,账面价值减少。

知识链接　　　　　　　　**减值准备能否转回**

《企业会计准则第 8 号——资产减值》中提到的资产在计提减值准备后,即使以后期间可收回金额回升了,也不允许对已经计提的减值准备进行转回。

关于这个规定,我们可以从两个角度简单解释。

(1) 主要是为了监管上市公司利用减值准备的转回来调节利润的现象。

(2) 通过准则硬性规定,在资产价值回升时不允许已计提的资产减值准备转回,这是一个非市场理念。

这个问题既体现了与国际会计准则的趋同,又体现了中国的特色。

这些资产减值准备只有在资产处置、出售和报废时一并转销。

具体来看,允许转回的减值准备仅限于坏账准备、存货跌价准备、持有至到期投资减值准备和贷款损失准备等。

而下列资产的减值准备禁止转回:长期股权投资减值准备、固定资产减值准备、在建工程减值准备、工程物资减值准备、生产性生物资产减值准备和无形资产减值准备。

任务 5.6　固定资产处置

任务描述

因芯片核心技术及关键设备或材料上高度依赖海外,我国一直被海外垄断和打压,为打破垄断局面,智光科技与中芯国际合作,参与中芯国际的基于 55 纳米嵌入式闪存平台项目,并承担该项目 A03 号子任务的主体工作。智光科技为完成该项目,积极引进新型芯片机,淘汰部分光刻机,并计划改造厂房,划分纳米嵌入生产区。

任务分析

智光科技淘汰部分光刻机会影响企业的利润吗?

知识准备

一、固定资产终止确认的条件

固定资产处置包括固定资产的出售、报废、毁损、对外投资、非货币性资产交换、债务重组等。固定资产满足下列条件之一的,应予以终止确认:该固定资产处于处置状态;该固定资产预期通过使用或处置不能产生经济利益。

企业在生产经营中可能对外出售转让不适用或不需用的固定资产,或因磨损、技术进步等原因对固定资产进行报废,或因遭受资产灾害而对毁损的固定资产进行处理。企业处置固定资产时,应按照规定程序办理有关手续,结转固定资产的账面价值,确认和计量有关的清理收入、清理费用及残料价值等。固定资产清理转资产处置损益一览表如图 5-6 所示。

二、固定资产处置的账务处理

(1) 将固定资产的账面价值转入固定资产清理。

借:固定资产清理

固定资产清理转资产处置损益一览表

单位：　　　　　　　　　　　　　　年　月　日　　　　　　　　　　　金额:元

序号	资产名称	型号	数量	固定资产清理余额	损失原因	备注
		合计数				
		审核：		制表：		

图 5-6　固定资产清理转资产处置损益一览表

　　累计折旧
　　　固定资产减值准备
　　贷：固定资产
（2）发生清理费等支出。
借：固定资产清理
　　　应交税费——应交增值税（进项税额）
　　贷：银行存款等
（3）出售（入库）残料以及保险公司或责任人赔偿（尚未收到）。
借：银行存款
　　　原材料（入库残料）
　　　其他应收款（保险公司或责任人赔偿）
　　贷：固定资产清理
　　　　应交税费——应交增值税（销项税额）
（4）取得处置价款。
借：银行存款
　　贷：固定资产清理
　　　　应交税费——应交增值税（销项税额）
（5）固定资产清理完成后产生的清理净损益，依据固定资产处置方式的不同，分别适用不同的处理方法。
①因已丧失使用功能、自然灾害发生毁损等原因而报废清理产生的利得或损失。
借：固定资产清理
　　贷：营业外收入（利得）
或
借：营业外支出（损失）
　　贷：固定资产清理
②因出售、转让等原因产生的固定资产处置利得或损失。
借或贷：固定资产清理
　　贷或借：资产处置损益

做中学 5-12 山东科瑞有限公司出售一台旧设备,原价为 23 万元,已计提折旧 5 万元。出售该设备开具的增值税专用发票上注明的价款为 20 万元,增值税税额为 2.6 万元,发生的清理费用为 1.5 万元,不考虑其他因素。

(1) 将固定资产的账面价值转入固定资产清理。

借:固定资产清理	180 000
累计折旧	50 000
贷:固定资产	230 000

(2) 取得处置价款。

借:银行存款/应收账款	226 000
贷:固定资产清理	200 000
应交税费——应交增值税(销项税额)	26 000

(3) 发生清理费等支出。

借:固定资产清理	15 000
贷:银行存款	15 000

(4) 因出售、转让等原因产生的固定资产处置利得或损失。

借:固定资产清理	5 000
贷:资产处置损益	5 000

任务训练5-12

训练目的:通过本任务训练掌握固定资产的盘亏方法。

训练方式:以个人为单位完成本笔业务的账务处理。

训练内容:甲公司为增值税一般纳税人,2020 年 12 月 30 日,出售一座建筑物(2016 年 6 月 1 日自建完工),原价(成本)为 2 000 000 元,已计提折旧 1 500 000 元未计提减值准备,实际出售价格为 1 200 000 元,增值税税率为 9%,增值税税额为 108 000 元,款项已存入银行。

训练要求:做出处置固定资产的账务处理。

学习总结

本项目主要介绍固定资产的取得、初始计量、后续计量和期末计量。

取得固定资产包括外购固定资产(含不需要安装和需要安装的固定资产)、自行建造固定资产、出包方式建造固定资产等。

固定资产的后续计量包括计提折旧的影响因素、折旧范围、折旧方法(年限平均法、工作量法、双倍余额递减法和年数总和法)及固定资产的后续支出。固定资产的后续支出包括资本化支出(计入固定资产的成本)和费用化支出(计入相关费用)。

固定资产的期末计量包括固定资产的减值(计提"资产减值损失",一经确认,在以后会计期间不得转回)、固定资产的处置(非正常原因造成的损失计入"营业外支出——非常损失",属于固定资产处理利得计入资产处置损益)、固定资产的清查(盘盈作为前期差错处理,通过"以前年度损益调整"核算,盘亏通过"待处理损益"核算,按照管理权限报经批准后差额转入"营业外支出——盘亏损失")。

"讲好中国故事,
传承中国精神"系列故事 5

项目 5 固定资产 学习测试

项目 6

无形资产

学习目标

【知识目标】

(1) 了解无形资产的概念、特征及内容。

(2) 掌握无形资产核算需要设置的会计账户。

(3) 掌握无形资产取得、摊销、减值及处置的账务处理流程和基本会计核算方法。

项目 6 无形资产

【能力目标】

(1) 能够举例说明不同无形资产的内容。

(2) 能够正确运用无形资产核算设置的会计账户。

(3) 能够根据无形资产取得、摊销、减值及处置等业务准确地进行账务处理。

【素质目标】

(1) 培养严谨细致、诚实守信的会计职业道德观。

(2) 具备会计岗位人员的基本职业素养和职业能力。

(3) 培养一丝不苟、勤奋务实的劳动精神和精益求精的工作态度。

学习导图

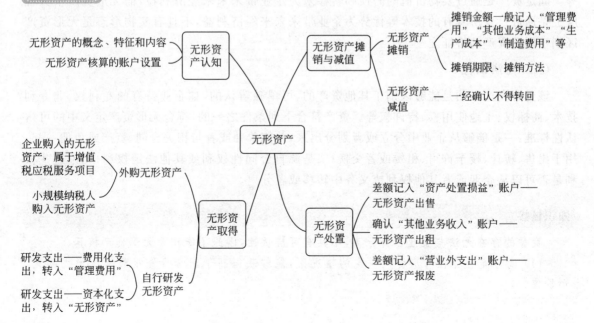

任务 6.1　无形资产认知

任务描述

2021年3月，山东科瑞公司从烟台市国土资源局购入土地使用权一项，王小贝作为会计岗位工作人员，应该如何对这项资产进行界定呢？

任务分析

作为会计岗位工作人员，王小贝要界定土地使用权属于哪一类资产，需要对这项资产进行确认，了解其特征、内容及相关账户设置。

知识准备

一、无形资产的概念

无形资产是指企业为生产产品、提供劳务、出租或经营管理而持有的、没有实物形态的、可辨认的非货币性资产。

二、无形资产的特征

（一）不具有实物形态

无形资产通常表现为某种权利、某项技术或是某种获取超额利润的综合能力。它不像固定资产、存货等有形资产具有实物形态，无形资产不具有实物形态，如土地使用权、非专利技术等。固定资产是通过实物价值的磨损和转移来为企业带来未来经济利益，而无形资产很大程度上是通过自身所具有的技术等优势为企业带来未来经济利益，不具有实物形态是无形资产区别于固定资产的特征之一。

（二）可辨认性

该无形资产必须是能够区别于其他资产的、可单独辨认的，如企业持有的专利权、非专利技术、商标权、土地使用权、特许权等。资产符合下列条件之一的，符合无形资产定义中的可辨认性标准：一是能够从企业中分立或者划分出来，并能单独或者与相关合同、资产或负债一起，用于出售、转让、授予许可、租赁或者交换；二是源自合同性权利或其他法定权利，无论这些权利是否可以从企业或者其他权利或义务中转移或者分离。

> **知识链接**
>
> 商誉的存在无法与企业自身分离，不具有可辨认性，因此不能作为无形资产核算。
>
> （1）商誉是企业在有形资产一定的情况下，能够获得高于正常投资报酬率所形成的无形价值。

(2) 商誉是由于企业所处的地理位置优越,或由于信誉好而获得客户的信任,或由于组织得当、生产经营效率高,或由于技术先进、掌握生产经营的诀窍等原因所形成的无形价值,这种无形价值与同行业相比,可获得超额利润。

(三) 非货币性资产

非货币性资产是指企业持有的货币资金和将以固定或可确定的金额收取的资产以外的其他资产。

无形资产由于没有发达的交易市场,一般不容易转化成现金,在持有过程中为企业带来未来经济利益的情况不确定,不属于以固定或可确定的金额收取的资产,属于非货币性资产。无形资产能够在多个会计期间为企业带来经济利益。无形资产的使用年限在1年以上,其价值将在各个受益期间逐渐摊销。

三、无形资产的内容

无形资产一般包括专利权、非专利技术、商标权、著作权、土地使用权、特许权等。

(一) 专利权

专利权是指国家专利主管机关依法授予发明创造专利申请人对其发明创造在法定期限内所享有的专有权利,包括发明专利权、实用新型专利权和外观设计专利权。

它给予持有者独家使用或控制某项发明的特殊权利。专利权受法律保护,即在某项专利权的有效期间内,该项专利权的非持有者如需使用与之相同的原理、结构和技术,并将其用于生产经营活动,应向该专利权的持有者支付专利使用费,否则就视为侵犯专利权。

(二) 非专利技术

非专利技术即专有技术,又称技术秘密或技术诀窍,是指先进的、未公开的、未申请专利不为外界所知、在生产经营活动中已经采用了的、不享有法律保护的各种技术和经验。非专利技术一般包括工业专有技术、商业贸易专有技术、管理专有技术等,具有经济性、机密性和动态性等特点。

(三) 商标权

商标是商品的标志,是用于辨认特定的商品或劳务的标记。商标权是专门在某类指定的商品或产品上使用特定的名称或图案的权利。商标经管理机关核准注册登记后,成为注册商标,受商标法的保护,而且享有使用权、禁止权、转让权和许可使用权。

(四) 著作权

著作权又称版权,是指作者对其创作的文学、科学和艺术作品依法享有的某些特殊权利。著作权包括精神权利(人身权利)和经济权利(财产权利)两方面的权利。前者是指作品署名、发表作品、确认作者身份、保护作品的完整性、修改已经发表的作品等权利,包括发表权、署名权、修改权和保护作品完整权;后者是指以出版、表演、广播、展览、录制唱片、摄制影片等方式使用作品,以及因授权他人使用作品而获得经济利益的权利。

(五) 土地使用权

土地使用权是指国家准许某企业在一定期间内对国有土地享有开发、利用、经营的权利。

在我国，土地归国家所有，任何单位和个人不得侵占、买卖或者以其他形式非法转让土地。土地使用权作为一种无形财产权，首先必须是有偿取得才可以资本化，才可以在使用期限内转让、出租、抵押或用于其他经营活动。

知识链接

　　自行开发建造厂房等建筑物，相关的土地使用权与建筑物应分别进行处理；外购土地及建筑物支付的价款应在建筑物与土地使用权之间按照合理的方法进行分配；难以合理分配的，应全部作为固定资产。

　　一般情况下，企业通过出让方式或购买方式取得土地使用权，作为无形资产核算；如果在该土地使用权上建造房屋，则该土地使用权应单独作为无形资产核算。

　　企业购入的土地使用权的用途改为出租或用于资本增值，则应作为投资性房地产核算。但是，房地产开发企业取得的土地使用权用于建造对外出售的房屋建筑物，相关的土地使用权应计入所建造的房屋建筑物成本（开发成本）；如果是自用，并不是用于开发写字楼或商品房，则单独作为无形资产核算。

（六）特许权

特许权又称经营特许权、专营权，是指企业在某一地区经营或销售某种特定商品的权利，或是一家企业接受另一家企业使用其商标、商号、技术秘密等的权利。前者一般是由政府机构授权，准许企业使用或在一定地区享有经营某种业务的特权，如水、电、邮电通信等专营权、烟草专卖权等；后者是指企业间授权，依照签订的合同，有限期或无限期使用另一家企业的某些权利，如连锁分店使用总店的名称等。

四、无形资产核算的账户设置

为核算和监督无形资产的取得、摊销和处置等业务，企业应设置"无形资产""研发支出""累计摊销""无形资产减值准备"等账户。

（一）"无形资产"账户

"无形资产"账户属于资产类账户，用于核算企业持有的无形资产成本，包括专利权、非专利技术、商标权、著作权、土地使用权、特许权等。该账户借方登记企业购入、自行建造并按法律程序申请取得的、投资者投入及捐赠的各种无形资产价值等，贷方登记企业向外单位投资转出、出售及分期摊销的无形资产价值，期末借方余额反映企业已入账但尚未摊销的无形资产价值。该账户可按无形资产项目进行明细核算。

（二）"研发支出"账户

"研发支出"账户属于成本类账户，用于核算企业研究与开发无形资产过程中发生的各项支出，类似固定资产中"在建工程"账户。"研发支出"账户计入资产负债表的开发支出项目。该账户的期末借方余额反映企业正在进行无形资产研究开发项目满足资本化条件的支出。该账户可按研究开发项目分"费用化支出""资本化支出"进行明细核算。

（三）"累计摊销"账户

"累计摊销"账户属于资产类账户，用于核算企业对使用寿命有限的无形资产计提的累计摊销,是"无形资产"账户的备抵账户。该账户的借方登记处置无形资产转出的累计摊销额,贷方登记企业按月计提的无形资产摊销额,期末贷方余额反映企业无形资产的累计摊销额。该账户可按无形资产项目进行明细核算。

(四)"无形资产减值准备"账户

"无形资产减值准备"账户属于资产类账户,是"无形资产"账户的备抵账户。该账户的期末贷方余额反映企业已提取的无形资产减值准备。

任务训练6-1

训练目的:通过本任务训练能对无形资产进行正确确认。
训练方式:小组讨论、课堂提问。
训练内容:举例说明企业发生的哪些类型的经济业务是作为"无形资产"来进行核算的。
训练要求:针对不同内容的无形资产相关经济业务,确定需设置的账户。

任务6.2 无形资产取得

任务描述

王小贝已经对无形资产的概念、特征及内容有了充分的认知,在实际经济业务中,企业无形资产取得时进行怎样的账务处理又成为王小贝需要掌握的又一项新技能。

问题:
(1)企业无形资产是通过哪些途径取得的?
(2)不同的取得方式的核算是否相同?
(3)你能说出不同取得方式的核算有哪些不同吗?

任务分析

王小贝带着这些问题向会计主管李主管请教,李主管向其陈述了目前山东科瑞有限公司处理过的无形资产取得相关的经济业务是如何处理的,并告知处理过程中遇到的一些比较容易出错的细节,王小贝表示一定会按照企业会计准则的规定对不同取得方式下增加的无形资产进行规范的账务处理。

知识准备

企业的无形资产一般应按取得时的实际成本计量。无形资产的初始计量是指企业取得无形资产时入账价值的确定。无形资产的取得方式主要有外购、自行研发等。取得无形资产的方式不同,其会计处理也有所差别。

一、外购无形资产

企业购入无形资产的成本包括购买价款、相关税费和相关的其他支出(含相关的借款费用)。

企业购入的无形资产,若属于增值税应税服务项目,只要取得符合条件的发票,都可以进行抵扣,否则购进时支付的增值税税额应计入无形资产成本,但为引入新产品进行宣传而发生的广告费用、管理费用及其他间接费用,以及已经达到无形资产预定用途以后发生的费用不包括在无形资产的初始成本中。

(1) 企业购入的无形资产,属于增值税应税服务项目。

借:无形资产

　　应交税费——应交增值税(进项税额)

贷:银行存款等

(2) 小规模纳税人购入无形资产,取得增值税普通发票。

借:无形资产

贷:银行存款等

二、自行研发无形资产

企业内部研究开发项目所发生的支出应区分为研究阶段支出和开发阶段支出。如果无法区分研究阶段支出和费用阶段支出,应将所发生的研发支出全部费用化,计入当期损益(管理费用)。在开发阶段,发生的支出符合资本化条件的计入资产成本(无形资产),不符合资本化条件的计入当期损益(管理费用)。

> **知识链接**
>
> 资本化支出是指发生的支出与几个会计年度相关,能够计入资产成本的支出。
>
> 费用化支出是指发生的支出仅与本会计年度相关,应计入当期损益的支出。
>
> 无法区分研究阶段和开发阶段的支出,应将其所发生的研发支出全部费用化,计入当期损益(管理费用)。

企业自行开发无形资产发生的研发支出,无论是否满足资本化条件,均应先在"研发支出"科目中归集。期末,对不符合资本化条件的研发支出,应转入当期管理费用;符合资本化条件但尚未完成的开发费用,应继续保留在"研发支出"科目中,待开发项目完成达到预定用途形成无形资产时,再将其发生的实际成本转入无形资产。

(1) 发生研发支出。

借:研发支出——费用化支出(不满足资本化支出)

　　　　　　——资本化支出(满足资本化支出)

贷:原材料

　　应付职工薪酬

　　银行存款等

(2) 期末,费用化支出转入管理费用。

借:管理费用

贷:研发支出——费用化支出

(3) 开发项目完成并达到预定用途,形成无形资产。

借:无形资产

贷:研发支出——资本化支出

内部自行研发无形资产的成本仅包括在满足资本化条件的时点至无形资产达到预定用途前发生的支出总和,对同一项无形资产在开发过程中达到资本化条件之前已经费用化计入当期损益的支出不再进行调整。

做中学6-1 2021年1月12日,山东科瑞有限公司购入一项专利权,增值税专用发票上注明价款为100 000元,增值税税款为6 000元,发生其他相关费用2 000元,总价款已用银行存款付讫。山东科瑞有限公司的具体账务处理如下。

借:无形资产——专利权　　　　　　　　　　　　　　　　　102 000
　　应交税费——应交增值税(进项税额)　　　　　　　　　　　6 000
　　贷:银行存款　　　　　　　　　　　　　　　　　　　　108 000

做中学6-2 山东科瑞有限公司自行研发一项技术,至2020年12月31日,发生研发支出合计3 000 000元。经测试,该项研发活动完成了研究阶段,从2021年1月1日起进入开发阶段。2022年发生开发支出500 000元,假定符合会计准则规定的开发支出资本化条件。2022年6月30日,该项研发活动结束,最终开发出一项非专利技术。山东科瑞有限公司的具体账务处理如下。

(1) 2020年发生研发支出。

借:研发支出——费用化支出　　　　　　　　　　　　　　3 000 000
　　贷:银行存款等　　　　　　　　　　　　　　　　　　3 000 000

(2) 2020年12月31日,发生的研发支出因全部属于研究阶段,应计入管理费用。

借:管理费用　　　　　　　　　　　　　　　　　　　　　3 000 000
　　贷:研发支出——费用化支出　　　　　　　　　　　　　3 000 000

(3) 2022年开发支出满足资本化条件。

借:研发支出——资本化支出　　　　　　　　　　　　　　　500 000
　　贷:银行存款等　　　　　　　　　　　　　　　　　　　500 000

(4) 2022年6月30日研发完成。

借:无形资产　　　　　　　　　　　　　　　　　　　　　　500 000
　　贷:研发支出——资本化支出　　　　　　　　　　　　　500 000

任务训练6-2

训练目的: 通过本任务训练掌握无形资产取得时的核算要求。

训练方式: 以个人为单位完成本笔业务的账务处理。

训练内容: 2022年6月1日,山东科瑞有限公司自行研究开发一项技术,共发生研发支出3 500 000元,其中,研究阶段发生职工薪酬100 000元,专用设备折旧费用250 000元;开发阶段满足资本化条件支出2 000 000元,取得增值税专用发票上注明的增值税税额为290 000元,开发阶段结束研究开发项目达到预定用途形成无形资产,不考虑其他因素。

训练要求: 对山东科瑞有限公司的研发支出进行正确的账务处理。

任务6.3 无形资产摊销与减值

任务描述

王小贝通过学习已经明确了无形资产在不同取得方式下核算的不同,近日王小贝一直在思考无形资产增加后要进行哪些账务处理。于是王小贝向会计主管提出申请,查阅山东科瑞有限公司近五年无形资产相关的经济业务,学习无形资产在取得后的账务处理。

任务分析

王小贝为掌握无形资产的核算业务,通过查阅近五年无形资产相关的经济业务,明确了企业无形资产在增加后需要每月进行摊销,月末或期末发生减值时要进行期末减值的账务处理,最后会通过不同的方式对该项无形资产进行处置。在这个任务的实践中将会学习无形资产在摊销及减值时的账务处理。

知识准备

一、无形资产摊销

(一)摊销期限

现行制度规定,无形资产自取得当月起在预计使用年限内分期平均摊销。当月增加的无形资产,当月开始摊销;当月减少的无形资产,当月不再摊销。

(二)摊销方法

无形资产的摊销方法包括直线法、生产总量法等。

企业选择的无形资产摊销方法,应能够反映与该项无形资产有关的经济利益的预期实现方式,并一致地运用于不同会计期间;无法可靠确定其预期实现方式的,应采用直线法进行摊销。

(三)账务处理

企业应按月对无形资产进行摊销。

(1)无形资产摊销额一般计入当期损益。

借:管理费用——无形资产摊销
    贷:累计摊销

(2)出租的无形资产摊销额,计入其他业务成本。

借:其他业务成本——无形资产摊销
    贷:累计摊销

(3)某项无形资产包含的经济利益通过所生产的产品或其他资产实现的,其摊销金额计入相关资产成本,如生产成本、制造费用等。

借:生产成本/制造费用等
    贷:累计摊销

二、无形资产减值

无形资产在资产负债表日存在可能发生减值迹象时,其可收回金额低于账面价值的,企业应将其账面价值减记至可收回金额,减记的金额记入当期损益及资产减值准备。

借:资产减值损失——计提的无形资产减值准备
　　贷:无形资产减值准备

> **知识链接**
>
> 处置无形资产时应同时结转减值准备;无形资产/固定资产减值损失一经确认,在以后会计期间不得转回。

做中学6-3　2021年3月5日,山东科瑞有限公司购入一项专利权,支付总价款96 000元,按规定摊销期为10年。其具体账务处理如下。

(1) 购入专利权时。

借:无形资产　　　　　　　　　　　　　　　　　　　　　　　　　　96 000
　　贷:银行存款　　　　　　　　　　　　　　　　　　　　　　　　　96 000

(2) 每月摊销时,摊销额=96 000÷10÷12=800(元)。

借:管理费用——无形资产摊销　　　　　　　　　　　　　　　　　　800
　　贷:累计摊销　　　　　　　　　　　　　　　　　　　　　　　　　800

做中学6-4　2021年12月31日,市场上某项新技术生产的产品销售势头较好,已对山东科瑞有限公司产品的销售产生重大不利影响。山东科瑞有限公司外购的类似专利技术的账面价值为900 000元,剩余摊销年限为4年,经减值测试,该专利技术的可收回金额为850 000元。其具体账务处理如下。

借:资产减值损失——计提的无形资产减值准备　　　　　　　　　　　50 000
　　贷:无形资产减值准备　　　　　　　　　　　　　　　　　　　　　50 000

任务训练6-3

训练目的:通过本任务训练,掌握外购的土地使用权用于自行开发建造厂房等地上建筑物时的账务处理。

训练方式:以小组为单位完成实训任务。

训练内容:山东科瑞有限公司2021年1月1日购入一块土地的使用权,取得的增值税专用发票上注明价款为10 000 000元,增值税税额为900 000元,全部以银行存款支付,并在该土地上自行建造厂房,发生材料支出260 000 000元,工资费用120 000 000元,其他相关费用120 000 000元等。该工程已经完工并达到预定可使用状态。假定土地使用权的使用年限为50年,该厂房的使用年限为25年,两者都没有净残值,都采用直线法进行摊销和计提折旧。

训练要求:对土地使用权、地上建筑物进行正确的账务处理。

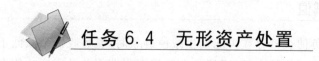
任务6.4 无形资产处置

任务描述

通过之前的学习,王小贝已经对无形资产主要经济业务有了充分的认识,但尚有无形资产在出售、报废、出租时的经济业务需要处理。接着王小贝又有了一项新任务,了解无形资产处置的方式,并对不同处置方式下的无形资产进行账务处理。

任务分析

王小贝要完成无形资产相关经济业务的账务处理,首先需要理解每种处置方式的含义,并清楚无形资产每种处置方式下需要设置的核算账户及账户性质,会分析业务类型,编写分录,进行账务处理。

知识准备

无形资产的处置主要是指无形资产出售、对外出租、报废、对外捐赠,或者是无法为企业带来未来经济利益时应予终止确认并转销。

一、无形资产出售

无形资产出售是指将其所有权让渡给他人,即出售后,企业不再对该项无形资产拥有占有、使用、收益、处置的权利。企业无形资产出售应将出售无形资产所得以净额反映,即将所得价款与该无形资产的账面价值之间的差额计入当期损益。

出售时按实际收到的金额借记"银行存款"等账户;按已计提的累计摊销借记"累计摊销"账户;原已计提减值准备的借记"无形资产减值准备"账户;按应支付的相关税费贷记"应交税费"等账户;按其账面余额贷记"无形资产"账户;按其差额贷记"资产处置损益"账户或借记"资产处置损益"账户。

借:银行存款
　　累计摊销
　　无形资产减值准备
　贷:无形资产
　　　银行存款
　　　应交税费——应交增值税(销项税额)
　　　资产处置损益(或借方)

二、无形资产出租

无形资产出租是指企业将所拥有的无形资产的使用权让渡给他人,并收取租金,企业自身仍保留对该项无形资产的所有权。

出租无形资产取得的租金收入时,借记"银行存款"等账户,贷记"其他业务收入"和"应交税费"等账户;摊销出租无形资产的价值时,借记"其他业务成本"账户,贷记"累计摊销"账户。

(1) 取得租金收入。

借:银行存款等
  贷:其他业务收入
    应交税费——应交增值税(销项税额)

(2) 摊销出租成本。

借:其他业务成本
  贷:累计摊销

三、无形资产报废

无形资产报废是指无形资产由于已被其他新技术替代或不再受法律保护等原因,预期不能为企业带来经济利益而进行的处置。

无形资产报废时,按已计提的累计摊销借记"累计摊销"账户;按原始价值贷记"无形资产"账户;按其差额借记"营业外支出——处置非流动资产损失"账户;计提减值准备的还应同时结转减值准备。

借:营业外支出——处置非流动资产损失
  累计摊销
  无形资产减值准备
  贷:无形资产

做中学 6-5 2021 年 1 月 18 日,山东科瑞有限公司将拥有的一项专利权出售,开出的增值税专用发票上注明价款为 200 000 元,税款为 12 000 元,款项已存入银行。该专利权的账面余额为 220 000 元,累计摊销额为 120 000 元。假定不考虑与该销售相关的城市维护建设税、教育费附加等税费。其具体账务处理如下。

借:银行存款	212 000
累计摊销	120 000
贷:无形资产	220 000
应交税费——应交增值税(销项税额)	12 000
资产处置损益	100 000

做中学 6-6 2021 年 1 月 1 日,山东科瑞有限公司将其商标权出租给华阳公司使用,租期为 4 年,每年初收取租金,本年的租金及增值税合计 106 000 元。山东科瑞有限公司在出租期间内不再租用该商标权。该商标权是山东科瑞有限公司 2019 年 1 月 1 日购入的,初始入账价值为 90 000 元,预计使用年限为 15 年,采用直线法摊销。其具体账务处理如下。

(1) 取得租金收入。

借:银行存款	106 000
贷:其他业务收入	100 000
应交税费——应交增值税(销项税额)	6 000

(2) 摊销出租成本,按年平均摊销 90 000÷15=6 000(元)。

借:其他业务成本	6 000
贷:累计摊销	6 000

做中学 6-7 2021 年 6 月 30 日,山东科瑞有限公司某项非专利技术的账面余额为 80 000 元。该项专利权的摊销期限为 10 年,采用直线法进行摊销,已摊销 6 年。该专利权的残值为 0 元,已累计计提减值准备 2 000 元。假定以该项非专利技术生产的产品已经没有市场,预期不能再为企业带来经济利益。假定不考虑其他因素。其具体账务处理如下。

借:营业外支出——处置非流动资产损失　　　　　　　　　　30 000
　　累计摊销　　　　　　　　　　　　　　　　　　　　　　48 000
　　无形资产减值准备　　　　　　　　　　　　　　　　　　 2 000
　贷:无形资产　　　　　　　　　　　　　　　　　　　　　　80 000

任务训练6-4

训练目的: 通过本任务训练掌握不同处置方式下无形资产的账务处理方法。

训练方式: 以小组为单位完成实训任务。

训练内容:

(1) 2021 年 1 月 1 日,山东科瑞有限公司将商标权出租给乙公司使用,租期为 4 年,每年收取租金 15 000 元。山东科瑞有限公司在出租期间内不再使用该商标权,该商标权是山东科瑞有限公司 2019 年 1 月 1 日购入的,其初始入账价值为 180 000 元,预计使用年限为 15 年,采用直线法摊销,假定不考虑增值税以外的其他税费并按年摊销。

(2) 2021 年 12 月 31 日,市场上某项新技术生产的产品销售势头较好,已对山东科瑞有限公司产品的销售产生重大不利影响。山东科瑞有限公司外购的类似专利技术的账面价值为 80 000 元,剩余摊销年限为 4 年,经减值测试,该专利技术的可收回金额为 75 000 元。

训练要求: 以小组为单位,能正确处理无形资产出售、出租、报废相关的经济业务。

学习总结

本项目主要介绍无形资产认知、取得、摊销及减值、处置等方面的内容。

无形资产是指企业为生产产品、提供劳务、出租或经营管理而持有的、没有实物形态的、可辨认的非货币性资产。无形资产一般具有无实物形态、可辨认性、非货币性资产的特征,主要包括专利权、非专利技术、商标权、著作权、土地使用权、特许权等内容。

无形资产的取得方式主要有外购、自行研发等。取得无形资产的方式不同,其会计处理也有所差别。企业无形资产一般应按取得时的实际成本计量。无形资产的初始计量是指企业取得无形资产时入账价值的确定。

现行制度规定,无形资产自取得当月起在预计使用年限内分期平均摊销。当月增加的无形资产,当月开始摊销;当月减少的无形资产,当月不再摊销。无形资产在资产负债表日存在可能发生减值的迹象时,其可收回金额低于账面价值的,企业应将该无形资产的账面价值减记至可收回金额,减记的金额计入当期损益及资产减值准备。

无形资产的处置主要是指无形资产出售、对外出租、报废、对外捐赠,或者是无法为企业带来未来经济利益时应予终止确认并转销。

"讲好中国故事,传承中国精神"系列故事 6

项目 6　无形资产 学习测试

项目 7 金融资产

学习目标

【知识目标】

(1) 了解投资和金融资产的概念及类别。

(2) 理解以公允价值计量且其变动计入当期损益的金融资产、以公允价值计量且其变动计入其他综合收益的金融资产的确认条件。

项目7 金融资产

【能力目标】

(1) 能够进行以公允价值计量且其变动计入当期损益的金融资产、以公允价值计量且其变动计入其他综合收益的金融资产业务的账务处理和核算。

(2) 能根据交易性金融资产、以公允价值计量且其变动计入其他综合收益的金融资产业务准确地编制记账凭证,登记相关明细账、总账。

【素质目标】

(1) 养成良好的会计职业操守。

(2) 培养与人交流与合作的职业能力。

(3) 具备独立进行会计信息处理的能力。

学习导图

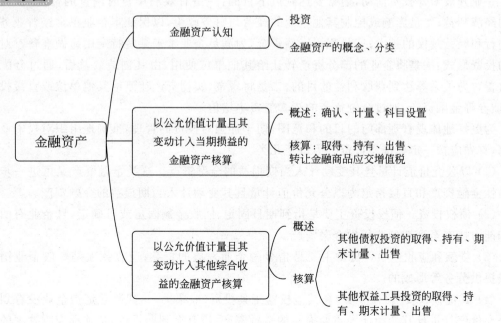

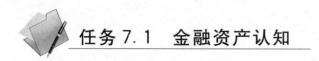

任务7.1　金融资产认知

任务描述

小张是名大四学生,在一家企业实习,实习单位的财务经理要求小张熟悉企业对外投资等有关业务,参与股票、债券等金融资产的业务管理工作。

任务分析

小张为胜任该项工作,首先要了解金融资产的业务内容,储备相应的实践操作知识。小张首先需要了解的是金融资产的管理知识;其次股票和债券是该公司主要的对外投资项目,需要学会如何划分金融资产的分类以确认计量方式;最后也要学会如何将学习到的金融资产相关的会计处理知识在业务实践中应用。

知识准备

一、投资概述

投资是企业为获得收益或实现资本增值向被投资单位投放资金的经济行为,通常指企业为通过分配来增加财富,或为谋求其他利益而将资产让渡给其他单位所获得的另一项资产。投资有广义和狭义之分,广义的投资是指企业对内、对外的各项投资活动,对外投资主要有债券投资、股票投资和其他股权投资等,对内投资有固定资产投资、无形资产投资等;狭义的投资仅包括权益性证券投资和债权性证券投资等对外投资。本项目涉及的投资仅指对外投资。

企业开展对外投资活动,通常要达到以下目的:一是有效利用暂时闲置的资金,以获取一定的经济利益;二是影响或控制其他企业的经营与财务政策,以保证本企业正常经营业务的顺利进行和经营规模的扩大;三是积累巨额资金,为满足企业未来某些特定用途做准备。对外采取的投资形式:一是将企业的部分资产转让给其他单位使用,由其创造效益后,通过分配收益或改善贸易关系等达到获取利益的目的;二是将现金、实物资产让渡给其他单位或直接投资股票、债券等金融资产,通过金融资产的买卖使资本增值。

为更好地体现管理部门的目的和意图,便于加强对投资的管理,准确地组织对投资业务的核算,首先应按一定标准将投资分为以下几类。

(1) 以公允价值计量且其变动计入当期损益的金融资产。这类金融资产又可进一步分为交易性金融资产和直接指定为以公允价值计量且其变动计入当期损益的金融资产。

(2) 债权投资。债权投资主要是指到期日固定、回收金额固定或可确定,且企业有明确意图和能力持有至到期的非衍生金融资产。

(3) 贷款和应收款项。贷款主要是指金融企业发放的贷款;应收款项是一般企业销售商品或提供劳务等形成的。

(4) 其他债权投资(债券类)和其他权益工具投资(股票类)。其通常是指企业没有划分为以公允价值计量且其变动计入当期损益的金融资产、持有至到期投资、贷款和应收款项的金融资产。如购入的在活跃市场上有报价的股票、债券等，企业基于风险管理需要且有意图将其作为可供出售金融资产的，可划分为此类。

（5）长期股权投资。长期股权投资主要是指通过投资取得被投资单位的股份，通常为长期持有，并期望通过股权投资达到控制被投资单位，或对被投资单位施加影响，或为与被投资单位建立密切关系以分散经营风险。这类投资通常具有投资大、期限长、风险大、能为企业带来较大利益等特点。

二、金融资产的概念及分类

（一）金融资产的概念

金融资产是指企业持有的现金、其他方的权益工具及符合下列条件之一的资产。

（1）从其他方收取现金或其他金融资产的合同权利，如银行存款、应收账款等。预付账款不属于金融资产。

（2）在潜在有利条件下，与其他方交换金融资产或金融负债的合同权利，如买入看涨期权或看跌期权。

（二）金融资产分类的标准

企业应根据下列标准对金融资产进行分类。

1. 企业管理金融资产的业务模式

企业管理金融资产的业务模式是指企业如何管理其金融资产以产生现金流量。业务模式决定企业所管理金融资产现金流量的来源是收取合同现金流量、出售金融资产还是两者兼有。

2. 金融资产的合同现金流量特征

金融资产的合同现金流量特征是指金融工具合同约定的、反映相关金融资产经济特征的现金流量属性。如果一项金融资产在特定日期产生的合同现金流量仅为对本金和以未偿付本金金额为基础的利息的支付（即符合"本金加利息的合同现金流量特征"），则该金融资产的合同现金流量特征与基本借贷安排一致。

（三）金融资产的具体分类

1. 以摊余成本计量的金融资产

金融资产同时符合下列条件的，应将其分类为以摊余成本计量的金融资产。

（1）企业管理该金融资产的业务模式以收取合同现金流量为目标。

（2）该金融资产的合同条款规定，在特定日期产生的现金流量仅为对本金和未偿付本金金额为基础的利息支付。例如，银行向企业客户发放的固定利率贷款、普通债券、企业正常商业往来形成的应收账款。

2. 以公允价值计量且其变动计入其他综合收益的金融资产

以公允价值计量且其变动计入其他综合收益的金融资产应同时满足下列条件。

（1）企业管理该金融资产的业务模式既以收取合同现金流量为目标，又以出售该金融资产为目标。

（2）该金融资产的合同条款规定，在特定日期产生的现金流量仅为对本金和未偿付本金金额为基础的利息的支付。

3. 以公允价值计量且其变动计入当期损益的金融资产

除前两种金融资产以外的金融资产应分类为以公允价值计量且其变动计入当期损益的金融资产。例如,企业持有的股票、基金等投资产品通常应分类为以公允价值计量且其变动计入当期损益的金融资产。

> **知识链接**
>
> 对企业非交易性权益工具投资,可将其指定为以公允价值计量且其变动计入其他综合收益的金融资产,企业应设置"其他权益工具投资"账户进行核算。

任务训练7-1

训练目的: 通过本任务训练掌握金融资产的概念及分类。

训练方式: 以小组为单位讨论、课堂提问。

训练内容: 某企业历经百余年的发展,目前其主营业务包括自制工业品的研发、生产和销售,以及药品批发与零售业务,业务范围涵盖药品。2021年第三季度业绩报告显示,该企业前三季度实现营收283.63亿元,同比增长18.52%;实现净利润24.51亿元,同比下降42.38%,其中第三季度净利润同比下降63.94%。

有意思的是,造成该企业净利润几近腰斩的,正是此前让其获益颇丰的投资损益。截至2021年第三季度末,该企业公允价值变动损益达—15.55亿元,同比下降396.58%,对于变动原因,公司表示"主要是交易性金融资产持有期间的公允价值变动损益"。也就是说,造成该企业连续三个季度净利下滑的最大原因,便是高达15.55亿元的公允价值变动损益,主要包括股票、基金等类型的投资浮亏。

请思考:什么是金融资产?金融资产有哪些分类?上述案例中提到的股票等可划分为哪类金融资产?应该如何进行会计核算?

任务7.2 以公允价值计量且其变动计入当期损益的金融资产核算

任务描述

通过金融资产的学习,小张已经对投资及金融资产的内容和分类有了充分的认识,财务主管对此非常满意,但要核算金融资产的具体账务,还需要学习各项金融资产的业务处理,接着财务主管又给小张布置了一项新任务,了解交易性金融资产的相关知识,并学会对以公允价值计量且其变动计入当期损益的金融资产(以下简称"交易性金融资产")进行账务处理。

任务分析

小张要完成交易性金融资产的业务处理,首先需要学习并了解交易性金融资产的核算账户及账户性质,并清楚交易性金融资产的业务流程,会按照业务发展过程分析业务类型、编写分录进行账务处理。

> 知识准备

一、交易性金融资产概述

（一）交易性金融资产的确认

交易性金融资产主要是指企业为近期内出售而持有的金融资产，如企业以赚取差价为目的从二级市场购入的股票、债券和基金等。判断一项金融资产是否为交易性金融资产，主要考虑其是否满足以下3个条件：投资目的，在活跃市场有无报价和公允价值能否可靠地计量，如投资的目的是利用生产经营过程的暂时闲置资金取得一定的收益；当企业急需资金时可快速兑现；准备在近期内出售、回收金额固定或不确定而从二级市场购入的股票、债券、基金等。

（二）交易性金融资产的计量

交易性金融资产由于在活跃市场上有报价且持有时间较短，取得和持有期间均应按照公允价值计量，公允价值变动计入当期损益，而发生的交易费用（包括可直接归属于购买、发行或处置金融工具新增的外部费用，支付给代理机构、咨询公司、券商等的手续费和佣金及其他必要支出）则直接计入当期损益。

（三）交易性金融资产业务核算的账户设置

为核算交易性金融资产的取得及现金股利或利息的收取、处置等业务，企业应设置"交易性金融资产""公允价值变动损益""投资收益"等账户。

1."交易性金融资产"账户

"交易性金融资产"账户属于资产类账户，用于核算企业为交易目的所持有的债券投资、股票投资、基金投资等交易性金融资产的公允价值。企业持有的直接指定为以公允价值计量且其变动计入当期损益的金融资产也在"交易性金融资产"账户核算。本账户的借方登记交易性金融资产的取得成本、资产负债表日其公允价值高于账面余额的差额等；贷方登记资产负债表日其公允价值低于账面余额的差额，以及企业出售交易性金融资产时结转的成本和公允价值变动损益。"交易性金融资产"账户应当按照交易性金融资产的类别和品种，分别设置"成本""公允价值变动"等明细账户进行分类核算。

2."公允价值变动损益"账户

"公允价值变动损益"账户属于损益类账户，用于核算企业交易性金融资产等公允价值变动而形成的应计入当期损益的利得或损失。该账户贷方登记资产负债表日企业持有的交易性金融资产等的公允价值高于账面余额的差额，借方登记资产负债表日企业持有的交易性金融资产等的公允价值低于账面余额的差额。期末，应将该账户的余额转入"本年利润"账户，结转后该账户无余额。

3."投资收益"账户

"投资收益"账户属于损益类账户，用于核算企业对外投资所发生的损益。该账户贷方登记在持有交易性金融资产等投资资产期间取得的投资收益，以及处置交易性金融资产等投资资产实现的投资收益；借方登记在持有交易性金融资产等投资资产期间发生的投资损失，以及企业在对外投资活动中发生的交易费用等。期末，应将该账户余额转入"本年利润"账户，结转后该账户无余额。

二、交易性金融资产业务的核算

(一)交易性金融资产的取得

企业取得交易性金融资产时,应按公允价值计量。取得交易性金融资产所支付的价款中包含的已宣告但尚未发放的现金股利或已到付息期但尚未领取的债券利息,应单独确认为应收项目。

企业取得交易性金融资产所发生的相关交易费用应在发生时计入当期损益,作为投资收益进行会计处理,发生交易费用取得增值税专用发票的,进项税额经认证后可从当月销项税额中扣除。交易费用是指可直接归属于购买、发行或处置金融工具的增量费用。增量费用是指企业没有发生购买、发行或处置金融工具的情形就不会发生的费用,包括支付给代理机构、咨询公司、券商、证券交易所、政府有关部门等的手续费、佣金、相关税费及其他必要支出,不包括债券溢价、折价、融资费用、内部管理成本和持有成本等与交易不直接相关的费用。

企业购入交易性金融资产时,应按照该金融资产取得时的公允价值确认成本,把支付的相关交易费用计入投资收益。

借:交易性金融资产——成本
　　投资收益
　　应交税费——应交增值税(进项税额)
　贷:其他货币资金——存出投资款(或"银行存款")

做中学 7-1 2021年3月20日,山东科瑞有限公司从上海证券交易所账户支付200 000元购入扬子公司股票10 000股,短期持有,每股价格为20元,另发生交易费用3 000元,取得的增值税专用发票上注明的增值税税额为180元。山东科瑞有限公司将持有的扬子公司股票划分为交易性金融资产。山东科瑞有限公司应做账务处理如下:

借:交易性金融资产——成本　　　　　　　　　　　　　　　200 000
　　投资收益　　　　　　　　　　　　　　　　　　　　　　　3 000
　　应交税费——应交增值税(进项税额)　　　　　　　　　　　180
　贷:其他货币资金——存出投资款　　　　　　　　　　　　　203 180

做中学 7-2 2021年1月4日,山东科瑞有限公司从深圳证券交易所账户支付1 020 000元(含已到付息期但尚未领取的利息20 000元)购入大地公司发行的债券,另发生交易费用20 000元,取得的增值税专用发票上注明的增值税税额为1 200元。该债券面值为1 000 000元,剩余期限为2年,票面年利率为4%,每半年付息一次,山东科瑞有限公司将其划分为交易性金融资产。山东科瑞有限公司应做账务处理如下:

借:交易性金融资产——成本　　　　　　　　　　　　　　　1 020 000
　　投资收益　　　　　　　　　　　　　　　　　　　　　　　20 000
　　应交税费——应交增值税(进项税额)　　　　　　　　　　　1 200
　贷:其他货币资金——存出投资款　　　　　　　　　　　　　1 041 200

(二)交易性金融资产的持有

1. 交易性金融资产的现金股利和利息

企业持有交易性金融资产期间,对被投资单位宣告发放的现金股利或企业在资产负债表日按分期付息、一次还本债券投资的票面利率计算的利息收入,应确认为投资收益。

借:应收股利(或"应收利息")
　　贷:投资收益

做中学 7-3　承接做中学 7-1,2021 年 8 月 15 日,扬子公司宣告上半年股利分配方案为每股支付现金股利 0.5 元,股利将于 8 月 25 日支付,款项存入证券账户。山东科瑞有限公司应做账务处理如下。

(1) 扬子公司 8 月 15 日宣告分派现金股利时。

借:应收股利——扬子公司　　　　　　　　　　　　　　　　5 000
　　贷:投资收益　　　　　　　　　　　　　　　　　　　　　5 000

(2) 8 月 25 日收到现金股利时。

借:其他货币资金——存出投资款　　　　　　　　　　　　　5 000
　　贷:应收股利——扬子公司　　　　　　　　　　　　　　5 000

做中学 7-4　承接做中学 7-2,2021 年 1 月 10 日,山东科瑞有限公司收到大地公司派发的 2020 年下半年的债券利息,款项存入证券账户。6 月 30 日,计提大地公司债券上半年的利息收入。山东科瑞有限公司应做账务处理如下。

(1) 1 月 10 日实际收到利息时。

借:其他货币资金——存出投资款　　　　　　　　　　　　20 000
　　贷:应收利息——大地公司　　　　　　　　　　　　　20 000

(2) 6 月 30 日,计算应收取大地公司上半年的债券利息收入。

借:应收利息——大地公司　　　　　　　　　　　　　　　20 000
　　贷:投资收益　　　　　　　　　　　　　　　　　　　20 000

2. 交易性金融资产的期末计量

资产负债表日,交易性金融资产应按照公允价值计量,公允价值与账面余额之间的差额计入当期损益。

(1) 当公允价值高于账面余额时。

借:交易性金融资产——公允价值变动
　　贷:公允价值变动损益

(2) 当公允价值低于账面余额时。

借:公允价值变动损益
　　贷:交易性金融资产——公允价值变动

做中学 7-5　承接做中学 7-1,山东科瑞有限公司持有的扬子公司股票在 2021 年 6 月 30 日每股市价为 19 元。山东科瑞有限公司 2021 年 6 月 30 日确认该股票的公允价值变动损益,应做账务处理如下。

借:公允价值变动损益　　　　　　　　　　　　　　　　　10 000
　　贷:交易性金融资产——公允价值变动　　　　　　　　10 000

做中学 7-6　承接做中学 7-4,2021 年 6 月 30 日,山东科瑞有限公司持有的大地公司债券的市价为 1 150 000 元(其中含上半年利息 20 000 元)。山东科瑞有限公司 2021 年 6 月 30 日确认该债券的公允价值变动损益,应做账务处理如下。

借：交易性金融资产——公允价值变动　　　　　　　　　　　　130 000
　　贷：公允价值变动损益　　　　　　　　　　　　　　　　　　　130 000

（三）交易性金融资产的出售

企业出售交易性金融资产时，应将该金融资产出售时的公允价值与其账面余额之间的差额确认为投资收益，同时，将原计入公允价值变动损益的该金融资产的公允价值变动转出，由公允价值变动损益转为投资收益。借记"银行存款"或"其他货币资金——存出投资款"账户，按照该金融资产的账面余额的成本部分，贷记"交易性融资产——成本"账户，按照该金融资产的账面余额的公允价值变动部分，贷记或借记"交易性金融资产——公允价值变动"账户，按其差额，贷记或借记"投资收益"账户。同时，将原计入该金融资产的公允价值变动转出，借记或贷记"公允价值变动损益"账户，贷记或借记"投资收益"账户。

做中学 7-7　承接做中学 7-1、做中学 7-5，2021 年 9 月 12 日，山东科瑞有限公司将手中持有的扬子公司股票全部出售，售价为每股 21 元，不考虑相关税费和其他因素。山东科瑞有限公司应做账务处理如下：

借：其他货币资金——存出投资款　　　　　　　　　　　　　210 000
　　交易性金融资产——公允价值变动　　　　　　　　　　　　 10 000
　　贷：交易性金融资产——成本　　　　　　　　　　　　　　　200 000
　　　　投资收益　　　　　　　　　　　　　　　　　　　　　　 20 000

同时，结转已实现的公允价值变动损益。

借：投资收益　　　　　　　　　　　　　　　　　　　　　　　 10 000
　　贷：公允价值变动损益　　　　　　　　　　　　　　　　　　　 10 000

做中学 7-8　承接做中学 7-2、做中学 7-4、做中学 7-6，2021 年 7 月 25 日，山东科瑞有限公司将大地公司债券全部出售，出售所得价款为 1 280 000 元。山东科瑞有限公司应做账务处理如下：

借：其他货币资金——存出投资款　　　　　　　　　　　　　1 280 000
　　贷：交易性金融资产——成本　　　　　　　　　　　　　　1 020 000
　　　　　　　　　　——公允价值变动　　　　　　　　　　　　130 000
　　　　投资收益　　　　　　　　　　　　　　　　　　　　　130 000

同时，结转已实现的公允价值变动损益。

借：公允价值变动损益　　　　　　　　　　　　　　　　　　 130 000
　　贷：投资收益　　　　　　　　　　　　　　　　　　　　　　 130 000

（四）转让金融商品应交增值税

金融商品转让按照卖出价扣除买入价（不需要扣除已宣告未发放现金股利和已到付息期未领取的利息）后的余额作为销售额计算增值税，即转让金融商品以盈亏相抵后的余额为销售额。若相抵后出现负差，可结转下一纳税期与下期转让金融商品销售额互抵，但年末时仍出现负差的，不得转入下一会计年度。

（1）转让金融商品当月月末，如产生转让收益，则按应纳税额。

借：投资收益

贷:应交税费——转让金融商品应交增值税

(2) 如产生转让损失,则按可结转下月抵扣税额。

借:应交税费——转让金融商品应交增值税
　　贷:投资收益

> **知识链接**
>
> 　　年末,如果"应交税费——转让金融商品应交增值税"账户有借方余额,说明本年度的金融商品转让损失无法弥补,且不可转入下年度继续抵减转让金融商品的收益,因此,借记"投资收益"账户,贷记"应交税费——转让金融商品应交增值税"账户,将"应交税费——转让金融商品应交增值税"账户的借方余额转出。

做中学 7-9　承接做中学 7-8,计算山东科瑞有限公司转让大地公司债券应交增值税。

转让金融商品应交增值税＝(1 280 000－1 020 000)÷(1＋6%)×6%＝14 716.98(元)

山东科瑞有限公司应编制如下会计分录。

借:投资收益　　　　　　　　　　　　　　　　　　　　　　　　14 716.98
　　贷:应交税费——转让金融商品应交增值税　　　　　　　　　　14 716.98

交易性金融资产主要账务处理如下。

(1) 取得。

借:交易性金融资产——成本
　　投资收益
　　应交税费——应交增值税(进项税额)
　　贷:其他货币资金——存出投资款(或"银行存款")

(2) 现金股利和利息。

借:应收股利(或"应收利息")
　　贷:投资收益

(3) 期末计量。

① 若资产负债表日,公允价值高于账面余额时。

借:交易性金融资产——公允价值变动
　　贷:公允价值变动损益

② 若资产负债表日,公允价值低于账面余额时。

借:公允价值变动损益
　　贷:交易性金融资产——公允价值变动

(4) 出售。

借:其他货币资金——存出投资款
　　贷:交易性金融资产(账面余额)

借或贷:投资收益

同时,结转已实现的公允价值变动损益。

借或贷:投资收益
　　贷或借:公允价值变动损益

(5) 转让金融商品应交增值税。

转让收益时,应交增值税＝(卖出价－买入价)÷(1＋6%)×6%。

借:投资收益

  贷:应交税费——转让金融商品应交增值税

转让损失时做相反分录。

任务训练7-2

训练目的:通过本任务训练掌握交易性金融资产的核算方法。

训练方式:以个人为单位完成本笔业务的账务处理。

训练内容:山东科瑞有限公司于2021年1月1日购入股票10 000股作为交易性金融资产,当时每股市价为5元,发生的交易费用为18 000元,取得的增值税专用发票上注明的增值税税额为1 080元;3月31日,每股市价为6元;6月30日,每股市价为4.5元;7月12日,山东科瑞有限公司将手中持有的该股票全部出售,每股售价为7.5元,不考虑相关税费和其他因素。

训练要求:进行买入股票、期末计量和处置等环节的账务处理。

任务 7.3 以公允价值计量且其变动计入其他综合收益的金融资产核算

任务描述

通过学习交易性金融资产,小张对交易性金融资产的内容有了充分了解,并对相关业务做了准确的处理,财务主管对此非常满意。但要熟悉企业金融资产的其他工作,还需要全面学习其他金融资产的业务处理,所以财务主管又给了小张一项新任务,了解以公允价值计量且其变动计入其他综合收益的金融资产的相关知识并学会对其进行账务处理。

任务分析

小张要完成这项任务,首先需要学习并了解以公允价值计量且其变动计入其他综合收益的金融资产确认的条件及包括的内容,并清楚相关核算账户及账户性质,熟悉业务流程,会按照业务发展过程编写分录,进行账务处理。

知识准备

一、以公允价值计量且其变动计入其他综合收益的金融资产(其他债权投资和其他权益工具投资)概述

金融资产同时符合下列条件的,应分类为以公允价值计量且其变动计入其他综合收益的金融资产:①企业管理该金融资产的业务模式既以收取合同现金流量为目标,又以出售该金融资产为目标;②该金融资产的合同条款规定,在特定日期产生的现金流量,仅为对本金和以未偿付本金金额为基础的利息的支付。

为核算其他债权投资和其他权益工具投资的取得、现金股利或利息的收取、处置等业务，企业应设置"其他债权投资""其他权益工具投资""其他综合收益""投资收益"等账户。

"其他债权投资""其他权益工具投资"属于资产类账户，用于核算企业持有的金融资产的公允价值，包括可供出售的股票投资、债券投资等金融资产。该账户按其他债权投资和其他权益工具的类别和品种，分别设置"成本""利息调整""应计利息""公允价值变动"等明细账户进行核算。该账户的期末余额在借方，反映企业金融资产的公允价值。

二、其他债权投资核算

（一）其他债权投资的取得

其他债权投资的处理原则与债权投资的处理原则相似，其他债权投资取得时按公允价值计量，取得时发生的相关交易费用应计入其他债权投资的初始入账金额。

企业取得其他债权投资（债券类）时，按购入债券的面值借记"其他债权投资——成本"账户，按实际支付的金额贷记"银行存款"等账户，按其差额借记或贷记"其他债权投资——利息调整"账户。

（二）其他债权投资的持有

其他债权投资持有期间取得的利息，应当计入投资收益。

> **知识链接**
>
> 企业应在持有其他债权投资（债券类）期间，采用实际利率法，按摊余成本和实际利率计算确认利息收入，计入投资收益。实际利率应在取得金融资产时确定，实际利率与票面利率差别较小的，也可以按票面利率计算利息收入。

企业在资产负债表日，应按票面利率计算确定的应收未收利息，按其他债权投资（债券类）摊余成本和实际利率计算确定利息收入。

（1）其他债权投资（债券类）为分期付息、一次还本债券投资。

借：应收利息
　　贷：投资收益
借或贷：其他债权投资利息调整

（2）其他债权投资（债券类）为一次还本付息债券投资。

借：其他债权投资——应计利息
　　贷：投资收益
借或贷：其他债权投资——利息调整

做中学 7-10 2020 年 1 月 1 日，山东科瑞有限公司支付价款 4 900 000 元购入齐鲁公司于当日发行的 5 年期、分期付息、一次还本的公司债券 50 000 张，每张票面金额为 100 元，票面年利率为 4%，实际利率为 5%。山东科瑞有限公司将该公司债券划分为其他债权投资（债券类）。假设不考虑相关税费。山东科瑞有限公司应做账务处理如下：

（1）2020 年 1 月 1 日，购入债券。

借：其他债权投资——成本　　　　　　　　　　　　　　　　　5 000 000

  贷：银行存款 4 900 000
    其他债权投资——利息调整 100 000

(2) 2020 年 12 月 31 日，确认债券利息收入。

$$利息收入 = 4\,900\,000 \times 5\% = 245\,000(元)$$

  借：应收利息 200 000
    其他债权投资——利息调整 45 000
   贷：投资收益 245 000

（三）其他债权投资的期末计量

在资产负债表日，其他债权投资公允价值高于账面余额，企业应按其差额做如下分录。

  借：其他债权投资——公允价值变动
   贷：其他综合收益

反之，企业应当按其差额做相反分录。

做中学 7-11 承接做中学 7-10，假设上述债权在 2020 年 12 月 31 日的公允价值是 4 800 000 元。假设不考虑相关税费。山东科瑞有限公司应做账务处理如下。

  借：其他综合收益 145 000
   贷：其他债权投资——公允价值变动 145 000

（四）其他债权投资的出售

企业出售其他债权投资时，应将取得的价款与该金融资产账面价值之间的差额计入投资损益；同时，将原有直接计入所有者权益的公允价值变动累计额对应出售部分的金额转出，计入投资损益。会计处理为企业按出售其他债权投资实际收到的金额借记"银行存款"账户，按其账面余额贷记"其他债权投资——成本（或公允价值变动、利息调整、应计利息）"账户，按应从所有者权益中转出的公允价值累计变动额借记或贷记"其他综合收益"账户，按其差额贷记或借记"投资收益"账户。

三、其他权益工具投资核算

（一）其他权益工具投资的取得

其他权益工具投资取得时按公允价值计量，取得时发生的相关交易费用应计入其他权益工具投资的初始入账金额。

企业取得其他权益工具投资时，按买价和相关交易费用计入其他权益工具投资的初始入账金额，若有已宣告但尚未发放的应收股利则作为初始成本的抵减项。

  借：其他权益工具投资——成本
    应收股利
   贷：银行存款等

（二）其他权益工具投资的持有

持有期间的现金股利，应在被投资单位宣告发放股利时计入当期损益（投资收益等）。

(1) 被投资方分红时，投资方的会计处理如下。

  借：应收股利

贷:投资收益

(2) 收到股利时的会计处理如下。

借:银行存款
　　贷:应收股利

(三) 其他权益工具投资的期末计量

公允价值变动形成的利得或损失,应计入所有者权益(其他综合收益)。

(1) 发生增值。

借:其他权益工具投资
　　贷:其他综合收益

(2) 发生贬值。

借:其他综合收益
　　贷:其他权益工具投资

(四) 其他权益工具投资的出售

其他权益工具投资,除获得的股利计入当期损益外,其他相关的利得和损失均应计入其他综合收益,且后续不得转入当期损益。当金融资产终止确认时,之前计入其他综合收益的累计利得或损失应把其他综合收益反向转到留存收益。按实际收到的价款借记"银行存款"账户,按其他权益工具投资的账面余额贷记"其他权益工具投资"账户,按累计的利得或损失贷记或借记"盈余公积"账户和"利润分配——未分配利润"账户,借记或贷记"其他综合收益"账户。

借:银行存款
　　贷:其他权益工具投资
借或贷:盈余公积
　　　　利润分配——未分配利润
　　　　其他综合收益

做中学 7-12 2020年5月6日,山东科瑞有限公司支付价款 20 240 000 元(含交易费用 40 000 元和已宣告未发放的现金股利 200 000 元),购入乙公司发行的股票 1 000 000 股,占乙公司有表决权股份的 0.5%。山东科瑞有限公司将其指定为以公允价值计量且其变动计入其他综合收益的非交易性权益工具投资。2020年5月10日,山东科瑞有限公司收到乙公司发放的现金股利 200 000 元。2020年6月30日,该股票市价为每股 20.2 元。2020年12月31日,山东科瑞有限公司仍持有该股票,该股票当日市价为每股 19.3 元。2021年5月9日,乙公司宣告发放股利 40 000 000 元。2021年5月13日,山东科瑞有限公司收到乙公司发放的现金股利。2021年5月20日,山东科瑞有限公司由于某特殊原因,以每股 21 元的价格将股票全部转让。假定不考虑其他因素,山东科瑞有限公司根据未分配利润的 10% 计提盈余公积。山东科瑞有限公司的账务处理如下。

(1) 2020年5月6日,购入股票。

借:其他权益工具投资——成本　　　　　　　　　　　　20 040 000
　　应收股利　　　　　　　　　　　　　　　　　　　　　　200 000
　　贷:银行存款　　　　　　　　　　　　　　　　　　　　　　　20 240 000

(2) 2020年5月10日,收到现金股利。

借:银行存款　　　　　　　　　　　　　　　　　　　　　　　　　200 000
　　贷:应收股利　　　　　　　　　　　　　　　　　　　　　　　　　200 000

(3) 2020年6月30日,确认股票价格变动。

借:其他权益工具投资——公允价值变动　　　　　　　　　　　　　160 000
　　贷:其他综合收益——其他权益工具投资公允价值变动　　　　　　160 000

(4) 2020年12月31日,确认股票价格变动。

借:其他综合收益——其他权益工具投资公允价值变动　　　　　　　900 000
　　贷:其他权益工具投资——公允价值变动　　　　　　　　　　　　900 000

(5) 2021年5月9日,确认应收现金股利。

借:应收股利　　　　　　　　　　　　　　　　　　　　　　　　　200 000
　　贷:投资收益　　　　　　　　　　　　　　　　　　　　　　　　　200 000

(6) 2021年5月13日,收到现金股利。

借:银行存款　　　　　　　　　　　　　　　　　　　　　　　　　200 000
　　贷:应收股利　　　　　　　　　　　　　　　　　　　　　　　　　200 000

(7) 2021年5月20日,出售股票。

借:银行存款　　　　　　　　　　　　　　　　　　　　　　　　21 000 000
　　其他权益工具投资——公允价值变动　　　　　　　　　　　　　740 000
　　贷:其他权益工具投资——成本　　　　　　　　　　　　　　　20 040 000
　　　　其他综合收益——其他权益工具投资公允价值变动　　　　　　740 000
　　　　盈余公积　　　　　　　　　　　　　　　　　　　　　　　　96 000
　　　　利润分配——未分配利润　　　　　　　　　　　　　　　　　864 000

> **知识链接**
>
> 其他债权投资发生减值的账务处理如下。
>
> (1) 计提减值。
>
> 借:信用减值损失
> 　　贷:其他综合收益——信用减值准备
>
> (2) 减值恢复。
>
> 借:其他综合收益——信用减值准备
> 　　贷:信用减值损失
>
> 而其他权益工具投资不认定减值损失。

任务训练7-3

其他债权投资的账务处理

训练目的:通过本任务训练掌握其他债权投资的账务处理。

训练方式:以个人为单位完成本笔业务的账务处理。

训练内容:对下列业务进行账务处理,并进行账务登记。

2019年1月1日,山东科瑞有限公司支付价款1 200万元(含交易费用50万元)从上海证券交易所购入乙公司同日发行的5年期公司债券,债券票面价值总额为1 300万元,票面年利率为5%,于年末支付本年度债券利息(即每年利息为65万元),本金在债券到期时一次性偿还。该债券的实际年利率为6.87%。合同约定,该债券的发行方在遇到特定情况时可以将债券赎回,且不需要为提前赎回支付额外款项。山东科瑞有限公司在购买该债券时,合理预计发行方不会提前赎回。山东科瑞有限公司根据其管理该金融资产的业务模式和该债券的合同现金流量特征,将该债券分类为以公允价值计量且其变动计入其他综合收益的金融资产。2019年12月31日,该债券的公允价值为1 250万元(不含利息)。2020年12月31日,该债券的公允价值为1 420万元。

训练要求:进行有关山东科瑞有限公司该业务的账务处理。

任务训练7-4

其他权益工具投资的账务处理

训练目的:通过本任务训练掌握其他权益工具投资的账务处理。

训练方式:以个人为单位完成本笔业务的账务处理。

训练内容:对下列业务进行账务处理,并进行账务登记。

2020年5月6日,山东科瑞有限公司支付价款10 160 000元(含交易费用10 000元和已宣告未发放现金股利150 000元),购入丙公司发行的股票2 000 000股,占丙公司有表决权股份的0.5%。山东科瑞有限公司将其指定为以公允价值计量且其变动计入其他综合收益的非交易性权益工具投资。2020年5月10日,山东科瑞有限公司收到丙公司发放的现金股利150 000元。2020年6月30日,该股票市价为每股5.2元。2020年12月31日,山东科瑞有限公司仍持有该股票,该股票当日市价为每股5元。2021年5月9日,丙公司宣告发放股利40 000 000元。2021年5月13日,山东科瑞有限公司收到丙公司发放的现金股利。2021年5月20日,山东科瑞有限公司以每股4.9元的价格将股票全部转让。

训练要求:进行有关山东科瑞有限公司该业务的账务处理。

学习总结

本项目主要介绍金融资产的概念及分类,重点学习以公允价值计量且其变动计入当期损益的金融资产和以公允价值计量且其变动计入其他综合收益的金融资产。

交易性金融资产主要是指企业为近期内出售而持有的金融资产,如企业以赚取差价为目的从二级市场购入的股票、债券和基金等。本项目主要讲解了交易性金融资产取得、持有、处置及转让金融商品应交增值税的确认计量。

以公允价值计量且其变动计入其他综合收益的金融资产主要介绍其他债权投资和其他权益工具投资业务的账务处理流程与核算方法。

"讲好中国故事,传承中国精神"系列故事7

项目7 金融资产 学习测试

项目 8 流动负债

学习目标

【知识目标】
(1) 了解流动负债的分类。
(2) 掌握短期借款相关业务及核算方法。
(3) 掌握应付及预收款项涉及的主要业务及核算方法。
(4) 掌握应付职工薪酬涉及的主要业务及核算方法。
(5) 掌握应交税费涉及的主要业务及核算方法。
(6) 掌握流动负债相关错账的更正方法。
(7) 了解企业涉及流动负债的业务单据流转及内容。

【能力目标】
(1) 能够在企业实践中处理与流动负债相关的会计核算业务。
(2) 能够对涉及流动负债的经营业务进行职业判断。
(3) 能够在复杂业务中综合应用会计理论知识。

【素质目标】
(1) 具备获取信息的能力。
(2) 具备自主学习的能力。
(3) 具备解决问题的能力。
(4) 具备沟通合作的能力。

项目 8 流动负债

学习导图

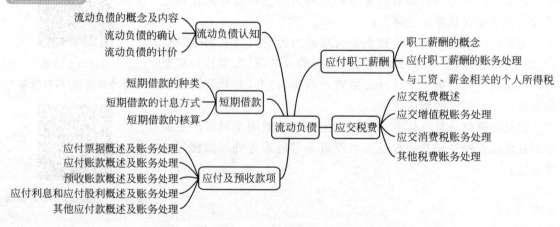

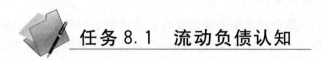

任务8.1 流动负债认知

任务描述

小张从财经类大学毕业后进入山东科瑞有限公司(本项目中简称"科瑞公司")财务部实习,由于流动负债的核算方面还缺少人手,因此财务部经理要求小张首先对流动负债有大致的认识,了解流动负债的确认与计价方法,然后从10月的企业经营活动中将与流动负债相关的业务挑选出来,并注明流动负债应确认的时间点、金额,以备下一步核算。

任务分析

根据财务部经理的要求,小张要了解流动负债的概念,具体包括哪些内容,符合哪些标准方可确认为流动负债,以及流动负债计价的方法。有了这些基础,小张才可以识别实践业务中涉及流动负债的交易或事项。

知识准备

一、流动负债的概念及内容

流动负债是指预计在一个正常营业周期中清偿,或者自资产负债表日起一年内(含一年)到期应予以清偿,或者企业无权自主地将清偿推迟至资产负债表日后一年以上的负债。流动负债主要包括短期借款、应付票据、应付账款、预收款项、合同负债、应付职工薪酬、应交税费、其他应付款等。

> **知识链接**
>
> 财务报表的使用者通常检查流动负债以评估企业的流动性和偿债的财务弹性。企业对流动负债的偿还能力常常被债权人、投资者及经营者所看重,企业的短期负债中,如应付账款、应付职工薪酬、应交税费等债务的增加常常会给企业带来更大的短期偿债压力。
>
> 财务报表中负债项目按流动性进行列报,即偿还期限较短的负债排列在前,往往也带来更大的偿付压力,但并不是所有的短期负债都会给企业带来短期偿债压力,如"预收账款""合同负债"等项目往往并不需要企业用现金进行偿付,而是未来通过商品控制权的转移或提供服务来进行偿还。

二、流动负债的确认

(一)符合流动负债的定义

流动负债需要企业在一年以内予以清偿,企业无权自主地将清偿推迟至一年以上。例如,企业的长期借款,如果距离偿还期小于或等于一年时,在财务报表的列报时应计入流动负债的"一年内到期的非流动负债"项目。

（二）符合负债的确认条件

负债的确认条件：①是企业承担的现时义务；②预期会导致经济利益流出企业；③是由企业过去的交易或事项形成的；④未来流出的经济利益的金额能够可靠地计量。

三、流动负债的计价

从理论上来说，流动负债应按未来应付金额的现值入账，但流动负债的偿付时间一般不超过一年，未来应付金额与现值相差不大，因而其入账价值一般按业务发生时的金额计量。

做中学 8-1 科瑞公司 2021 年 10 月主要发生了以下业务，根据标准判断是否确认流动负债，并说明确认的时间与金额。

(1) 10 月 3 日，科瑞公司与供应商签订合同采购原材料一批，价税合计 500 000 元，合同约定的付款期限为材料验收入库后 30 天内。10 月 5 日，科瑞公司收到材料并验收入库。

(2) 10 月 6 日，科瑞公司向客户销售商品一批，开具的增值税发票注明金额 1 000 000 元，税额 130 000 元，客户已签收商品，科瑞公司开具了销售发票，款项尚未收到。

(3) 10 月 8 日，科瑞公司向银行借款 2 000 000 元，借款期限为一年，利率为 8%，当日收到银行放款。

(4) 10 月 16 日，科瑞公司员工借支差旅费 5 000 元。

(5) 10 月 23 日，科瑞公司向供应商采购原材料一批，收到原料及供应商开具的增值税普通发票，科瑞公司向供应商出具了银行承兑汇票，承兑期限为 90 天，金额为 1 200 000 元。

(6) 10 月 31 日，财务部收到人事部发来的经审批的 10 月工资表，工资总额为 3 600 000 元，科瑞公司制度规定次月 15 日发放上月工资。

(7) 10 月 31 日，科瑞公司计提本月折旧费用 2 600 000 元。

【解析】

步骤 1：判断上述业务是否符合流动负债的确认条件，如表 8-1 所示。

表 8-1　判断业务是否符合流动负债的确认条件

项 目	业 务 序 号						
	1	2	3	4	5	6	7
是企业承担的现时义务	√	√	√	×	√	√	×
是由企业过去的交易或事项形成的	√	√	√	√	√	√	√
预期经济利益很可能流出企业	√	√	√	×	√	√	×
未来流出的经济利益的金额能够可靠地计量	√	√	√	√	√	√	√
需要在一年以内予以清偿	√	√	√	√	√	√	×

步骤 2：根据上述判断，除了第 4 项、第 7 项业务不涉及流动负债的确认，其他业务均会涉及流动负债的确认，因此进一步确定流动负债的确认时间与金额。

业务 1：10 月 5 日，科瑞公司产生了清偿供应商货款的义务，应清偿的金额为 500 000 元。

业务 2：10 月 6 日，科瑞公司产生了清偿增值税的义务，应清偿的金额为 130 000 元。

业务 3：10 月 8 日，科瑞公司产生了清偿银行借款的义务，应清偿的金额为 2 000 000 元。

业务 5：10 月 23 日，科瑞公司产生了向银行清偿其承兑的银行汇票金额的义务，应清偿的金额为 1 200 000 元。

业务6:10月31日,科瑞公司产生了向员工发放10月工资的义务,应清偿的金额为3 600 000元。

任务训练8-1

训练目的:加强对流动负债的终止确认与计价在实践中的应用能力。
训练方式:小组讨论或课堂练习。
训练内容:科瑞公司2021年11月发生了下列业务。
(1) 11月5日,科瑞公司偿还了银行的短期借款4 500 000元。
(2) 11月8日,科瑞公司支付了10月欠付的供应商货款500 000元。
(3) 11月15日,科瑞公司支付了10月员工工资3 600 000元。
训练要求:注明上述业务中流动负债终止确认的时间与金额。

任务8.2 短 期 借 款

任务描述

2021年11月,小张经过实习期后正式进入科瑞公司财务部工作,2021年以来科瑞公司生产的产品市场价格下滑,客户回款较慢。为保障公司资金链的安全,科瑞公司向金融机构通过多种形式进行短期融资。财务经理分配小张负责公司短期借款的管理与核算,包括短期借款及相应的利息核算。

任务分析

该项任务包括对短期借款的会计核算和统计报表的编制。由于小张刚从学校毕业不久,缺少实践经验,首先小张需要熟悉短期借款的概念、内容、种类等业务知识,增强会计核算知识的实践应用能力,学会在企业环境中审核业务和编制凭证。

知识准备

短期借款是企业向银行或其他金融机构等借入的期限在1年以下(含1年)的各种借款。

一、短期借款的种类

银行提供的短期融资服务一般有流动资金贷款、法人账户透支、委托贷款和票据贴现等。
值得注意的是,票据贴现分为附有追索权和不附追索权两种。所谓票据的追索权,是指到期承兑人不付款时,被贴现银行有权要求企业归还贴现款。因此企业并没有将应收债权的控制权完全转移给银行,只是利用票据进行短期融资。
若票据贴现不附追索权,相当于将应收票据的权利完全出让,到期承兑人不付款时,被贴现人无权要求企业归还贴现款,企业应借记"银行存款""财务费用",贷记"应收票据"。

例8-1 科瑞公司将收到的一张银行承兑汇票在银行进行贴现,金额为1 000 000元,支付贴现利息10 000元。对该贴现业务,银行不附有追索权。

借:银行存款	990 000
财务费用	10 000
贷:应收票据	1 000 000

若对该贴现业务,银行附有追索权,则相应的账务处理如下。

借:银行存款	990 000
财务费用	10 000
贷:短期借款	1 000 000

二、短期借款的计息方式

短期借款的利息结算方式有按月支付、按季支付、按半年支付和到期一次还本付息。

三、短期借款的核算

(一)取得短期借款的核算

例 8-2 2021年10月1日,科瑞公司向开户行借入6个月银行贷款5 000 000元。

借:银行存款	5 000 000
贷:短期借款	5 000 000

(二)计提利息的核算

例 8-3 2021年12月31日,科瑞公司向开户行借入的5 000 000元银行贷款需付计息,利率为4%,根据实际利率计算利息费用,编制会计分录如下。

借:财务费用	50 000
贷:应付利息	50 000

注:如果当月支付了利息,则贷记"银行存款"账户。

(三)短期借款偿还的核算

例 8-4 2022年3月31日,科瑞公司以银行存款偿还短期借款5 000 000元。

借:短期借款	5 000 000
贷:银行存款	5 000 000

做中学 8-2 2021年,科瑞公司发生如下与短期借款相关的经济业务。

(1)1月1日,科瑞公司从其工商银行开户行取得一笔流动资金贷款,贷款金额为5 000 000元,贷款期限为6个月,年利率为6.5%,利息按月支付。

(2)1月31日,工商银行扣上述贷款1月的利息27 083.33元。

(3)6月30日,科瑞公司借入的银行贷款到期,需向贷款行工商银行偿还贷款本金5 000 000元及最后一个月的利息。

(4)12月23日,将收到的一张银行承兑汇票在中国银行进行贴现,金额为600 000元,该汇票出票日为2021年12月1日,期限为120天,中国银行给出的年贴现率为5.5%,当日收到银行扣息后的贴现款。对该贴现业务,银行附有追索权。

根据当期发生的经济业务,小张需要审核单据,并编制记账凭证。

(1) 1月1日,小张在放款日,应审核贷款协议与实际放款是否相符,并以贷款协议、银行到款的回单等相关单据为原始凭证,编制如下会计分录。

借:银行存款——工商银行　　　　　　　　　　　　　　　　　　5 000 000
　　贷:短期借款——工商银行　　　　　　　　　　　　　　　　　　5 000 000

(2) 1月31日,小张根据贷款协议审核银行的利息扣款单金额是否正确。

$$应计利息 = 5\,000\,000 \times 6.5\% \div 12 \approx 27\,083.33(元)$$

并以经审核的利息扣款单为原始凭证,编制如下会计分录。

借:财务费用——利息支出　　　　　　　　　　　　　　　　　　27 083.33
　　贷:银行存款——工商银行　　　　　　　　　　　　　　　　　　27 083.33

(3) 6月30日,小张应提前申请资金转入工商银行,编制如下会计分录。

借:短期借款——工商银行　　　　　　　　　　　　　　　　　　5 000 000
　　财务费用——利息支出　　　　　　　　　　　　　　　　　　　27 083.33
　　贷:银行存款——工商银行　　　　　　　　　　　　　　　　　　5 027 083.33

(4) 12月23日,小张应审核贴现相关的银行单据是否齐全并与业务内容相符,贴现审批手续是否完备,测算贴现利息是否正确。

$$贴现利息 = 汇票面值 \times 实际贴现天数 \times 年贴现利率 \div 360$$
$$= 600\,000 \times 98 \times 5.5\% \div 360 \approx 8\,983.33(元)$$

最后将贴现合同、贴现到款回单、贴现利息单等为原始凭证,编制如下会计分录。

借:银行存款　　　　　　　　　　　　　　　　　　　　　　　　591 016.67
　　财务费用——利息支出　　　　　　　　　　　　　　　　　　　8 983.33
　　贷:短期借款——工商银行　　　　　　　　　　　　　　　　　　600 000.00

任务训练8-2

训练目的: 深入理解短期借款核算的内容,避免容易出错的地方,并学会错账的调整方法。

训练方式: 小组讨论或课堂练习。

训练内容: 科瑞公司2021年11月之前的部分业务是由实习生小王核算的,涉及短期借款的内容及相关处理如下。

(1) 2021年10月5日,科瑞公司股东王志科个人借款给公司,签订借款协议,借款金额为1 000 000元,期限一年,利率为10%,到期一次还本付息。小王编制会计分录如下。

借:银行存款　　　　　　　　　　　　　　　　　　　　　　　　1 000 000
　　贷:短期借款　　　　　　　　　　　　　　　　　　　　　　　　1 000 000

(2) 工商银行一笔50 000 000元的商业贷款将于2022年10月11日到期,至2021年10月12日距离还款日刚好一年,小王于2021年10月12日将贷款余额转入短期借款。

借:短期借款　　　　　　　　　　　　　　　　　　　　　　　　50 000 000
　　贷:长期借款　　　　　　　　　　　　　　　　　　　　　　　　50 000 000

(3) 2021年10月23日,科瑞公司将一张银行承兑汇票质押给银行,向银行贷款400 000元。该汇票票面金额为500 000元,开具日期为2021年10月1日,到期日为2022年3月30日。小王编制会计分录如下。

借:银行存款　　　　　　　　　　　　　　　　　　　　　　　　400 000
　　短期借款　　　　　　　　　　　　　　　　　　　　　　　　　100 000

贷：应收票据　　　　　　　　　　　　　　　　　　　　　　　　　　500 000

训练要求：对上述会计处理中不当的地方进行账务调整。

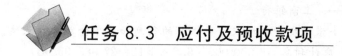

任务8.3　应付及预收款项

任务描述

　　2021年12月底，公司审计部门在进行常规月度内审工作时，发现在应付和预付款项的核算与管理工作中存在一些问题。财务总监分派小张对公司审计期间的应付和预收款项的核算与管理工作进行详细审查，并针对存在的问题提出整改建议。

任务分析

　　小张要对科瑞公司的应付和预收款项的核算与管理工作进行详细审查，发现其中的问题，并且针对问题提出整改建议，首先要了解应付和预收款项的内容，以明确审查范围；其次需要掌握应付和预收款项的核算方法，以便检查公司的会计处理是否正确；最后需要熟悉应付和预收款项的分析和管理知识，从而发现应付和预收款项的管理工作中的问题，提出整改建议。

知识准备

一、应付票据

（一）应付票据概述

　　应付票据是指企业购买材料、商品和接受劳务供应等而开出、承兑的商业汇票，包括商业承兑汇票和银行承兑汇票。我国商业汇票的付款期限不超过6个月，因此，企业应将应付票据作为流动负债进行管理和核算。同时，由于应付票据的偿付时间较短，在会计实务中，一般均按照开出、承兑的应付票据的面值入账。

（二）应付票据的账务处理

　　企业应设置"应付票据"账户核算应付票据的开出、偿付等情况。该账户贷方登记开出、承兑汇票的金额，借方登记支付票据的金额，期末贷方余额反映企业尚未到期的商业汇票金额。

　　（1）企业购买材料、商品或接受劳务开出、承兑商业汇票。

　　借：材料采购/原材料/库存商品/生产成本等
　　　　应交税费——应交增值税（进项税额）
　　　贷：应付票据

　　注：开具银行承兑汇票相关的手续费属于为筹集生产经营所需资金等而发生的筹资费用，应记入"财务费用"账户。

　　（2）商业汇票到期支付票据款。

　　借：应付票据
　　　贷：银行存款

(3) 开出并承兑的商业承兑汇票到期不能如期支付的,应在票据到期时,将"应付票据"账面价值转入"应付账款"账户,待协商后再行处理。

借:应付票据
　　贷:应付账款

(4) 银行承兑汇票到期,企业无力支付到期票款时,承兑银行凭票向持票人无条件付款,对出票人尚未支付的汇票金额做逾期贷款处理。

借:应付票据
　　贷:短期借款

二、应付账款

(一) 应付账款概述

应付账款是指因购买材料、商品或接受劳务等而发生的债务。这是买卖双方由于取得物资或服务与支付货款在时间上不一致而产生的负债。

应付账款是企业常见的短期融资手段,实践中存在较多企业对应付账款的分析与管理不重视,或过于重视短期利益,过度占用供应商资金而影响其商业信用的情况。企业应从整体战略出发,重视信用管理,加强应付账款的资金计划。通过对应付账款的账龄分析、周转率等维度进行分析,制定恰当的应付账款管理制度。

(二) 应付账款的账务处理

1. 账户设置

企业应设置"应付账款"账户核算应付账款的发生、偿还、转销等情况。该账户贷方登记应付未付款项的增加,借方登记应付未付款项的减少,期末贷方余额反映企业尚未支付的应付账款余额。本账户可按债权人设置明细账户进行核算。

2. 入账时间

应付账款入账时间的确定,一般应以与所购买物资所有权有关的控制权已经转移或劳务已经接受为标志。

(1) 在物资和发票账单同时到达的情况下,应付账款一般待物资验收入库后才按发票账单登记入账。这主要是为了确定所购入的物资是否在质量、数量和品种上都与合同中规定的条件相符,避免因先入账而在验收入库时发现物资错、漏、破损等再行调账的问题。

(2) 在物资和发票账单要间隔较长时间才能到达的情况下,在月份终了将所购物资和应付债务估计入账,待下月初再红字予以冲回。

3. 主要业务的会计核算

(1) 企业购买材料、商品或接受劳务而产生应付账款。

借:材料采购/原材料/库存商品/生产成本等
　　应交税费——应交增值税(进项税额)
　　贷:应付账款

(2) 企业以银行存款偿还应付账款。

借:应付账款
　　贷:银行存款

(3) 实务中,企业外购电力、燃气等动力一般通过"应付账款"账户核算,即在每月付款时先做暂付款处理。
借:应付账款
　　应交税费——应交增值税(进项税额)
　贷:银行存款
月末按照外购动力的用途分配动力费。
借:生产成本/制造费用/管理费用等
　贷:应付账款
(4) 对于确实无法支付的应付账款应予以转销。
借:应付账款
　贷:营业外收入

三、预收账款

(一)预收账款概述

预收账款是指企业按照合同规定预收的款项,一般包括预收的货款、预收购货定金、预收工程款或备料款等。预收账款一般不需要企业以货币抵偿,而是要求企业在短期内以某种商品、提供劳务或服务来抵偿。

(二)预收账款的账务处理

企业应设置"预收账款"账户,核算预收账款的取得、偿付等情况。该账户贷方登记发生的预收账款金额,借方登记企业冲销的预收账款金额;期末贷方余额反映企业预收账款项,如为借方余额,反映企业尚未转销的款项。本账户一般按照客户设置明细账户进行核算。

(1) 企业预收款项时,按收到的全部预收款做如下处理。
借:银行存款/库存现金
　贷:预收账款
(2) 如果预收款项涉及增值税,按预收款和适用税率计算增值税。
借:银行存款
　贷:应交税费——应交增值税(销项税额)
　　银行存款
(3) 企业分期确认有关收入。
借:预收账款
　贷:主营业务收入/其他业务收入
(4) 企业退回客户多付预付的款项。
借:预收账款
　贷:银行存款/库存现金

四、应付利息和应付股利

(一)应付利息

应付利息是指企业按照合同约定应支付的利息,包括预提短期借款利息、分期付息到期还本的长期借款、企业债券等应支付的利息。

企业应设置"应付利息"账户核算应付利息的发生、支付情况。该账户贷方登记按照合同约定计算的应付利息,借方登记实际支付的利息,期末贷方余额反映企业应付未付的利息。本账户一般应按债权人设置明细账户进行核算。

(1) 企业采购合同约定的利率计算确定利息费用。

借:财务费用等
　贷:应付利息

(2) 实际支付利息。

借:应付利息
　贷:银行存款等

(二) 应付股利

应付股利是指企业根据股东大会或类似机构审议批准的利润分配方案确定分配给投资者的现金股利或利润。

企业应设置"应付股利"账户核算企业确定或宣告发放但尚未实际支付的现金股利或利润。该账户贷方登记应支付的现金股利或利润;借方登记实际支付的现金股利或利润;期末贷方余额反映企业应付未付的现金股利或利润。本账户应按投资者设置明细账户进行核算。

(1) 股东大会或类似会议审议批准利润分配方案。

借:利润分配——应付现金股利或利润
　贷:应付股利

(2) 向投资者实际支付现金股利或利润。

借:应付股利
　贷:银行存款等

需要说明的是,企业董事会或类似机构通过的利润分配方案中拟分配的现金股利或利润不需要进行账务处理,但应在附注中披露。企业分配股票股利不通过"应付股利"账户核算。

五、其他应付款

其他应付款是指企业除应付票据、应付账款、预收账款、合同负债、应付职工薪酬、应交税费、应付利息、应付股利等经营活动以外的其他各项应付、暂收的款项,如应付短期租赁固定资产租金、租入包装物租金、存入保证金等。

企业应设置"其他应付款"账户核算其他应付款的增减变动及结存情况。该账户贷方登记发生的各种其他应付、暂收款项;借方登记偿还或转销的各种其他应付、暂收款项;期末贷方余额反映企业应付未付的其他应付款项。本账户应按其他应付款的项目和对方单位(个人)设置明细账户进行核算。

(1) 企业发生其他各项应付、暂收款项。

借:管理费用等
　贷:其他应付款

(2) 支付或退回其他各种应付、暂收款。

借:其他应付款
　贷:银行存款等

做中学 8-3 科瑞公司 2021 年 12 月涉及应付及预收款项的主要业务及账务处理如下。

（1）2021 年 12 月 1 日，科瑞公司向深圳市元动化工有限公司购入红外传感器作为其主要产品的原材料，根据红光提供的销售报价，不含税价格为 5 000 元/只，税率为 13%，一次购买 1 000 只及以上可以享受 10% 的销售折扣。科瑞公司为获得折扣，一次性采购了 1 000 只，并开出了 6 个月的银行承兑汇票进行支付。为开具该张承兑汇票，科瑞公司以银行存款支付了 5 000 元手续费。科瑞公司财务部做如下会计处理。

借：原材料	4 505 000
应交税费——应交增值税（进项税额）	585 000
贷：应付票据——红光公司	5 085 000
银行存款	5 000

（2）2021 年 12 月 7 日，科瑞公司的客户长江公司支付 500 000 元款项，拟用于购买产品，未签订合同。2021 年 12 月 15 日，长江公司向科瑞公司购买产品一批，价税合计 5 000 000 元，扣减了原预付的 500 000 元，将余款 4 500 000 元汇入科瑞公司的工商银行账户。科瑞公司已发货出库并开出增值税专用发票，财务部做如下会计处理。

① 2021 年 12 月 7 日收到 500 000 元预付款。

借：银行存款	500 000
贷：预收账款——长江公司	500 000

② 2021 年 12 月 15 日确认收入。

借：银行存款	4 500 000
应收账款——长江公司	500 000
贷：主营业务收入	4 424 778.76
应交税费——应交增值税（销项税额）	575 221.24

（3）2021 年 12 月 20 日，科瑞公司由工商银行承兑的一张金额为 1 500 000 元的银行承兑汇票到期，但由于收款不及时等原因，该银行账户余额仅余 1 058 963 元，已不足以偿还当日到期的票据承兑款。

科瑞公司与持票人协商让其晚几日再去银行兑付，但持票人仍在到期日申请了兑付，工商银行全额兑付该张票据后，扣除科瑞公司账户全部余额，并给科瑞公司发来该张票据无款支付转入逾期贷款户的通知。科瑞公司财务部做如下账务处理。

借：应付票据	1 058 963
贷：银行存款	1 058 963

（4）2021 年 12 月 23 日，科瑞公司欠付其供应商志得公司货款 3 000 000 元已逾期 3 个月，根据合同约定，科瑞公司一次性支付了延迟付款的利息费用 75 000 元及欠付货款 3 000 000 元。财务部做如下会计处理。

借：应付账款——志得公司	3 075 000
贷：银行存款	3 075 000

（5）2021 年 12 月 25 日，科瑞公司仓库收到供应商山河公司的一批原材料，已验收入库，截至 2021 年 12 月 31 日，仍未收到供应商的发票，采购部门提供的订单不含税金额为 448 121 元，由于不确定材料税费，科瑞公司财务部暂未处理，拟等收到发票后再做账务处理。

（6）科瑞公司在工商银行有短期贷款 5 000 000 元，银行于每季度结束后的第 5 日在科瑞公司的银行账户中自动扣除。2021 年 12 月 31 日，由于财务部尚不明确银行实际扣除的利息费用,暂未进行处理。2022年1月5日,银行扣除利息费用81 250元,财务部在当日做如下账务处理。

　　借:财务费用　　　　　　　　　　　　　　　　　　　　　　　81 250
　　　贷:银行存款　　　　　　　　　　　　　　　　　　　　　　　　　81 250

(7) 2021年12月31日,科瑞公司向供应商锦绣公司采购的一批注塑件作为原材料,交货地点为供应商仓库,货物已发出,科瑞公司已收到增值税专用发票,价税合计2 000 000元,款项尚未支付。由于尚未收到货物,财务部尚未进行账务处理。科瑞公司按实际成本核算材料成本。

　　步骤1:对科瑞公司审计期间的应付及预收款项账务处理进行审核及修正。

(1) 2021年12月1日,科瑞公司购入红外传感器,办理银行承兑汇票的5 000元手续费处理不正确,财务部将其计入了原材料成本,应计入财务费用,正确的账务处理如下。

　　借:原材料　　　　　　　　　　　　　　　　　　　　　　　4 500 000
　　　应交税费——应交增值税(进项税额)　　　　　　　　　　　　585 000
　　　贷:应付票据——红光公司　　　　　　　　　　　　　　　　　5 085 000
　　借:财务费用　　　　　　　　　　　　　　　　　　　　　　　　　5 000
　　　贷:银行存款　　　　　　　　　　　　　　　　　　　　　　　　　5 000

(2) 2021年12月7日,科瑞公司收到长江公司的预付款,尚无明确的承诺义务,财务部记入预收账款无误;2021年12月15日,长江公司向科瑞公司购买产品时扣减了7日支付的预付款,科瑞公司财务部未做转销处理,正确的账务处理如下。

　　借:银行存款　　　　　　　　　　　　　　　　　　　　　　　4 500 000
　　　预收账款——长江公司　　　　　　　　　　　　　　　　　　　500 000
　　　贷:主营业务收入　　　　　　　　　　　　　　　　　　　　4 424 778.76
　　　　应交税费——应交增值税(销项税额)　　　　　　　　　　　575 221.24

(3) 2021年12月20日,科瑞公司未能如期偿付工商银行承兑的汇票款1 500 000元,工商银行已扣除科瑞公司账户全部余额1 058 963元,并给科瑞公司发来该张票据无款支付转入逾期贷款户的通知,对欠付部分应转为银行短期借款,正确的账务处理如下。

　　借:应付票据　　　　　　　　　　　　　　　　　　　　　　　1 500 000
　　　贷:银行存款　　　　　　　　　　　　　　　　　　　　　　　1 058 963
　　　　短期借款　　　　　　　　　　　　　　　　　　　　　　　　441 037

(4) 2021年12月23日,科瑞公司根据合同约定支付其供应商志得公司的延迟付款的利息费用75 000元,属于违约金的性质,应作为营业外支出处理,正确的账务处理如下。

　　借:应付账款——志得公司　　　　　　　　　　　　　　　　　3 000 000
　　　营业外支出　　　　　　　　　　　　　　　　　　　　　　　　75 000
　　　贷:银行存款　　　　　　　　　　　　　　　　　　　　　　　3 075 000

(5) 2021年12月25日,科瑞公司向山河公司采购的原材料已验收入库,在会计期末仍未收到发票,应做暂估入库处理,待下月初再用红字予以冲回,正确的账务处理如下。

　　借:原材料　　　　　　　　　　　　　　　　　　　　　　　　448 121
　　　贷:应付账款——山河公司　　　　　　　　　　　　　　　　　　448 121

下月初应用红字冲回,会计处理如下,收到发票后再做正常的采购账务处理。

　　借:原材料　　　　　　　　　　　　　　　　　　　　　　　　−448 121
　　　贷:应付账款——山河公司　　　　　　　　　　　　　　　　　　−448 121

(6) 科瑞公司在工商银行的短期贷款利息应遵循权责发生制原则,在2021年12月31日予以确认当期费用,正确的会计处理是在2021年12月31日做如下账务处理。

  借:财务费用   81 250
   贷:应付利息   81 250

财务部在2022年1月5日所做的分录应做修改。

  借:应付利息   81 250
   贷:银行存款   81 250

(7) 2021年12月31日,科瑞公司向锦绣公司采购的原材料虽然尚未到货,实际交易已完成,应确认相关资产和负债,正确的账务处理如下。

  借:在途物资   1 769 911.50
   应交税费——交增值税(进项税额)   230 088.50
   贷:应付账款——锦绣公司   2 000 000

步骤2:根据审核情况找出应付及预收款管理中存在的问题并得出处理建议。

问题1:会计核算中存在较多错误与不及时。上述业务中均存在错误或不及时的账务处理。

建议加强会计人员专业知识的培训。

问题2:资金计划的安排不足,造成未能如期兑付应付票据,可能影响企业的信用评级。

建议加强资金计划管理,对刚性的应付款项应优先安排,如银行的贷款、商业汇票等。

问题3:未及时支付应付账款,造成违约金损失,并影响企业声誉。

建议编制并及时更新应付款项的付款计划,设置到期的提醒预警系统。

任务训练8-3

科瑞公司财务部负责应付及预收款核算与管理的赵姐对小张经过审核给出的处理建议非常佩服,她在工作中还碰到一些问题向小张请教,想让小张给出账务处理的建议。

训练目的:能够对企业实际发生的难点业务进行正确的会计处理。

训练方式:小组讨论或课堂练习。

训练内容:赵姐提出以下几个问题请小张给出处理建议。

(1) 科瑞公司账上有一笔长期挂账的应付账款350 000元,已经挂账三年未支付,经查对方单位信息已经撤销确实无法支付,应该如何处理?

(2) 科瑞公司2021年12月20日交电费50 000元,需要在各工厂车间、管理部门之间进行成本和费用的分配,但在交电费时还不能确定分配的基础,那应该如何进行会计处理?

(3) 科瑞公司的其他应付款明细账中有一家往来单位巨峰公司出现借方余额30 000元,原因是该单位同时挂账了其他应付款和其他应收款,其他应付款的业务内容是收取该单位的投标保证金45 000元,其他应收款的业务内容是应收代垫款75 000元,赵姐把其他应收款75 000元和其他应付款进行了冲抵,不确定这样处理是否正确。

  借:其他应付款——巨峰公司   75 000
   贷:其他应收款——巨峰公司   75 000

(4) 科瑞公司有大量个人客户不需要发票,为减少税费支出,赵姐把这些收款挂在其他应付款下,2021年12月这类性质的挂账达到6 000 000元。赵姐想知道这样处理是否存在风险?

(5) 科瑞公司的几位股东从公司共支取了 2 000 000 元,赵姐询问该笔款项是否作为借支,股东表示有股东大会的决议,是作为股利分配支出。但是为减少个人所得税的支出,让赵姐先在账务上处理一下。于是赵姐做了如下会计处理。

借:其他应付款   2 000 000
　　贷:银行存款   2 000 000

训练要求:对上述业务内容做出恰当的会计处理。

任务 8.4　应付职工薪酬

任务描述

2021 年 12 月,科瑞公司财务总监为了让员工拓展知识面,锻炼财务部员工成为全能型人才,近期对财务部员工进行轮岗。根据小张的个人意愿和工作安排,小张这次轮岗被分配在薪酬核算岗位,财务总监希望小张做好职工薪酬核算工作。

任务分析

小张首先要掌握职工薪酬的核算,然后分析具体业务并做出会计处理。

知识准备

一、职工薪酬的概念

职工薪酬是指企业为获得职工提供的服务或解除劳动关系而给予的各种形式的报酬或补偿。职工薪酬包括短期薪酬、离职后福利、辞退福利和其他长期职工福利。企业提供给职工配偶、子女、受赡养人、已故员工遗属及其他受益人等的福利,也属于职工薪酬。

二、应付职工薪酬的账务处理

(一) 账户设置

"应付职工薪酬"是统一的一级会计账户,核算企业根据有关规定应付给职工的各种薪酬。所有与职工薪酬相关的支出都必须通过"应付职工薪酬"账户核算。对直接发放货币给员工的,也须先贷记本账户,再以银行存款或现金支付。

本账户应按照"工资""职工福利费""社会保险费""住房公积金""工会经费""职工教育经费"和"辞退福利"等应付职工薪酬项目进行明细核算。

本账户期末贷方余额反映企业尚未支付职工薪酬的余额。

(二) 货币性短期薪酬的账务处理

货币性短期薪酬一般包括职工的工资、奖金、津贴和补贴,以货币给付的职工福利费、医疗保险费、工伤保险费和生育保险费等社会保险费,住房公积金、工会经费和职工教育经费。

1. 职工工资、奖金、津贴和补贴的核算

计提或分配职工工资、奖金、津贴和补贴时,根据不同的负担对象借记相应科目:当生产部门人员的工资是可以直接归属于某项产品时,应借记"生产成本";若计提无法直接分配的生产部门人员工资,如车间管理人员或辅助生产车间人员的工资时,先借记"制造费用",后通过分配转入"生产成本"。

计提因劳务作业而发生的职工薪酬,应借记"劳务成本"。

计提管理部门人员的工资,应借记"管理费用";计提销售部门人员的工资,应借记"销售费用";应由在建工程、研发支出负担的则分别借记"在建工程"和"研发支出"。

例 8-5 科瑞公司 2021 年 10 月应付职工工资总额为 5 000 000 元,其中生产车间工人工资 3 000 000 元,管理人员工资 2 000 000 元,编制会计分录如下。

借:生产成本　　　　　　　　　　　　　　　　　　　　　　　　3 000 000
　　管理费用　　　　　　　　　　　　　　　　　　　　　　　　2 000 000
　　贷:应付职工薪酬——工资　　　　　　　　　　　　　　　　5 000 000

企业按有关规定向职工支付工资、奖金、津贴。

借:应付职工薪酬——工资　　　　　　　　　　　　　　　　　　5 000 000
　　贷:银行存款/库存现金　　　　　　　　　　　　　　　　　　5 000 000

2. 职工福利费、工会经费和职工教育经费的核算

发生职工福利费、计提工会经费和职工教育经费时,根据不同的负担对象借记相应账户。

《中华人民共和国企业所得税法实施条例》规定,企业实际发生的职工福利费、工会经费、职工教育经费可以在其计税工资总额的 14%、2%、8% 的标准内据实扣除。新准则规定,企业发生的职工福利费,应在实际发生时根据实际发生额计入当期损益或相关资产成本。因此职工福利费一般不再提前进行计提,而在实际发生时计提。

例 8-6 承接例 8-5,按工资总额的 2% 和 8% 分别计提工会经费和职工教育经费。

　　　　应计提工会经费 = 5 000 000 × 2% = 100 000(元)
　　　　应付提职工教育经费 = 5 000 000 × 8% = 400 000(元)
　　　　生产车间应负担的成本 = 3 000 000 × (2% + 8%) = 300 000(元)
　　　　管理部门应负担的成本 = 2 000 000 × (2% + 8%) = 200 000(元)

编制会计分录如下。

借:生产成本　　　　　　　　　　　　　　　　　　　　　　　　　300 000
　　管理费用　　　　　　　　　　　　　　　　　　　　　　　　　200 000
　　贷:应付职工薪酬——工会经费　　　　　　　　　　　　　　　100 000
　　　　　　　　　　——职工教育经费　　　　　　　　　　　　　400 000

当期,科瑞公司实际支出工会经费 80 000 元、职工教育经费 300 000 元。

借:应付职工薪酬——工会经费　　　　　　　　　　　　　　　　　80 000
　　　　　　　　——职工教育经费　　　　　　　　　　　　　　　300 000
　　贷:银行存款　　　　　　　　　　　　　　　　　　　　　　　380 000

例 8-7 科瑞公司支付员工食堂支出 200 000 元,其中生产车间应负担 150 000 元,管理部门应负担 50 000 元。

(1) 支付时。

借:应付职工薪酬——职工福利费　　　　　　　　　　　　　　　200 000

贷：银行存款　　　　　　　　　　　　　　　　　　　　200 000
（2）根据受益对象计提职工福利费。
借：生产成本　　　　　　　　　　　　　　　　　　　　　150 000
　　管理费用　　　　　　　　　　　　　　　　　　　　　　50 000
　　　贷：应付职工薪酬——职工福利费　　　　　　　　　　200 000

3. 社会保险费、住房公积金和代扣代缴个人所得税的核算

社会保险费包括养老保险、医疗保险、失业保险、工伤保险和生育保险，前三种保险费用及住房公积金分企业负担部分和个人负担部分，负担比例根据各地区政策略有差异，工伤保险和生育保险费用均由企业承担。

（1）计提应由企业负担的社会保险费和住房公积金时，根据不同的负担对象借记相应账户。
借：生产成本等
　　　贷：应付职工薪酬——社会保险费
　　　　　　　　　　　——住房公积金

（2）代扣职工个人应负担的住房公积金、社会保险费和个人所得税。
借：应付职工薪酬——工资
　　　贷：其他应付款——应付社会保险费
　　　　　　　　　　——应付住房公积金
　　　　　应交税费——应付交个人所得税

（3）缴纳住房公积金、社会保险费和个人所得税。
借：应付职工薪酬——社会保险费
　　　　　　　　——住房公积金
　　其他应付款——应付社会保险费
　　　　　　　——应付住房公积金
　　应交税费——应付交个人所得税
　　　贷：银行存款/库存现金

说明：如果员工社保个人负担部分代缴行为发生在代扣前，则通过"其他应收款"账户核算。

（三）非货币性福利的账务处理

（1）以自己生产的产品作为非货币性福利提供给职工的，按产品的公允价值和相关税费计量应计入成本或费用的职工薪酬金额，并确认为主营业务收入，其销售成本的结转、相关税费的处理应视同正常销售。

① 计提非货币性福利。
借：生产成本等
　　　贷：应付职工薪酬——非货币性福利

② 确认销售收入。
借：应付职工薪酬——非货币性福利
　　　贷：主营业务收入
　　　　　应交税费——应交增值税（销售税额）

(2) 以外购商品作为非货币性福利提供给职工的,应按照该商品的公允价值确定应付职工薪酬金额。

① 计提非货币性福利。

借:生产成本等
　　贷:应付职工薪酬——非货币性福利

② 确认外购供应商的负债。

借:应付职工薪酬——非货币性福利
　　贷:其他应付款——供应商

(3) 无偿向职工提供住房等资产使用的,应根据受益对象将住房每期应计提的折旧计入相关资产成本或费用。租赁住房等资产供职工无偿使用的,应根据受益对象,将每期应付的租金计入相关资产成本或费用。

(四) 辞退福利的账务处理

因解除与职工的劳务关系所给予的补偿,不论是哪个部门的人员均应借记"管理费用"。

借:管理费用
　　贷:应付职工薪酬——辞退福利

做中学 8-4　2021年12月,科瑞公司发生了以下与职工薪酬相关的业务。

(1) 2021年12月15日,科瑞公司以工商银行账户发放上月已计提工资5 600 000元。

(2) 随着新兴科技的兴起,科瑞公司的传统业务逐渐萎缩,分批裁减部分无法安置的人员。2021年12月25日,与两名车间管理员工达成解除劳动合同协议,根据劳动法等相关规定分别给每位员工一次性补偿30 000元、50 000元,当日办妥补偿支付。

(3) 科瑞公司为保持产品差异化,在全国范围内引进了5位行业知名的专业技术人才,在公司研发部门工作,科瑞公司向人才公寓为他们各自租赁了一间公寓,月租金为5 000元/间。2021年12月31日,科瑞公司支付了当月房租共计25 000元。科瑞公司目前研发项目尚处在研究阶段。

(4) 2021年12月31日,科瑞公司计提当月应发工资5 800 000元,并计提相关社会保险费和住房公积金,同时代扣员工个人应负担费用,具体数据如表8-2所示。

表8-2　科瑞公司薪酬计提表

期间:2021年12月　　　　　　　　　　　　　　　　　　　　　　　　　　　单位:元

人员	工资总额	单位负担费用		代扣员工个人负担费用		
		社会保险费	住房公积金	社会保险费	住房公积金	个人所得税
直接生产工人	3 000 000	232 759	150 000	85 345	150 000	77 586
车间管理人员	800 000	62 069	40 000	22 759	40 000	20 690
销售人员	1 000 000	77 586	50 000	28 448	50 000	25 862
管理人员	1 000 000	77 586	50 000	28 448	50 000	25 862
合计	5 800 000	450 000	290 000	165 000	290 000	150 000

注:上表所列工资总额不包含单位负担费用,也未扣除员工个人负担费用。

小张根据上述业务进行如下会计处理。

(1) 发放工资。

借：应付职工薪酬——工资　　　　　　　　　　　　　　　5 600 000
　　贷：银行存款——工商银行　　　　　　　　　　　　　　　5 600 000

(2) 对辞退员工的一次性补偿。

借：管理费用　　　　　　　　　　　　　　　　　　　　　　80 000
　　贷：应付职工薪酬——辞退福利　　　　　　　　　　　　　80 000

(3) 支付技术人才住房租赁费用。

借：研发支出——费用化支出　　　　　　　　　　　　　　　25 000
　　贷：应付职工薪酬——非货币性福利　　　　　　　　　　　25 000
借：应付职工薪酬——非货币性福利　　　　　　　　　　　　25 000
　　贷：银行存款　　　　　　　　　　　　　　　　　　　　　25 000

(4) 计提工资、社保等费用并代扣员工个人负担费用。

① 小张首先列表计算每个部门应负担的成本，如表8-3所示。

表8-3　科瑞公司薪酬计提表

期间：2021年12月　　　　　　　　　　　　　　　　　　　　　　　　　单位：元

人　员	工资总额	社会保险费	住房公积金	合　计
生产部门直接生产工人	3 000 000	232 759	150 000	3 382 759
生产部门管理人员	800 000	62 069	40 000	902 069
销售人员	1 000 000	77 586	50 000	1 127 586
管理人员	1 000 000	77 586	50 000	1 127 586
合　计	5 800 000	450 000	290 000	6 540 000

② 编制分录，计提本月工资、社保和住房公积金。

借：生产成本　　　　　　　　　　　　　　　　　　　　　3 382 759
　　制造费用　　　　　　　　　　　　　　　　　　　　　　902 069
　　销售费用　　　　　　　　　　　　　　　　　　　　　1 127 586
　　管理费用　　　　　　　　　　　　　　　　　　　　　1 127 586
　　贷：应付职工薪酬——工资　　　　　　　　　　　　　　5 800 000
　　　　　　　　　　——社会保险费　　　　　　　　　　　　450 000
　　　　　　　　　　——住房公积金　　　　　　　　　　　　290 000

③ 代扣由员工负担的各项费用。

借：应付职工薪酬——工资　　　　　　　　　　　　　　　　605 000
　　贷：其他应付款——应付社会保险费　　　　　　　　　　　165 000
　　　　　　　　　——应付住房公积金　　　　　　　　　　　290 000
　　　　应交税费——应交个人所得税　　　　　　　　　　　　150 000

任务训练8-4

为避免轮岗可能造成的错账处理，财务部主管要求小张对2021年11月与职工薪酬相关的业务处理进行检查，对存在错账的进行调账处理。以下业务是小张初步筛选可能存在问题的薪酬业务及相关会计处理。

训练目的:通过本任务训练深入理解应付职工薪酬的核算内容,避免容易出错的地方,并学会错账的调整方法。

训练方式:小组讨论或课堂练习。

训练内容:科瑞公司 2021 年 11 月的业务是由实习生小王进行核算的,涉及职工薪酬的内容及相关处理如下。

(1) 2021 年 11 月 1 日,科瑞公司外购 200 只手机,每只不含税价 5 000 元,取得增值税专用发票,经审批的采购单显示此批手机的用途为员工奖励,小王进行了如下会计处理。

借:库存商品 1 000 000
  应交税费——应交增值税(进项税额) 130 000
 贷:银行存款 1 130 000

(2) 2021 年 11 月 5 日,在表彰会上 150 只外购手机作为奖品发放给优秀员工,获奖员工均为生产部门直接生产工人,小王进行了如下会计处理。

借:生产成本 750 000
 贷:应付职工薪酬——应付福利费 750 000
借:应付职工薪酬——应付福利费 750 000
 贷:库存商品 750 000

(3) 2021 年 11 月 20 日,科瑞公司将还剩下的 50 只手机用于在年度管理会议中进行抽奖,当日全部作为奖品发放,小王进行了如下会计处理。

借:管理费用 250 000
 贷:库存商品 250 000

(4) 2021 年 11 月 25—30 日,科瑞公司发起内购会,将食品礼盒以 100 元/盒的价格销售给内部员工,每位员工限购一盒,该食品礼盒对外销售价为 300 元/盒,成本为 200 元/盒。该业务由销售核算员按 100 元/盒的价格开票并做正常销售处理,小王未做账务处理。

(5) 根据科瑞公司制度,长期驻外员工每月有 2 000 元补助。为节约个人所得税支出,小王让驻外员工通过出差补助的方式报销当月补助费用。2021 年 11 月,通过出差补助报销驻外销售人员补贴 60 000 元,并做如下会计处理。

借:销售费用——差旅费 60 000
 贷:银行存款 60 000

训练要求:判断上述会计处理是否正确,对处理不当的地方进行账务调整。

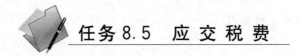

任务 8.5 应交税费

任务描述

小王凭借优异的学习成绩和相关证书,成功应聘科瑞公司财务部的税务核算岗,负责各项税费的核算与管理。

任务分析

关于各项税费的核算,增值税的处理是每个企业都会遇到的业务,也相对较为复杂,因此需要重点掌握。而其他应交税费的计算与处理也应掌握基础的规则,在遇到涉及其他税费的具体业务时,可能还需要进一步查找相关税法规定。小王由于缺少实践工作经验,除温习课本中关于应交税费的相关理论知识外,还要结合企业的实际业务,掌握在不同的业务场景下应该如何进行应交税费相关的账务处理。

知识准备

一、应交税费概述

企业根据税法应交的主要税种包括增值税、消费税、企业所得税、个人所得税、城市维护建设税、教育费附加、资源税、土地增值税、房产税、车船税、城镇土地使用税、印花税、耕地占用税、契税、车辆购置税等。

企业应设置"应交税费"账户,贷方登记应交的各项税费,借方登记实际交纳的税费,贷方期末余额反映企业尚未交纳的税费,借方余额则反映企业多交或尚未抵扣的税费。本账户按应交税费项目设置明细账户。企业不需要预计应交数所交纳的税金,如印花税、耕地占用税等,不通过"应交税费"账户核算。

二、应交增值税

(一)增值税纳税人

根据我国增值税法规定,在我国境内发生应税交易且销售额达到增值税起征点的单位和个人,以及进口货物的收货人,为增值税的纳税人。增值税纳税人按会计核算水平和经营规模分为一般纳税人和小规模纳税人两类。

根据《增值税一般纳税人登记管理办法》的规定,增值税纳税人年应税销售额超过财政部、国家税务局总局规定的小规模纳税人标准,除按照政策规定选择按照小规模纳税人报税的,应向主管税务机关办理一般纳税人登记。

年应纳税销售额未超过规定标准的纳税人,会计核算健全,能够提供准确税务资料的,可以向主管税务机关办理一般纳税人登记。

(二)增值税的计税方法

1. 一般计税方法

一般纳税人发生应税销售行为适用一般计税方法计税,其计算公式为

$$当期应纳增值税税额 = 当期销项税额 - 当期进项税额$$

(1)销项税额。销售额是指纳税人发生应税交易取得的与之相关的对价,包括全部货币或者非货币形式的经济利益,不包括按照一般计税方法计算的销项税额和按照简易计税方法计算的应纳税额。

$$销项税额 = 销售额 \times 适用税率$$

为符合增值税作为价外税的要求,纳税人在填写进销货及纳税凭证、进行账务处理时,应分项记录不含税销售额、销售税额和进项税额,以正确计算应纳增值税税额,然而,在实际工作中,常常会出现一般纳税人将发生应税销售行为采购销售额和销项税额合并定价收取的方法,因此要对含税销售额进行换算,换算公式如下。

$$销售额 = 含税销售额 \div (1 + 税率)$$

(2) 进项税额。进项税额是指纳税人购进的与应税交易相关的货物、服务、无形资产、不动产和金融商品支付或者负担的增值税税额。进项税额应凭合法有效凭证抵扣,主要包括从销售方取得的增值税专用发票上注明的增值税税额、从海关取得海关进口增值税专用缴款书上注明的增值税税额等。当期进项税额大于当期销项税额的,差额部分可以结转下期继续抵扣。

下列进项税额不得从销项税额中抵扣:①用于简易计税方法计税项目、免征增值税项目、集体福利或者个人消费的购进货物、服务、无形资产、不动产和金融商品对应的进项税额,其中涉及的固定资产、无形资产和不动产,仅指专用于上述项目的固定资产、无形资产和不动产;②非正常损失项目对应的进项税额;③购进并直接用于消费的餐饮服务、居民日常服务和娱乐服务对应的进项税额;④购进贷款服务对应的进项税额;⑤国务院规定的其他进项税额。

2. 简易计税方法

小规模纳税人发生应税行为适用简易计税方法计税,其计算公式为

$$当期应纳增值税税额 = 当期销售额(不含增值税) \times 征收率$$

一般纳税人发生财政部和国家税务总局规定的特定应税销售行为,也可以选择适用简易计税方法计税,但是不得抵扣进项税额。

(三) 税率和征收率

1. 增值税税率

(1) 纳税人销售货物,销售加工修理修配、有形动产租赁服务,进口货物,除另外有规定外,税率为13%。

(2) 纳税人销售交通运输、邮政、基础电信、建筑、不动产租赁服务,销售不动产,转让土地使用权,销售或者进口农产品、食用植物油、食用盐等货物,税率为9%。

(3) 纳税人销售现代服务、生活服务、增值电信服务、无形资产、金融商品,税率为6%。

(4) 纳税人出口货物、境内单位和个人跨境销售规定范围内的服务、无形资产,税率为零。国务院另有规定的除外。

2. 增值税征收率

增值税征收率是指对特定的货物或特定的纳税人发生应税销售行为在某一生产流通环节应纳税额与销售额的比率。增值税征收率适用于两种情况:一是小规模纳税人;二是一般纳税人发生应税销售行为按规定可以选择简易计税方法计税。

增值税征收率为3%,国家另有规定的除外。

(四) 一般纳税人的会计处理

1. 账户设置

一般纳税人应在"应交税费"账户下设置"应交增值税""未交增值税"等明细账户,各主要账户设置及使用如图 8-1 所示。

2. 取得资产、接受劳务或服务的账务处理

例 8-8 科瑞公司向供应商采购原材料一批,取得增值税专用发票,注明价款为 100 000 元,税款为 13 000 元,款项尚未支付。科瑞公司应做如下会计处理。

```
                  ┌─ 进项税额：购进货物、加工修理修配劳务、服务、无形资产或不动产而支付或
                  │  负担的、准予从当期销项税额中抵扣的增值税税额。
                  ├─ 销项税额：销售货物、加工修理修配劳务、服务、无形资产或不动产应收取的
                  │  增值税税额。
         应交增值税├─ 销项税额抵减：按照现行增值税制度规定因扣减销售额而减少的销项税额。
                  ├─ 已交税金：当月已交纳的应交增值税税额。
                  ├─ 转出未交增值税/转出多交增值税：月度终了转出当月应交或多交的增值税税额。
                  └─ 进项税额转出：购进货物、加工修理修配劳务、服务、无形资产或不动产等发生
                     非正常损失以及其他原因而不应从销项税额中抵扣、按规定转出的进项税额。

         ┌─ 未交增值税：月度终了从"应交增值税"或"预交增值税"明细账户转入当月应交未交、
         │  多交或预交的增值税税额，以及当月交纳以前期间未交的增值税税额。
         ├─ 预交增值税：转让不动产、提供不动产经营租赁服务、提供建筑服务、采用预收款方式
         │  销售自行开发房地产项目等，以及其他按现行增值税制度规定应预交增值税税额。
   应交税费├─ 待抵扣进项税额：已取得增值税扣税凭证并经税务机关认证，按照现行增值税制度规定
         │  准予以后期间从销项税额中抵扣的进项税额。
         ├─ 待认证进项税额：由于未经税务机构认证而不得从当期销项税额中抵扣的进项税额。
         ├─ 待转销项税额：核算一般纳税人销售货物、加工修理修配劳务、服务、无形资产或不
         │  动产、已确认相关收入(或利得)但尚未发生增值税纳税义务而需于以后期间确认为销项
         │  税额的增值税税额。
         ├─ 简易计税：一般纳税人采用简易计税方法发生的增值税计提、扣减、预缴、缴纳等业务。
         └─ 代扣代缴增值税：纳税人购进在境内未设经营机构的境外单位或个人在境内的应税行为
            代扣代缴的增值税。
```

图 8-1　应交税费

借：原材料　　　　　　　　　　　　　　　　　　　　　　　　　　　　100 000
　　应交税费——应交增值税（进项税额）　　　　　　　　　　　　　　　　13 000
　贷：应付账款　　　　　　　　　　　　　　　　　　　　　　　　　　 113 000

若当月增值税专用发票尚未认证，则借记"应交税费——待认证进项税额"。若货物等已验收入库但尚未取得增值税扣税凭证，应在月末按货物清单或相关合同协议上的价格暂估入账，不需要将增值税的进项税额暂估入账。其会计分录如下。

借：原材料/库存商品等
　贷：应付账款

企业已单独确认进项税额的购进货物、加工修理修配劳务或者服务、无形资产或者不动产但其事后改变用途（如用于简易计税方法计税项目、免征增值税项目、非增值税应税项目等），或发生非正常损失，原已计入进项税额、待抵扣进项税额或待认证进项税额的，不得从销项税额中抵扣。

例如，领用原材料用于职工福利时的会计分录如下。

借：应付职工薪酬——职工福利费
　贷：原材料
　　　应交税费——应交增值税（进项税额转出）

3. 销售等业务的账务处理

(1) 企业销售货物、加工修理修配劳务、服务、无形资产或不动产时，应按现行增值税制度

规定计算销项税额并在贷方登记。

借:应收账款/银行存款/应收票据
　　贷:主营业务收入
　　　　应交税费——应交增值税(销项税额)

如果采用简易计税方法计算的应纳增值税额,则贷记"应交税费——简易计税"。

(2) 视同销售。企业发生以下事项时视同销售,需要交纳增值税:①将自产或者委托加工的货物用于非增值税应税项目;②将自产、委托加工的货物用于集体福利或者个人消费;③将自产、委托加工或者购进的货物作为投资,提供给其他单位或者个体工商户;④将自产、委托加工或者购进的货物分配给股东或者投资者;⑤将自产、委托加工或者购进的货物无偿赠送其他单位或者个人。

例如,企业将自产产品用于捐赠时的会计分录如下。

借:营业外支出
　　贷:库存商品
　　　　应交税费——应交增值税(销项税额)

4. 交纳增值税

(1) 企业交纳当月应交增值税。

借:应交税费用——应交增值税(已交税金)
　　贷:银行存款

(2) 企业交纳以前期间未交的增值税。

借:应交税费——未交增值税
　　贷:银行存款

5. 月末转出多交增值税和未交增值税

(1) 月末时,如果企有应交未交的增值税。

借:应交税费——应交增值税(转出未交增值税)
　　贷:应交税费——未交增值税

(2) 对当月多交的增值税。

借:应交税费——未交增值税
　　贷:应交税费——应交增值税(转出多交增值税)

三、应交消费税

(一) 消费税概述

消费税是指在我国境内生产、委托加工和进口应税消费品的单位和个人,按其流转额交纳的一种税。消费税有从价定率、从量定额、从价定率和从量定额复合计税(简称"复合计税")三种征收方法。其中,从价定率方法征收的消费税=不含增值税的销售额×适用税率。

(二) 应交消费税的账务处理

企业应在"应交税费"账户下设置"应交消费税"明细账户,核算应交消费税的发生、交纳情况。该账户贷方登记应交纳的消费税,借方登记已交纳的消费税;期末贷方余额反映企业尚未交纳的消费税,期末借方余额反映企业多交纳的消费税。例如,销售应税消费品时,根据计算应交纳的消费税,做如下会计分录。

借:税金及附加
　　贷:应交税费——应交消费税

四、应交城市维护建设税及教育费附加

城市维护建设税是以增值税和消费税为计税依据征收的一种税。其纳税人为交纳增值税和消费税的单位和个人,以纳税人实际交纳的增值税和消费税税额为计税依据,并分别与两项税金同时交纳。税率因纳税人所在地不同从1%~7%不等。应纳税计算公式为

$$应纳税额=(实际交纳的增值税+实际交纳的消费税)\times 适用税率$$

教育费附加是指为加快发展地方教育事业、扩大地方教育经费来源而向企业征收的附加费用。教育费附加与各单位实际交纳的增值税、消费税同时交纳。教育费附加率为3%,应纳税计算公式为

$$应纳税额=(实际交纳的增值税+实际交纳的消费税)\times 适用税率$$

(1) 确认应交城市维护建设税及教育费附加。

借:税金及附加
　　贷:应交税费——应交城市维护建设税
　　　　　　　　——应交教育费附加

(2) 交纳城市维护建设税。

借:应交税费——应交城市维护建设税
　　　　　　——应交教育费附加
　　贷:银行存款

五、其他税费

其他税费是指除上述应交税费以外的其他各种应上交国家的税费,包括应交资源税、应交土地增值税、应交所得税、应交房产税、应交土地使用税、应交车船税、应交个人所得税等。企业应在"应交税费"账户下设置相应的明细账户进行核算。

做中学 8-5　2021年12月,科瑞公司发生了以下与应交税费相关的业务。

(1) 12月1日,科瑞公司向瑞丰材料厂购买原材料,不含税金额合计1 000 000元,增值税税率为13%。材料已验收入库,取得增值税专用发票并经认证,当日科瑞公司签发招商转账支票支付全部价税款。

(2) 12月3日,科瑞公司向海城机电设备采购中心销售产品一批,不含税金额共计2 000 000元,适用税率为13%,货物已发出,款项已收讫,财务部开具增值税销售发票。

(3) 12月8日,科瑞公司购入一批小家电,不含税金额为100 000元,增值税税率为13%,拟作为促销产品用于年底的市场活动,款项已通过招商银行转账支付,增值税专用发票尚未经税务机关认证。

(4) 12月20日,受疫情影响,科瑞公司销售部取消了年底的市场促销活动,公司决定将12月8日采购的小家电作为福利发放给全体员工。

(5) 12月22日,科瑞公司向个人消费者销售试产的摩托车10辆,单位成本每辆6 000元,共

收取销售款 113 000 元。摩托车气缸容量为 250 毫升,增值税税率为 13%,消费税税率为 3%,招商银行已收讫全部款项并开出销售发票。确认收入、相关税费及成本。

(6) 12 月 31 日,科瑞公司按本月增值税额和消费税的总额按 7% 计提本期城市维护建设税 10 220 元、按 3% 计提本期教育费附加 4 380 元。

(7) 12 月 31 日,科瑞公司从招商银行账户转账缴纳当月增值税 143 000 元、消费税 3 000 元、城市维护建设税 10 220 元、教育费附加 4 380 元。

小张根据上述业务进行如下账务处理。

(1) 12 月 1 日,购买原材料的账务处理如下。

借:原材料 1 000 000
　　应交税费——应交增值税(进项税额) 130 000
　贷:银行存款——招商银行 1 130 000

(2) 12 月 3 日,销售产品的账务处理如下。

借:银行存款——招商银行 2 260 000
　贷:主营业务收入 2 000 000
　　　应交税费——应交增值税(销项税额) 260 000

(3) 12 月 8 日,购入小家电的账务处理如下。

借:库存商品——小家电 100 000
　　应交税费——待认证进项税额 13 000
　贷:银行存款——招商银行 113 000

(4) 12 月 20 日,发放小家电为职工福利的账务处理如下,因采购的小家电用途发生变化,待认证的增值税进项额确认不可抵扣。

借:应交税费——应交增值税(进项税额) 13 000
　贷:应交税费——待认证进项税额 13 000

同时,将进项税额转出至库存商品的成本。

借:库存商品 13 000
　贷:应交税费——应交增值税(进项税额) 13 000

实际发放给员工时的账务处理如下。

借:应付职工薪酬——非货币性福利 113 000
　贷:库存商品——小家电 113 000

(5) 12 月 22 日,销售摩托车的账务处理如下。

小王根据销售发票、出库单等原始凭证确认收入及相关成本。

借:银行存款——招商银行 113 000
　贷:主营业务收入 100 000
　　　应交税费——应交增值税(销项税额) 13 000

借:主营业务成本 60 000
　贷:库存商品 60 000

同时,确认应交纳的消费税。

借:税金及附加 3 000
　贷:应交税费——应交消费税 3 000

(6) 12月31日,计提城市维护建设税和教育费附加的账务处理如下。

借:税金及附加　　　　　　　　　　　　　　　　　　　　　　　　14 600
　　贷:应交税费——应交城市维护建设费　　　　　　　　　　　　　　10 220
　　　　　　　　——应交教育费附加　　　　　　　　　　　　　　　　4 380

(7) 12月31日,交纳各项税费的账务处理如下。
根据税费缴款单、银行转账凭证等进行账务处理。

借:应交税费——应交增值税(未交税金)　　　　　　　　　　　　　143 000
　　　　　　——应交城市维护建设税　　　　　　　　　　　　　　　10 220
　　　　　　——应交教育费附加　　　　　　　　　　　　　　　　　4 380
　　　　　　——应交消费税　　　　　　　　　　　　　　　　　　　3 000
　　贷:银行存款——招商银行　　　　　　　　　　　　　　　　　　160 600

任务训练8-5

训练目的:通过本任务训练深入理解企业房产转让业务涉及的各项税费及账务处理。

训练方式:小组讨论或课堂练习。

训练内容:12月28日,科瑞公司对外转让一栋厂房,原值为5 000 000元,已计提累计折旧2 000 000元,转让价格为3 800 000元,评估价格为3 200 000元,假设转让过程未发生其他费用。

训练要求:思考在厂房转让过程中会涉及哪些税费?查找相关税法规定,计算各项税额并编制转让过程的全部会计分录。

学习总结

本项目按照资产负债表介绍了主要的流动负债项目基础知识。本项目首先对流动负债进行简要概述,包括流动负债的概念、内容,如何确认流动负债,如何对其进行计价等;然后分别从业务内容、账务处理等方面介绍了短期借款、应收及预付款项、应付职工薪酬、应交税费等。

短期借款任务中主要学习了短期借款的种类、计息方式和具体的账务处理。

应收及预付款项任务中重点介绍了应付票据、应付账款、预收账款、应付利息、应付股利和其他应付款六个会计科目,包括其涉及的业务内容和账务处理。

应付职工薪酬任务中包括其概念和分类、账务处理,并简要介绍了与工资、薪金相关的个人所得税的处理。

应交税费任务中重点介绍了增值税的账务处理,同时也学习了消费税、资源税、城市维护建设税、教育费附加、土地增值税、房产税、土地使用税、车船税等的账务处理。

"讲好中国故事,
传承中国精神"系列故事8

项目8　流动负债 学习测试

项目 9 非流动负债

学习目标

【知识目标】
（1）了解非流动负债的概念、特征、分类及计量。
（2）了解长期借款、应付债券及长期应付款的种类。
（3）熟悉长期借款、应付债券及长期应付款的取得、计息、归还的账务处理流程。

【能力目标】
（1）掌握长期借款、应付债券及长期应付款业务的会计核算方法。
（2）能够灵活运用、处理各种非流动负债业务。

【素质目标】
（1）培养较强的与银行、证券公司、企业等单位沟通交流的能力。
（2）培养诚实守信的良好职业操守和会计职业道德。
（3）树立学法守法和保持团队合作能力的良好习惯。

项目 9 非流动负债

学习导图

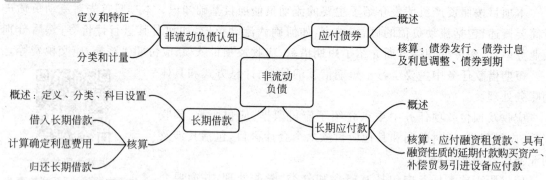

 任务 9.1 非流动负债认知

任务描述

检查人员审阅某企业"长期借款"明细账时，发现有上年 1 月从琼斯公司借入的 240 000 元长期借款挂账，并将按月计提的借款利息记入"财务费用"账户。至检查发现时止，已累计计提

15个月的长期借款利息18 000元,但未见支付利息的账务处理。检查人员联想起在审阅该企业"其他应收款"明细账户时,似乎也有琼斯公司的一笔款项挂账。重新查阅"其他应收款"明细账户,果然在琼斯公司账下有金额为400 000元的应收款,挂账已2年有余。为什么该公司的欠款未能收回,却又向其取得长期借款?这不合情理,后经深入查证,原来挂账的应收款实为向琼斯公司的一笔投资,而所谓的"长期借款"竟然是上年由琼斯公司分回的投资收益!企业财会人员承认,由于琼斯公司位于浦东新区,企业所得税税率低于该企业所在地税率,为逃避补税才出此下策。该企业的处理是否合适?

任务分析

该企业已有利用"其他应收款"账户隐匿投资行为在先,更有虚设"长期借款"账户转移投资利益于后。为了假戏真做,竟也按月计提借款利息。为逃避补税而转移投资收益已是铸成大错,却又虚提借款利息,多计期间费用,更是错上加错。

知识准备

一、非流动负债的定义和特征

非流动负债是指流动负债以外的负债。非流动负债形成企业义务,是企业向债权人筹集的、结算期较长的资金,是企业融通资金的一种主要方式。

非流动负债具有偿还期限较长(一般超过一年或者一个营业周期以上)、金额较大、利息费用多、可采用分期偿还或者到期时一次偿还本息的特征。

二、非流动负债的分类

非流动负债按筹措方式不同主要分为长期借款、应付债券、长期应付款等。

（一）长期借款

长期借款是指企业从银行或其他金融机构借入的期限在1年以上(不含1年)的借款。

（二）应付债券

应付债券是指企业为筹措长期资金依法定程序对外发行、约定在一定期限还本付息的有价证券,是一种债务凭证。

（三）长期应付款

长期应付款是指企业除长期借款和应付债券以外的其他多种长期应付款项,包括应付融资租入固定资产的租赁费、以分期付款方式购入固定资产发生的应付款项,以及采用补偿贸易方式引进国外设备发生的应付款项等。

三、非流动负债的计量

从理论上讲,非流动负债的计量应考虑货币时间价值。但是,目前在我国的会计实务中,通常不考虑货币时间价值,而按非流动负债的未来到期需偿还金额入账,不必将其在发生时按未来偿还金额进行贴现,与流动负债的计量方法是相同的。

从投资者(或股东)的角度来看,与增加投入资本相比,举借非流动负债有以下优点:一是可以维持原有的资本(或股权)结构,有利于保持投资者(或股东)控制企业的权利;二是可以增加投资者的净收益;三是可以起到抵税的作用。其不足之处主要有:一是可能带来减少投资者利益的风险,当举债经营的投资利润率低于非流动负债的利率时,就会减少投资者利益;二是非流动负债的利息费用可能成为企业财务上的沉重负担;三是会给企业带来较大的风险。

任务训练9-1

训练目的: 通过本任务训练掌握非流动负债的定义、特征及分类。
训练方式: 小组交流或课堂提问。
训练内容: 举例说明企业都有哪些业务属于非流动负债。
训练要求: 针对各种非流动负债说出其特征及分类标准。

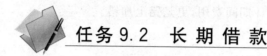

任务9.2 长期借款

任务描述

某公司在年报中以多计资本化利息、少转财务费用等手段虚增利润 3 415.47 万元,同时,原四川某会计师事务所未勤勉尽责,为该公司年报出具了无保留意见的审计报告。随后,中国证监会根据有关证券法规,对该公司处以警告并罚款 100 万元,对相关责任人处以警告并分别罚款;对原四川某会计师事务所做出了没收 20 万元,并罚款 20 万元的处罚,对签字注册会计师做出罚款并暂停证券从业资格 1 年的行政处罚。

任务分析

根据不同情况,长期借款利息可以计入开办费、在建工程、财务费用等。

知识准备

一、长期借款概述

长期借款是指企业向银行或其他金融机构借入的偿还期在 1 年以上(不含 1 年)的各种借款。长期借款是企业长期负债的重要组成部分,对长期借款的使用关系到企业的生产经营规模和效益。它一般用于固定资产的购建、改扩建工程、大修理工程、对外投资及保持长期经营能力等方面,所以企业必须加强管理与核算。企业除要遵守借款规定、编制借款计划并要有不同形式的担保外,还应监督借款的使用,按期还本付息等。因此,长期借款核算的基本要求是反映和监督长期借款的借入、借款利息的结算和借款本息的归还情况,促使企业遵守信贷纪律、提高信用等级,同时也要确保长期借款发挥效益。

长期借款可以按不同的分类标准进行分类,一般有以下几种分类方法。

(1)按照借款用途的不同,可以将长期借款分为基本建设借款、技术改造借款和生产经营借款。

(2)按照偿还方式的不同,可以将长期借款分为定期一次性偿还的长期借款和分期偿还的长期借款。

(3) 按照涉及货币种类的不同,可以将长期借款分为人民币长期借款和外币长期借款。

(4) 按照来源的不同,可以将长期借款分为从银行借入的长期借款和从其他金融机构借入的长期借款等。

对向银行或其他金融机构借入的长期借款,企业在会计核算中应设置"长期借款"账户。为反映企业长期借款的借款利息的结算和借款本息的偿付情况,一般须在该账户下设置"本金""利息调整"明细账户。

二、长期借款业务的核算

长期借款业务的核算主要包括以下内容。

(1) 企业借入长期借款,应按实际收到的金额借记"银行存款"账户,贷记"长期借款——本金"账户,如有差额,还应借记"长期借款——利息调整"账户。

借:银行存款
　　长期借款——利息调整
　贷:长期借款——本金

(2) 在资产负债表日,企业应按长期借款的摊余成本和实际利率计算确定长期借款的利息费用借记"在建工程""制造费用""财务费用"等账户;按借款本金和合同利率计算确定的应付未付利息贷记"应付利息"账户;按其差额贷记"长期借款——利息调整"账户。实际利率与合同利率差异较小的,也可以采用合同利率计算确定利息费用。

例 9-1·单选题　企业每期期末计提到期一次还本付息的长期借款利息,对其中应予以资本化的部分,下列会计处理正确的是(　　)。

A. 借记"财务费用"账户,贷记"长期借款"账户
B. 借记"财务费用"账户,贷记"应付利息"账户
C. 借记"在建工程"账户,贷记"长期借款"账户
D. 借记"在建工程"账户,贷记"应付利息"账户

【答案】C。予以资本化部分的利息的会计处理,应记"在建工程",贷记"长期借款——应计利息"(一次到期还本付息,利息记入"长期借款——应计利息"账户)。

例 9-2·多选题　企业长期借款的利息费用,可能涉及的账户有(　　)。

A. 在建工程　　　　B. 管理费用　　　　C. 财务费用　　　　D. 固定资产

【答案】ABC。如果长期借款用于购建固定资产,在固定资产尚未达到预定可使用状态前,所发生的应资本化的利息支出数记入"在建工程"账户;属于筹建期间发生的不符合资本化条件的利息费用记入"管理费用"账户;属于生产经营期间的不符合资本化条件的借款利息记入"财务费用"账户。

(3) 企业归还长期借款,按归还的长期借款本金借记"长期借款——本金"账户,按转销的利息调整金额贷记"长期借款——利息调整"账户,按实际归还的款项贷记"银行存款"账户,按借贷双方的差额借记"在建工程""制造费用""财务费用"等账户。

做中学 9-1　2020 年 1 月 1 日,山东科瑞有限公司为建造一栋新厂房,借入 2 年期的专门借款 600 万元,年利率为 12%,每年年末付息一次,到期归还本金。新厂房于 2020 年 1 月 1 日动工兴建,并将专门借款 600 万元全部投入工程建造。工程于 2020 年 12 月 31 日完工,达到

预定可使用状态。山东科瑞有限公司应做账务处理如下。

(1) 2020 年 1 月 1 日,取得长期借款。

借:银行存款　　　　　　　　　　　　　　　　　　　　　　　　6 000 000
　　贷:长期借款　　　　　　　　　　　　　　　　　　　　　　　　6 000 000

(2) 2020 年 1 月 1 日,长期借款投入工程建造。

借:在建工程　　　　　　　　　　　　　　　　　　　　　　　　6 000 000
　　贷:银行存款　　　　　　　　　　　　　　　　　　　　　　　　6 000 000

(3) 2020 年 12 月 31 日,计算应计入工程成本的利息、支付利息、结转工程成本。

借:在建工程　　　　　　　　　　　　　　　　　　　　　　　　720 000
　　贷:应付利息　　　　　　　　　　　　　　　　　　　　　　　　720 000
借:应付利息　　　　　　　　　　　　　　　　　　　　　　　　720 000
　　贷:银行存款　　　　　　　　　　　　　　　　　　　　　　　　720 000
借:固定资产　　　　　　　　　　　　　　　　　　　　　　　　6 720 000
　　贷:在建工程　　　　　　　　　　　　　　　　　　　　　　　　6 720 000

(4) 2021 年 12 月 31 日,计算应计入财务费用的利息、支付利息。

借:财务费用　　　　　　　　　　　　　　　　　　　　　　　　720 000
　　贷:应付利息　　　　　　　　　　　　　　　　　　　　　　　　720 000
借:应付利息　　　　　　　　　　　　　　　　　　　　　　　　720 000
　　贷:银行存款　　　　　　　　　　　　　　　　　　　　　　　　720 000

(5) 2022 年 1 月 1 日,到期归还本金。

借:长期借款　　　　　　　　　　　　　　　　　　　　　　　　6 000 000
　　贷:银行存款　　　　　　　　　　　　　　　　　　　　　　　　6 000 000

任务训练9-2

训练目的:通过本任务训练掌握长期借款的核算。

训练方式:以个人为单位完成本笔业务的账务处理。

训练内容:山东科瑞有限公司 2020 年 1 月 1 日向银行借入资金 1 000 万元用于某工程项目,借款期限为 2 年,借款年利率为 10%,合同规定到期一次还本付息。该工程项目从 2020 年 1 月 1 日开始建设,并投入了借入的所有 1 000 万元资金,项目于 2021 年 6 月 30 日完工(达到预定可使用状态)。

训练要求:编制该借款业务的相关会计分录(答案中的金额单位用万元表示)。

任务9.3　应付债券

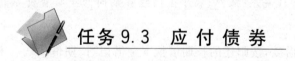

任务描述

某制药厂年初以 90 万元的价格发行面值为 100 万元的两年期债券,票面利率为 13%,同期银行存款储蓄利率为 10%,由于该厂折价发行债券,无形中使利率提高。

任务分析

根据有关规定,发行债券的票面利率不得高于银行同期居民储蓄定期存款的利率的 1.4 倍。有些企业为给内部职工以优惠或为尽快发行债券,就采用折价发行债券的方式发售,从而变相提高债券利率。

知识准备

一、应付债券概述

应付债券是指企业为筹措长期资金依法定程序对外发行、约定在一定期限还本付息的有价证券。企业发行的一年以上的债券构成了一项非流动负债,企业会在未来某一特定日期按债券所记载的利率、期限等约定还本付息。

> **知识链接**
>
> 企业发行债券有诸多限制,根据《中华人民共和国证券法》规定,企业发行债券必须符合以下条件:第一,股份有限公司的净资产不低于人民币 3 000 万元,有限责任公司的净资产不低于人民币 6 000 万元;第二,累计债券总额不超过公司净资产的 40%;第三,企业最近 3 年平均可分配利润足以支付公司债券 1 年的利息;第四,资金投向符合国家产业政策;第五,债券的利率不得超过国务院限定的利率水平;第六,国务院规定的其他条件。
>
> 此外,《中华人民共和国证券法》还就公司再次发行债券的条件做了限制性规定,即前次发行的公司债券尚未募足,或已发行的公司债券或其他债务有违约或者延迟支付本息的事实,且仍处于继续状态的,不得再次发行公司债券。

企业债券的发行价格一般取决于债券的票面金额、票面利率、发行时的市场利率及债券期限的长短等因素。市场利率是指债券发行时金融市场上资金提供双方公司竞争形成的利率(相当于同期银行存款利率)。由于企业发行债券时票面利率可能等于市场利率,也可能高于或低于市场利率,因此,企业发行债券可采用以下三种不同的发行方式。

(一)面值发行

当债券的票面利率等于发行时的市场利率时,债券的发行价格等于面值,称为面值发行。在这种情况下,债券购买者现在为取得债券所付出的金额与预期未来收回本金及收取各期利息金额的现值是相等的。

(二)溢价发行

当债券的票面利率高于发行时的市场利率时,债券的发行价格高于面值,称为溢价发行。债券发行价格高出债券面值的部分称为债券溢价。债券购买者因溢价多付出的价款,可以从以后各期多得的利息收入中获得补偿;而发行公司因溢价发行多得的收入是对以后各期多付利息的一项调整,不能将溢价视为发行时的收益。

(三)折价发行

当债券的票面利率低于发行时的市场利率时,债券的发行价格低于面值,称为折价发行。债券发行价格低于债券面值的部分称为债券折价,债券购买者因折价少付出的价款是对以后各期少得利息收入的预先补偿;而发行公司因折价发行少得的收入,实质上是预先付给债券购买者的利息,同样是对利息费用的一项调整。

二、应付债券的核算

(一)"应付债券"的账户设置

企业应设置"应付债券"账户核算应付债券的发行、计提利息、还本付息等情况。该账户贷方登记应付债券的本金和利息;借方登记归还的债券本金和利息;期末贷方余额表示企业尚未偿还的长期债券。"应付债券"账户下分别设置"面值""利息调整""应计利息"等账户进行明细核算。

1."应付债券——面值"账户

"应付债券——面值"账户用于核算企业发行债券的面值(本金)的增减变动情况。企业发行的一般公司债券,无论是按面值发行,还是按溢价发行或折价发行,均按债券面值记入"应付债券"账户的"面值"明细账户。其借方登记本金的偿还或者转销数;发行债券时登记在账户的贷方;期末余额在贷方,反映尚未归还的债券的本金。

2."应付债券——利息调整"账户

"应付债券——利息调整"账户是"应付债券——面值"的调整账户,用于核算企业发行债券实际收到的金额与债券面值的差额。其借方登记实际收到的金额小于债券面值的差额(即折价加上相关的发行费用);贷方登记实际收到的金额大于债券面值的差额(即溢价减去相关的发行费用);期末余额在借方或者贷方,表示尚未摊销的差额。

3."应付债券——应计利息"账户

"应付债券——应计利息"账户用于核算到期一次还本付息方式下,企业在资产负债表日按票面利率确定的应付利息。其借方登记实际支付的利息,贷方登记计提的应付未付利息;期末余额在贷方,反映尚未支付的利息。

例 9-3·多选题 "应付债券"账户的贷方反映的内容有( )。

A. 债券发行时实际收到的金额大于债券面值的差额
B. 债券发行时实际收到的金额小于债券面值的差额
C. 期末计提的一次还本付息债券的利息
D. 债券的面值

【答案】ACD。选项 B 应记入"应付债券——利息调整"明细账户的借方。

(二)债券发行的账务处理

企业发行债券无论是按面值发行,还是按溢价或折价发行,均应按其公允价值与相关交易费用之和作为确认金额。企业发行债券时,应按照实际收到的金额借记"银行存款"等账户,按照债券的票面金额贷记"应付债券——面值"账户。存在差额的,还应按实际收到的款项与票面价值之间的差额,贷记或借记"应付债券——利息调整"账户。

借:银行存款
　　贷:应付债券——面值
　借或贷:应付债券——利息调整

做中学 9-2 2016年1月1日,山东科瑞有限公司按面值发行债券5 000万元,期限为5年,票面利率为10%,每年年末计息一次,到期一次还本付息,资金用于自建工程使用。公司发行债券时,应做账务处理如下。

借:银行存款   50 000 000
　　贷:应付债券——面值   50 000 000

(三) 债券计息及利息调整的账务处理

债券发行后,发行企业应按票面利率、面值及约定的付息时间,按期向债权人支付利息。按照权责发生制原则,债券利息一般按年预提。

1. 按面值发行,存续期间利息费用的账务处理

对按面值发行的债券,在每期采用票面利率计提利息时,应按照与长期借款相一致的原则计入有关成本费用,借记"在建工程""制造费用""财务费用""研发支出"等账户;按其票面利率确定的应付未付利息记入"应付利息"或"应付债券——应计利息"账户。

借:在建工程等
　　贷:应付利息
　　　(应付债券——应计利息)

例 9-4·单选题 某企业于2020年1月1日按面值发行5年期、到期一次还本付息的公司债券,该债券面值总额为8 000万元,票面年利率为4%,自发行日起计息。假定票面利率与实际利率一致,不考虑相关税费,2020年12月31日该债券的账面余额为(　　)万元。
A. 8 000　　　B. 8 160　　　C. 8 320　　　D. 8 480

【答案】C。到期一次还本付息的企业债券计提的利息记入"应付债券——应计利息"账户,增加应付债券的账面余额,2020年12月31日该债券的账面余额=8 000+8 000×4%=8 320(万元)。

做中学 9-3 承接做中学9-2,山东科瑞有限公司当年发行债券的资金全部用于工程建设,第一年年末工程尚未完工,计提当年利息。

山东科瑞有限公司应做账务处理如下。

借:在建工程   5 000 000(50 000 000×10%)
　　贷:应付债券——应计利息   5 000 000

2. 按溢价、折价发行,存续期间利息费用的账务处理

资产负债表日,企业应按应付债券的摊余成本和实际利率计算确定的债券利息费用,借记"在建工程""制造费用""财务费用""研发支出"等账户;按票面利率计算确定的应付未付利息,贷记"应付利息"或"应付债券——应计利息"账户;按其差额,借记或贷记"应付债券——利息调整"账户。

借:在建工程等
　　贷:应付利息
　　　(应付债券——应计利息)
借或贷:应付债券——利息调整

企业债券的溢价和折价是整个债券持有期间举债企业利息费用的一项调整,使企业实际负担的利息与发行时的市场利率相一致。这种将溢价和折价逐期调整利息费用的方法,称为债券溢价和折价的摊销。

> **知识链接**
>
> 实际利率一旦确定,在整个债券的存续期间内保持不变。当实际利率与合同约定的名义利率差异不大时,也可以采用合同约定的名义利率计算确定利息费用。

我国企业会计准则规定,债券溢价和折价应在债券存续期间采用实际利率法进行摊销。实际利率法是指按照应付债券的实际利率计算其摊余成本及各期利息费用的方法。实际利率是指将应付债券在债券存续期间的未来现金流量折现为该债券当前账面价值所使用的利率。溢折价摊销的计算公式如下:

当期利息费用＝每期期初债券的账面价值×债券发行时的市场利率

当期应计利息＝应付债券面值×债券的票面利率

本期"利息调整"摊销额为当期利息费用与应计利息的差额。

做中学 9-4 山东科瑞有限公司 2019 年 1 月 1 日对外发行债券,筹集资金用于扩大生产经营,发行债券面值为 1 000 万元,发行价格为 1 050 万元。该债券的票面利率为 6％,三年期,每年年末付息一次,到期还本。发行时的市场利率为 5％。山东科瑞有限公司应做账务处理如下:

(1) 2019 年 1 月 1 日对外发行债券。

借:银行存款	10 500 000
贷:应付债券——面值	10 000 000
——利息调整	500 000

(2) 2019 年年末计提利息。

当期利息费用＝10 500 000×5％＝525 000(元)

应付利息＝10 000 000×6％＝600 000(元)

溢价摊销额＝600 000－525 000＝75 000(元)

借:财务费用	525 000
应付债券——利息调整	75 000
贷:应付利息	600 000

(3) 2020 年年末计提利息。

债券的摊余成本＝10 500 000－75 000＝10 425 000(元)

当期利息费用＝10 425 000×5％＝521 250(元)

应付利息＝10 000 000×6％＝600 000(元)

溢价摊销额＝600 000－521 250＝78 750(元)

借:财务费用	521 250
应付债券——利息调整	78 750
贷:应付利息	600 000

(4) 2021 年年末计提利息。

应付利息＝10 000 000×6％＝600 000(元)

溢价摊销额＝500 000－75 000－78 750＝346 250(元)

当期利息费用＝600 000－346 250＝253 750(元)

借:财务费用 253 750
　　应付债券——利息调整 346 250
　贷:应付利息 600 000

(四) 债券到期的账务处理

债券到期清偿,无论当初是按面值发行,还是按溢价发行或折价发行,其最终的账面价值仍会等于债券面值。

如果是到期一次还本付息,应在偿还时做如下账务处理。

借:应付债券——面值
　　　　　　——应计利息
　贷:银行存款

如分期付息到期一次还本,偿还时应先付最后一期利息。

借:应付利息
　贷:银行存款

再偿还本金。

借:应付债券——面值
　贷:银行存款

做中学 9-5　承接做中学 9-2 和做中学 9-3,2021 年 1 月 1 日,山东科瑞有限公司于 2016 年 1 月 1 日按面值发行的 5 000 万元、期限为 5 年的债券到期,应做账务处理如下。

借:应付债券——面值 50 000 000
　　　　　　——应计利息 20 000 000
　　财务费用 5 000 000
　贷:银行存款 75 000 000

做中学 9-6　承接做中学 9-4,山东科瑞有限公司 2019 年 1 月 1 日对外发行的面值为 1 000 万元的债券到期,应做账务处理如下。

借:应付债券——面值 10 000 000
　　应付利息 600 000
　贷:银行存款 10 600 000

任务训练9-3

训练目的:通过本任务训练掌握应付债券的核算。

训练方式:以个人为单位完成本笔业务的账务处理。

训练内容:2021 年 1 月 1 日,丁公司经批准发行 5 年期一次还本、分期付息的公司债券,债券面值为 60 000 000 元,债券利息在每年 12 月 31 日支付,票面利率为年利率 6%。假定债券发行时的市场利率为 5%,债券的发行价格为 62 596 200 元。债券已发行完毕,款项收入银行存款户。

训练要求:进行发行债券、期末计息和到期归还等环节的账务处理。

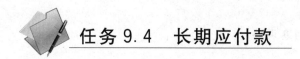

任务 9.4　长期应付款

任务描述

某一生化厂融资租入一台大型设备,租赁费为 50 万元,租赁期为 5 年。审计人员在审计过程中发现该厂"长期应付款"明细账中有两笔 50 万元,并且付款日期很接近。经进一步审查合同及采用其他审计手法,审计人员查明,该企业有关人员为套取本企业资金,采用重复付款的方式来达到存入部门"小金库"或私分的目的。

任务分析

长期应付款是企业做假账的常用工具,有些企业不根据合同或协议,或者根据无相关的合同或协议,虚列长期应付款账户,之后套现资金,据为己用或挪作他用;有些企业在融资租赁付款期满后继续付款,将多余的款项从对方提出,存入部门"小金库"或私分;有些企业为少计费用,对融资租入固定资产不计提折旧,从而达到人为调节利润的目的;还有些企业为调节利润、少计费用,将经营租赁挤入融资租赁,挂"长期应付款",推迟支付租赁费以达到调节企业当期利润的目的。这些行为都是违规违法行为,要引以为戒。

知识准备

一、长期应付款概述

长期应付款是指企业除长期借款和应付债券以外的其他多种长期应付款项,包括应付融资租入固定资产的租赁费、以分期付款方式购入固定资产发生的应付款项,以及采用补偿贸易方式引进国外设备发生的应付款项等。

通常情况下,长期应付款涉及的外币业务较多,且具有分期付款的性质。以分期付款方式购入固定资产和无形资产发生的应付账款和融资租入的固定资产是资产使用在前、款项支付在后,在合同期或租赁期内逐期偿付。

二、长期应付款的核算

(一) 长期应付款的账户设置

"长期应付款"账户用于核算企业除长期借款和应付债券外的其他长期应付款项,包括应付融资租入的固定资产的租赁费、以分期付款方式购入固定资产等发生的应付款项等。其贷方登记应付的长期应付款项;借方登记应付款项的归还数额;期末余额在贷方,反映企业应付未付的长期应付款项。该账户应按长期应付款的种类和债权人进行明细核算。

(二) 应付融资租赁款

融资租赁实质上是转移了与资产所有权有关的全部风险和报酬的租赁方式。企业融资租入的固定资产,在租赁有效期内,其所有权仍归出租人,但承租人获得了租赁资产的实际控制权,享有了资产在有效使用期限内带来的各种经济利益,同时,作为取得这项权利的代价,承租人需要支付大致等于该项资产的公允价值的金额,这些款项支付前,构成了应付融资租赁款。

企业融资租赁的固定资产,在租赁期开始日,按应计入固定资产成本的金额(租赁资产的公允价值与最低租赁付款额现值两者中较低者,加上初始直接费用)作为入账价值,按最低租赁付款额确认长期应付款,其差额作为未确认融资费用。其中,初始直接费用是承租人在租赁谈判和签订租赁合同过程中发生的可归属于租赁项目的手续费、律师费、差旅费、印花税等初始直接费用;最低租赁付款额是指在租赁期内,承租人应支付或可能被要求支付的款项,加上由承租人或与其有关的第三方担保的资产余值(资产余值是指在租赁开始日估计的租赁期届满时租赁资产的公允价值)。

在租赁开始日,按应计入固定资产成本的金额借记"固定资产"或者"在建工程"账户;按最低租赁付款额贷记"长期应付款"账户;按发生的初始直接费用贷记"银行存款"账户;按差额借记"未确认融资费用"账户。

在融资租赁方式下,承租人向出租人支付的租金包含本金和利息两部分。承租人支付租金时,一方面应减少长期应付款,另一方面应将未确认的融资费用在租赁期内各个期间按一定的方法确认为当期融资费用。企业应采用实际利率法分摊未确认的融资费用。

(三) 具有融资性质的延期付款购买资产

企业购买资产有可能延期支付有关价款。如果延期支付的购买价款超过正常信用条件,实质上是具有融资性质的,所购资产的成本应以延期支付购买价款的现值为基础确定。实际支付的价款与购买价款的现值之间的差额确认为未确认融资费用,应在信用期间内采用实际利率法进行摊销,计入相关资产成本或当期损益。

具体来说,企业购入资产超过正常信用条件,延期付款实质上具有融资性质时,应做如下会计处理。

借:固定资产(在建工程)(按购买价款的现值)
　　未确认融资费用
　贷:长期应付款

(四) 补偿贸易引进设备应付款

企业采用补偿贸易方式引进国外设备时,应按设备、工具、零配件等的价款及国外运杂费的外币金额和规定的汇率折合为人民币确认长期应付款。

需要安装的设备应先记入"在建工程"账户。设备引进时支付的进口关税、国内运杂费及安装费应借记"在建工程"账户,贷记"银行存款"或"长期应付款——应付补偿贸易引进设备款"账户。设备安装完毕交付使用时,再将"在建工程"账户借方发生额转入"固定资产"账户。

补偿贸易是以生产的产品归还设备价款。一般情况下,设备的引进和补偿设备价款是没有现金流入和流出的。同时,用产品归还设备价款时,视同产品销售进行处理,借记"应收账款"账户,贷记"主营业务收入"账户(国家为鼓励企业开展补偿贸易,规定开展补偿贸易的企业,补偿期内免交设备所生产的产品的流转税),并借记"长期应付款——应付补偿贸易引进设备款"账户,贷记"应收账款"账户。

做中学 9-7 山东科瑞有限公司以补偿贸易方式从国外引进不需要安装的设备,设备价款为 900 000 元,零配件价款为 50 000 元。用银行存款支付进口关税 60 000 元,其中设备负担

50 000 元,零配件负担 10 000 元。进口设备增值税税率为 16%,增值税以银行存款支付。按补偿贸易合同出口一批产品,价款为 200 000 元。按合同规定,第一批产品的价款全部用于还款。

(1) 引进设备。

借:固定资产　　　　　　　　　　　　　　　　　　　　　900 000
　　原材料　　　　　　　　　　　　　　　　　　　　　　 50 000
　贷:长期应付款——应付引进设备款　　　　　　　　　　　950 000

(2) 支付进口关税、增值税。

$$应交增值税＝(950\,000＋60\,000)\times 16\%＝161\,600(元)$$

借:固定资产　　　　　　　　　　　　　　　　　　　　　 50 000
　　原材料　　　　　　　　　　　　　　　　　　　　　　 10 000
　　应交税费——应交增值税(进项税额)　　　　　　　　　161 600
　贷:银行存款　　　　　　　　　　　　　　　　　　　　 221 600

(3) 销售产品。

借:应收账款　　　　　　　　　　　　　　　　　　　　　200 000
　贷:主营业务收入　　　　　　　　　　　　　　　　　　 200 000

(4) 归还设备款。

借:长期应付款——应付引进设备款　　　　　　　　　　　200 000
　贷:应收账款　　　　　　　　　　　　　　　　　　　　 200 000

任务训练9-4

训练目的:通过本任务训练掌握长期应付款的核算。

训练方式:以个人为单位完成本笔业务的账务处理。

训练内容:山东科瑞有限公司采用补偿贸易方式从国外引进一台设备,设备价款为 60 000 美元,折合人民币 400 000 元,设备不需安装,已交付使用。引进设备投产后,第一批生产产品 200 件,每件销售价格为 500 元,成本为 400 元,该批产品的价款全部用于还款。

训练要求:进行引进设备、产品销售、归还借款等各环节的账务处理。

学习总结

本项目主要介绍非流动负债的概念及分类和确认计量,重点学习长期借款、应付债券、长期应付款业务的核算。

长期借款是指企业向银行或其他金融机构借入的偿还期在 1 年以上(不含 1 年)的各种借款。本项目中主要学习长期借款的取得、计息、归还的账务处理流程和核算方法。

应付债券是指企业为筹措长期资金依法定程序对外发行、约定在一定期限还本付息的有价证券。本项目中主要学习应付债券的取得、计息、归还的账务处理流程和核算方法。

长期应付款是指企业除长期借款和应付债券以外的其他多种长期应付款项,包括应付融资租入固定资产的租赁费、以分期付款方式购入固定资产发生的应付款项,以及采用补偿贸易方式引进国外设备发生的应付款项等。

"讲好中国故事,传承中国精神"系列故事9

项目9　非流动负债 学习测试

项目 10 所有者权益

学习目标

【知识目标】

（1）熟悉实收资本的管理规定。
（2）掌握实收资本的账务处理流程和核算方法。
（3）熟悉资本公积的来源及管理规定。
（4）掌握资本公积的账务处理流程和核算方法。
（5）理解留存收益的内容，熟悉留存收益的管理规定。
（6）掌握盈余公积的账务处理流程和核算方法。

项目 10　所有者权益

【能力目标】

（1）能根据审核无误的原始凭证，准确进行实收资本和资本公积增减业务记账凭证的编制。
（2）能据以登记"实收资本"或"股本""资本公积"及相关资产账户总账和明细账。
（3）能准确进行盈余公积形成和使用、未分配利润形成和分配等业务的核算，并据以登记"本年利润""利润分配""盈余公积"各账户总账和明细账。

【素质目标】

（1）培养学生热爱本职工作、忠于职守、廉洁奉公、严守职业道德。
（2）具备诚实、朴实、踏实的工作作风。
（3）树立实事求是、客观公正、细心谨慎的工作态度。
（4）培养良好的沟通能力。

学习导图

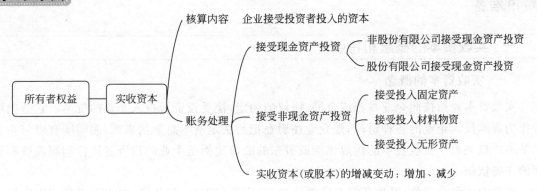

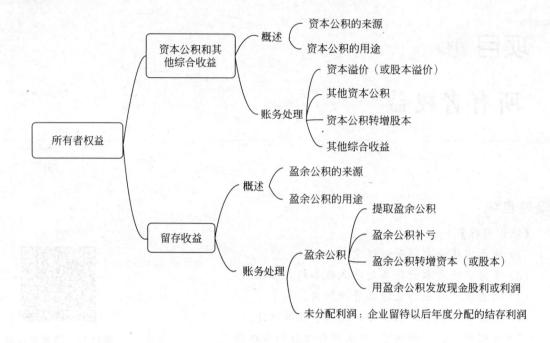

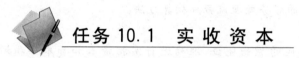

任务描述

作为一名创业者,要创办一家公司,应该怎样注册出资?有哪些出资方式呢?不同出资方式应该如何进行会计核算呢?如果经过一段时间的运营后要增加投资又该怎么办呢?

任务分析

企业在注册完毕后,就需要进行实际的生产经营了,而企业的生产经营离不开企业的启动资金,企业的启动资金也可以认为是企业的实收资本。企业的实收资本可以多种多样,除常规的金钱外还有其他的方式可以对公司进行投资并核算。

知识准备

一、实收资本的概念和特点

(一)实收资本的概念

实收资本是指按照企业章程或合同、协议的约定,接受投资者投入企业的资本。它是投资者作为资本投入企业的各种财产,是企业注册登记的法定资本总额的来源,表明所有者与企业的基本产权关系。实收资本的构成比例或股东的股份比例是企业向投资者进行利润或股利分配的主要依据。

除股份有限公司外,其他各类企业都应通过"实收资本"账户核算,股份有限公司则应通过"股本"账户核算。

（二）实收资本的特点

我国设立企业采用注册资本制，投资者出资达到法定注册资本的要求是企业设立的先决条件。根据以上规定和要求，实收资本具有以下几个特点。

1. 实收资本即为法定资本

企业会计核算中的实收资本即为法定资本，一般应与注册资本一致。

2. 不得擅自改变注册资本的数额

企业不得擅自改变注册资本的数额，投入资本超过注册资本的部分，在会计核算中不得记入实收资本，而应单独核算，记入资本公积。

3. 不得以任何理由抽逃企业的实收资本

投资者实际投入企业的资金数额即构成企业的实收资本，并且投资者不得以任何理由抽逃企业的实收资本。

4. 实收资本可以长期周转使用

在一般情况下，实收资本无须偿还，可以长期周转使用。

5. 不能随意转让投入企业的资本

任何有限责任公司的投资者如要转让投入企业的资本，必须事先经企业原有的其他投资者超过半数同意。

二、实收资本的核算

为反映和监督投资者投入资本的增减变动情况，企业应设置"实收资本"账户进行核算。

（一）接受投资核算应设置的会计账户

企业应该设置"实收资本"账户，用于核算企业接受投资者投入企业的实收资本，贷方登记实收资本增加的数额，借方登记实收资本减少的数额，期末贷方余额表示实收资本的实有数额。该账户一般按照投资者进行明细核算。

按照投资者投入资产形式的不同，其投资可以分为货币资金投资、实物投资（固定资产、材料物资）、无形资产投资、非现金资产投资；按照投资主体的不同，其投资可以分为国家投资、集体投资、法人投资、个人投资、港澳台投资、外商投资。

股份有限公司应设置"股本"账户。

（二）接受现金资产投资的核算

1. 非股份有限公司接受现金资产投资

借：库存现金/银行存款等（实际收到或存入企业开户银行的金额）
　　贷：实收资本（投资合同或协议约定的投资者在企业注册资本中所占份额的部分）
　　　　资本公积——资本溢价（企业实际收到或存入开户银行的金额超过投资者在企业注册资本中所占份额的部分）

资本的构成比例即投资者的出资比例或股东的股份比例，通常是确定所有者在企业所有者权益中所占的份额和参与企业生产经营决策的基础，也是企业进行利润分配或股利分配的依据，还是企业清算时确定所有者对净资产的要求权的依据。

2. 股份有限公司接受现金资产投资

股份有限公司发行股票时,既可以按面值发行股票,也可以溢价发行(我国目前不允许折价发行)。股份有限公司在核定的股本总额及核定的股份总额的范围内发行股票时,应在实际收到现金资产时进行会计处理。

借:银行存款等(实际收到的金额)
　　贷:股本(按每股股票面值和发行股份总额的乘积计算的金额)
　　　　资本公积——股本溢价(差额)

股份有限公司发行股票发生的手续费、佣金等交易费用应从溢价中抵扣,冲减资本公积(股本溢价)。

(三) 接受非现金资产投资

1. 接受投入固定资产

企业接受投资者作价投入的房屋、建筑物、机器设备等固定资产,应按投资合同或协议约定的价值(不公允的除外)作为固定资产的入账价值,按投资合同或协议约定的投资者在企业注册资本或股本中所占份额的部分作为实收资本或股本入账,投资合同或协议约定的价值(不公允的除外)超过投资者在企业注册资本或股本中所占份额的部分,记入资本公积(资本溢价或股本溢价)。

借:固定资产(公允价值——投资合同或协议约定的价值,不公允的除外)
　　应交税费——应交增值税(进项税额)
　　贷:实收资本(或者股本)
　　　　资本公积——资本溢价(或者股本溢价)(差额)

2. 接受投入材料物资

企业接受投资者作价投入的材料物资,应按投资合同或协议约定的价值(不公允的除外)作为材料物资的入账价值,按投资合同或协议约定的投资者在企业注册资本或股本中所占份额的部分作为实收资本或股本入账,投资合同或协议约定的价值(不公允的除外)超过投资者在企业注册资本或股本中所占份额的部分,记入资本公积(资本溢价或股本溢价)。

借:原材料(公允价值——投资合同或协议约定的价值,不公允的除外)
　　应交税费——应交增值税(进项税额)
　　贷:实收资本(或股本)
　　　　资本公积——资本溢价(或者股本溢价)(差额)

3. 接受投入无形资产

企业收到以无形资产方式投入的资本,应按投资合同或协议约定的价值(不公允的除外)作为无形资产的入账价值,按投资合同或协议约定的投资者在企业注册资本或股本中所占份额的部分作为实收资本或股本入账,投资合同或协议约定的价值(不公允的除外)超过投资者在企业注册资本或股本中所占份额的部分,记入资本公积(资本溢价或股本溢价)。

借:无形资产(公允价值按合同或协议约定的价值,不公允的除外)
　　贷:实收资本(或股本)
　　　　资本公积——资本溢价(或股本溢价)(差额)

（四）实收资本（或股本）的增减变动

一般情况下，企业的实收资本应相对固定不变，但在某些特定情况下，实收资本也可能发生增减变化。

1. 实收资本（或股本）的增加

一般企业增加资本主要有三个途径：接受投资者追加投资、资本公积转增资本和盈余公积转增资本。

企业按规定接受投资者追加投资时，核算原则与投资者初次投入时相同。

企业采用资本公积或盈余公积转增资本时，应按转增的资本金额确认实收资本或股本。用资本公积转增资本时，借记"资本公积——资本溢价（或股本溢价）"账户，贷记"实收资本"（或"股本"）账户。用盈余公积转增资本时，借记"盈余公积"账户，贷记"实收资本"（或"股本"）账户。用资本公积或盈余公积转增资本时，应按原投资者各自出资比例计算确定各投资者相应增加的出资额。

需要注意的是，由于资本公积和盈余公积均属于所有者权益，用其转增资本时，如果是独资企业比较简单，直接结转即可。如果是股份有限公司或有限责任公司应该按照原投资者各自出资比例相应增加各投资者的出资额。

2. 实收资本（或股本）的减少

企业按法定程序报经批准减少注册资本的，按减少的注册资本金额减少实收资本。股份有限公司采用收购本公司股票方式减资的，通过"库存股"账户核算回购股份的金额。减资时，按股票面值和注销股数计算的股票面值总额借记"股本"账户，按注销库存股的账面余额贷记"库存股"账户，按其差额借记"资本公积——股本溢价"账户。股本溢价不足冲减的应贷记"盈余公积""利润分配——未分配利润"账户。如果购回股票支付的价款低于面值总额的，应按股票面值总额借记"股本"账户，按所注销的库存股账面余额贷记"库存股"账户，按其差额贷记"资本公积——股本溢价"账户。

做中学 10-1 2021年，甲、乙、丙共同投资设立山东科瑞有限责任公司，注册资本为 1 000 000 元，甲、乙、丙持股比例分别为 60%、25% 和 15%。按照章程规定，甲、乙、丙投入资本分别为 600 000 元、250 000 元、150 000 元。山东科瑞有限责任公司已如期收到各投资者一次缴足的款项。山东科瑞有限责任公司的账务处理如下。

```
借：银行存款                                    1 000 000
    贷：实收资本——甲                               600 000
            ——乙                                 250 000
            ——丙                                 150 000
```

做中学 10-2 山东科瑞有限责任公司于设立时收到乙公司作为资本投入的不需要安装的机器设备一台，合同约定该机器设备的价值为 1 000 000 元，增值税进项税额为 350 000 元（由投资方支付税款，并提供或开具增值税专用发票）。经约定，山东科瑞有限责任公司接受乙公司的投入资本为 1 350 000 元，全部作为实收资本。合同约定的固定资产价值与公允价值相符，不考虑其他因素。山东科瑞有限责任公司的账务处理如下。

```
借：固定资产                                    1 000 000
```

应交税费——应交增值税（进项税额）　　　　　　　　　　　　350 000
　　　贷：实收资本——乙公司　　　　　　　　　　　　　　　　　1 350 000

做中学 10-3　山东科瑞有限责任公司于设立时收到 B 公司作为资本投入的原材料一批，该批原材料投资合同或协议约定价值（不含可抵扣的增值税进项税额部分）为 150 000 元，增值税进项税额为 19 500 元（由投资方支付税款，并提供或开具增值税专用发票）。合同约定的价值与公允价值相符，不考虑其他因素。山东科瑞有限责任公司对原材料按实际成本进行日常核算。

　　借：原材料　　　　　　　　　　　　　　　　　　　　　　　　100 000
　　　应交税费——应交增值税（进项税额）　　　　　　　　　　　　19 500
　　　贷：实收资本——B公司　　　　　　　　　　　　　　　　　　119 500

本例中，原材料的合同约定价值与公允价值相符，因此，可按照 100 000 元的金额借记"原材料"账户；同时，该进项税额允许抵扣，因此，增值税专用发票上注明的增值税进项税额 13 000 元应借记"应交税费——应交增值税（进项税额）"账户。山东科瑞有限责任公司接受的 B 公司投入的原材料按合同约定金额与增值税进项税额之和作为实收资本，因此，可按 113 000 元的金额贷记"实收资本"账户。

任务训练10-1

训练目的：通过本任务训练掌握实收资本的核算内容。

训练方式：以小组为单位讨论完成下列业务的账务处理。

训练内容：2021 年 5 月 31 日，因扩大经营规模需要，经批准，山东科瑞有限责任公司按原出资比例将盈余公积 1 000 000 元转增资本。

训练要求：做出山东科瑞有限责任公司的账务处理。

任务 10.2　资本公积和其他综合收益

任务描述

山东科瑞有限公司原注册资本为 3 000 万元，由三位自然人股东 A、B、C 各出资 1 000 万元设立。三年后，另一股东 D 愿投入 2 000 万元参股，与前三位股东平均分享该公司股权，则该公司注册资本变更为 4 000 万元，新增实收资本 1 000 万元（D 股东出资），超额投入的 1 000 万元作为资本公积核算。不久，山东科瑞有限公司股东会决议，将新增的资本公积 1 000 万元转增资本，A、B、C、D 四位股东各增加 250 万元，注册资本变更为 5 000 万元。

任务分析

如何理解 D 股东出资 2 000 万元却只享受 1 000 万元出资额的权利？由 D 股东超额投入的 1 000 万元资本公积用于转增资本，每位股东增资 250 万元，对原三位股东而言，实质上意味着什么？

知识准备

一、资本公积的概念、来源及用途

（一）资本公积的概念

资本公积是企业收到投资者出资额超出其在注册资本（或股本）中所占份额的部分，以及直接计入所有者权益的利得和损失等。资本公积包括资本溢价（或股本溢价）、直接计入所有者权益的利得和损失等。

（二）资本公积的来源

资本公积的来源主要包括资本（或股本）溢价、接受非现金资产捐赠准备、接受现金捐赠、股权投资准备、拨款转入、外币资本折算差额等。

形成资本溢价（或股本溢价）的原因有溢价发行股票、投资者超额缴入资本等。直接计入所有者权益的利得和损失是指不应计入当期损益、会导致所有者权益发生增减变动的、与所有者投入资本或者向所有者分配利润无关的利得和损失，如企业长期股权投资采用权益法核算时，因被投资单位除净损益以外所有者权益的其他变动，投资企业按照享有份额而增加或减少的资本公积。

其他资本公积是指除资本溢价（或股本溢价）、净损益、其他综合收益和利润分配外所有者权益的其他变动。比如，企业的长期股权投资采用权益法核算时，因被投资单位除净损益、其他综合收益及利润分配外的所有者权益的其他变动（主要包括被投资单位接受其他股东的资本性投入、被投资单位发行可分离交易的可转债中包含的权益成分、以权益结算的股份支付、其他股东对被投资单位增资导致投资方持股比例变动等），投资企业按应享有份额而增加或减少的资本公积，直接计入投资方所有者权益（资本公积——其他资本公积）。

（三）资本公积的用途

我国公司法规定，资本公积主要用于转增资本（或股本）。资本公积不体现各所有者的占有比例，也不能作为所有者参与企业经营决策或进行利润分配（或股利分配）的依据。

二、资本公积的核算

为核算企业资本公积的增减变动情况，企业应设置"资本公积"账户，该账户属于所有者权益类账户，贷方登记资本公积的增加数额；借方登记资本公积的减少数额；期末贷方余额表示资本公积结余数额。该账户下应设置"资本（或股本）溢价""其他资本公积""资产评估增值"和"资本折算差额"等明细账户进行核算。

（一）资本（或股本）溢价的核算

1. 资本溢价

除股份有限公司外的其他类型的企业，在企业创立时，投资者认缴的出资额与注册资本一致，一般不会产生资本溢价。但在企业重组或有新的投资者加入时，常常会出现资本溢价。因为在企业进行正常生产经营后，其资本利润率通常要高于企业初创阶段。另外，企业有内部积累，新投资者加入企业后，将来也要分享这些积累，所以新加入的投资者往往要付出大于原投资者的出资额,才能取得与原投资者相同的出资比例。投资者多缴的部分就形成了资本溢价。

2. 股本溢价

股份有限公司是以发行股票的方式筹集股本的,股票可按面值发行,也可按溢价发行,我国目前不准折价发行。与其他类型的企业不同,股份有限公司在成立时可能会溢价发行股票,因而在成立之初就可能会产生股本溢价。股本溢价的数额等于股份有限公司发行股票时实际收到的款额超过股票面值总额的部分。

在按面值发行股票的情况下,企业发行股票取得的收入应全部作为股本处理;在溢价发行股票的情况下,企业发行股票取得的收入等于股票面值的部分作为股本处理,超出股票面值的溢价收入应作为股本溢价处理。

发行股票相关的手续费、佣金等交易费用,如果是溢价发行股票的,应从溢价中抵扣,冲减资本公积(股本溢价);无溢价发行股票或溢价金额不足以抵扣的,应将不足抵扣的部分冲减盈余公积和未分配利润。

(二) 其他资本公积

企业对被投资单位的长期股权投资采用权益法核算的,在持股比例不变的情况下,对因被投资单位除净损益、其他综合收益和利润分配以外的所有者权益的其他变动,应按持股比例计算其应享有或应分担被投资单位所有者权益的增减数额,调整长期股权投资的账面价值和所有者权益(资本公积——其他资本公积)。在处置长期股权投资时,应转销与该笔投资相关的其他资本公积。

(三) 资本公积转增资本

经股东大会或类似机构决议,用资本公积转增资本时,应冲减资本公积,同时按照转增资本前的实收资本(或股本)的结构或比例,将转增的金额记入"实收资本"(或"股本")账户下各所有者的明细分类账户。

(四) 其他综合收益

企业应设置"其他综合收益"账户,核算未在损益中确认的各项利得和损失扣除所得税影响后的净额。其他综合收益具体包括以下两类。

1. 以后会计期间不能重分类进损益的其他综合收益项目

这类其他综合收益项目主要如下。

(1) 重新计量设定受益计划净负债或净资产导致的变动。

(2) 按照权益法核算因被投资单位重新计量设定收益计划净负债或净资产变动导致的权益变动,投资企业按持股比例计算确认的该部分其他综合收益项目。

(3) 指定为以公允价值计量且其变动计入其他综合收益的其他权益工具投资公允价值变动形成的利得和损失。

2. 以后会计期间有满足规定条件时将重分类进损益的其他综合收益项目

这类其他综合收益项目主要如下。

(1) 其他债权投资公允价值变动形成的利得和损失。

(2) 其他债权投资计提或转回减值准备形成的利得和损失。

(3) 权益法下被投资单位其他所有者权益变动形成的利得和损失。

(4) 存货或自用房地产转换为采用公允价值模式计量的投资性房地产形成的利得和损失。

(5) 金融资产的重分类形成的利得和损失。

(6) 套期保值(现金流量套期和境外经营净投资套期)形成的利得或损失。

(7) 与计入所有者权益项目相关的所得税影响所形成的利得和损失。

(8) 外币财务报表折算差额。

做中学 10-4 山东科瑞有限责任公司于 2021 年由甲、乙、丙三家企业共同投资设立,注册资本为 1 200 万元。2021 年 4 月,经股东会决议,同意吸收丁企业投资,该公司由此将注册资本变更为 1 600 万元。丁企业投入专利技术一项,各方确认价值为 200 万元,投入货币资金 400 万元。按投资协议约定,丁企业占东方公司注册资本的比例为 25%。

分析: 山东科瑞有限责任公司吸收新股东的投资,应按股东投入的资金或资产的公允价值借方登记"银行存款""无形资产"账户增加,按投资协议约定的占注册资本份额贷方登记"实收资本"账户增加,两者差额即为投资者超额缴入资本,贷方登记"资本公积——资本溢价"账户增加。

山东科瑞有限责任公司的账务处理如下。

借:银行存款 4 000 000
　　无形资产 2 000 000
　贷:实收资本——丁企业 4 000 000
　　资本公积——资本溢价 2 000 000

做中学 10-5 山东科瑞有限责任公司年初向 A 公司投资 50 000 000 元,拥有该公司 20%的股权,并对该公司有重大影响,因此采用权益法核算该长期股权投资。年末,A 公司除净收益、其他综合收益和利润分配以外的所有者权益增加了 3 000 000 元。

分析: 山东科瑞有限责任公司应根据对 A 公司的持股比例计算应享有的除净收益、其他综合收益和利润分配以外的所有者权益变动的份额,借记"长期股权投资——其他权益变动"账户,贷记"资本公积——其他资本公积"账户。山东科瑞有限责任公司的账务处理如下。

借:长期股权投资——A 公司(其他权益变动) 600 000
　贷:资本公积——其他资本公积 600 000

做中学 10-6 2021 年 4 月,经山东科瑞有限责任公司股东会决议,将资本公积 200 万元转增资本,按股东甲、乙、丙、丁持股比例(均为 25%)分配。

分析: 山东科瑞有限责任公司将资本公积转增资本,应根据股东会决议、验资报告等,按转增的资本公积金额借方登记"资本公积"账户,按股东各自持股比例计算增加的资本额贷方登记"实收资本"账户。山东科瑞有限责任公司的账务处理如下。

借:资本公积——资本溢价 2 000 000
　贷:实收资本——甲企业 500 000
　　　　　　——乙企业 500 000
　　　　　　——丙企业 500 000
　　　　　　——丁企业 500 000

任务训练10-2

训练目的：通过本任务训练掌握资本公积的核算内容。

训练方式：以小组为单位讨论完成下列业务的账务处理。

训练内容：2021年5月31日，因扩大规模需要，经批准，山东科瑞有限责任公司按原出资比例将资本公积1 000 000元转增资本。

训练要求：做出山东科瑞有限责任公司的账务处理。

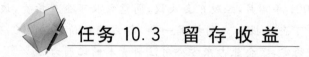

任务10.3 留存收益

任务描述

山东科瑞股份有限公司2020年度实现净利润5 000万元，经股东批准，按净利润的10%计提法定盈余公积，按净利润的5%计提任意盈余公积，向投资者分配利润200万元。

任务分析

山东科瑞股份有限公司实现的净利润为何不能直接向投资者分配？法定盈余公积和任意盈余公积的用途是什么？

知识准备

留存收益是指企业从历年实现的利润中提取或形成的留存于企业的内部积累。留存收益是所有者权益的组成部分，主要包括盈余公积和未分配利润两类。

一、盈余公积

（一）盈余公积的来源及其用途

1. 盈余公积的来源

盈余公积是指企业按照有关规定从净利润中提取的积累资金。公司制企业的盈余公积包括法定盈余公积和任意盈余公积。法定盈余公积是指企业按照规定的比例从净利润中提取的盈余公积。任意盈余公积是指企业按照股东会或股东大会决议提取的盈余公积。

按照公司法有关规定，公司制企业应按照净利润（减弥补以前年度亏损，下同）的10%提取法定盈余公积。非公司制企业法定盈余公积的提取比例可超过净利润的10%。法定盈余公积累计额已达注册资本的50%时可以不再提取。值得注意的是，如果以前年度未分配利润有盈余（即年初未分配利润余额为正数），在计算提取法定盈余公积的基数时，不应包括企业年初未分配利润；如果以前年度有亏损（即年初未分配利润余额为负数），应在弥补以前年度亏损后提取盈余公积。

公司制企业可根据股东会或股东大会的决议提取任意盈余公积。非公司制企业经类似权力机构批准，也可提取任意盈余公积。法定盈余公积和任意盈余公积的区别在于其各自计提的依据不同：前者以国家的法律法规为依据；后者由企业的权力机构自行决定。

2. 盈余公积的用途

企业的盈余公积除用于扩大生产经营外,经批准还可用于以下几个方面。

(1) 转增资本。企业将盈余公积转增资本时,必须经股东大会决议批准。转增资本时,要按股东原有持股比例结转。如某股份有限公司的股东甲、乙、丙所占的股份比例分别为 40%、20% 和 20%,经股东大会决议并批准将 100 万元盈余公积转增资本,则甲、乙、丙分别增加资本 40 万元、20 万元和 20 万元。盈余公积转增资本后留存的盈余公积的数额不得少于注册资本的 25%。

(2) 弥补亏损。按照现行制度规定,企业发生亏损时,弥补亏损有三种途径:一是税前利润弥补亏损。企业发生的亏损,可以用以后连续五年内的税前利润弥补,即企业发生亏损后,五年内可以不交所得税,实现的利润先用于弥补以前年度的亏损,直到亏损弥补完后再交所得税。二是税后弥补亏损。企业发生的亏损经过五年尚未弥补完的,尚未弥补的亏损应用以后年度所得税后的利润进行弥补。三是用盈余公积弥补亏损。

(3) 发放现金股利或利润。原则上,企业当年若没有利润,不得发放现金股利或利润。如为维护企业信誉,经股东大会或类似权力机构批准,可以用盈余公积发放现金股利或利润,但必须符合下列条件:第一,用盈余公积弥补亏损后,该项公积金仍有结余;第二,用盈余公积分配股利时,股利率不能太高,不得超过 6%;第三,发放现金股利或利润后,法定盈余公积金不得低于注册资本的 25%。

(二) 未分配利润

未分配利润是指企业实现的净利润经过弥补亏损、提取盈余公积和向投资者分配利润后留存在企业的、历年结存的利润。相对于所有者权益的其他部分来说,企业对未分配利润的使用有较大的自主权。

(三) 盈余公积的核算

为反映企业盈余公积的提取及使用情况,企业应设置"盈余公积"账户。该账户属于所有者权益类账户,贷方登记盈余公积的提取数额;借方登记盈余公积用于补亏、转增资本及分配现金股利或利润的数额;余额在贷方,表示盈余公积的结余数额。"盈余公积"账户下应设置"法定盈余公积""任意盈余公积"明细账户进行核算。

(1) 提取盈余公积。企业按规定提取盈余公积时,应借记"利润分配——提取法定盈余公积、提取任意盈余公积"账户,贷记"盈余公积——法定盈余公积、任意盈余公积"账户。

(2) 盈余公积补亏。企业经股东大会或类似机构决议,用盈余公积弥补亏损时,应借记"盈余公积"账户,贷记"利润分配——盈余公积补亏"账户。

(3) 盈余公积转增资本(或股本)。企业经批准用盈余公积转增资本时,应按照实际用于转增的盈余公积金额借记"盈余公积"账户,贷记"实收资本"或"股本"账户。

(4) 用盈余公积发放现金股利或利润。企业经股东大会或类似机构决议,用盈余公积分配现金股利或利润时,应借记"盈余公积"账户,贷记"应付股利"账户。

二、未分配利润

(一) 未分配利润的形成和用途

未分配利润是企业实现的净利润经过弥补亏损、提取盈余公积和向投资者分配利润后留存在企业的、历年结存的利润。未分配利润通常用于留待以后年度向投资者进行分配。

（二）未分配利润的核算

企业为核算历年累积的未分配利润，应在"利润分配"账户下设置"未分配利润"明细账户进行核算。

期末，企业应将各损益类账户的金额转入"本年利润"账户，计算出净利润（或净亏损）之后，每年终了，企业应将本年度实现的净利润自"本年利润"账户转入"利润分配——未分配利润"账户，借记"本年利润"账户，贷记"利润分配——未分配利润"账户；如果本年为净亏损，则做相反的会计分录。

提取盈余公积、向投资者分配现金股利时，借记"利润分配——提取盈余公积"或"利润分配——应付现金股利"账户，贷记"应付股利""盈余公积"等账户，同时将该"利润分配"账户所属各其明细账户的余额转入"利润分配——未分配利润"账户。

结转后除"利润分配——未分配利润"账户外，"利润分配"其他各个明细账户均无余额。"利润分配——未分配利润"账户如为贷方余额，反映企业未分配利润；如为借方余额，即为未弥补亏损。

做中学 10-7　山东科瑞股份有限公司本年实现净利润为 8 000 000 元，年初未分配利润为 0 元。经股东大会批准，山东科瑞股份有限公司按当年净利润的 10% 提取法定盈余公积。假定不考虑其他因素。山东科瑞股份有限公司的账务处理如下。

本年提取法定盈余公积金额 = 8 000 000 × 10% = 800 000（元）

借：利润分配——提取法定盈余公积　　　　　　　　　　　800 000
　　贷：盈余公积——法定盈余公积　　　　　　　　　　　　800 000

做中学 10-8　经股东大会批准，山东科瑞股份有限公司用以前年度提取的盈余公积弥补当年亏损，当年弥补亏损的金额为 800 000 元。假定不考虑其他因素。山东科瑞股份有限公司的账务处理如下。

借：盈余公积　　　　　　　　　　　　　　　　　　　　　800 000
　　贷：利润分配——盈余公积补亏　　　　　　　　　　　　800 000

做中学 10-9　山东科瑞股份有限公司 2020 年度实现净利润 500 万元，经股东会批准，按净利润的 10% 计提法定盈余公积，按净利润的 5% 计提任意盈余公积，向投资者分配利润 200 万元。山东科瑞股份有限公司的账务处理如下。

借：本年利润　　　　　　　　　　　　　　　　　　　　5 000 000
　　贷：利润分配——未分配利润　　　　　　　　　　　　5 000 000
借：利润分配——提取法定盈余公积　　　　　　　　　　　500 000
　　　　　　——提取任意盈余公积　　　　　　　　　　　250 000
　　贷：盈余公积——法定盈余公积　　　　　　　　　　　　500 000
　　　　　　　——任意盈余公积　　　　　　　　　　　　250 000
借：利润分配——应付现金股利　　　　　　　　　　　　2 000 000
　　贷：应付股利　　　　　　　　　　　　　　　　　　2 000 000
借：利润分配——未分配利润　　　　　　　　　　　　　2 750 000
　　贷：利润分配——提取法定盈余公积　　　　　　　　　　500 000

——提取任意盈余公积　　　　　　　　　　　　　　　　　250 000
　　——应付现金股利　　　　　　　　　　　　　　　　　　2 000 000

任务训练10-3

训练目的：通过本任务训练掌握留存收益核算内容。
训练方式：以小组为单位讨论完成下列业务的账务处理。
训练内容：山东科瑞有限责任公司本年度发生亏损 100 000 元。
训练要求：做出山东科瑞有限责任公司的账务处理。

学习总结

　　所有者权益是企业资本来源的重要组成部分,代表投资人对企业资产的确要求权,因此所有者权益的核算是企业会计核算的重要问题之一。企业的所有者权益包括实收资本(股本)、资本公积、盈余公积和未分配利润。

　　投资者投入企业的法定资本,在非股份有限公司称为"实收资本",在股份有限公司称为"股本"。投资者可以采取现金、实物性资产和无形资产等方式出资。在股份有限公司,主要采取发行股票的方式来筹集股本。股本可因发行股票、增资配股、分派股票股利、资本公积转增股本、盈余公积转增股本等而增加,也可因减资、回购股票等而减少。

　　资本公积是企业收到投资者出资超过其在注册资本或股本中所占的份额的投资,以及直接计入所有者权益的利得和损失等。资本公积主要包括资本溢价(股本溢价)和其他资本公积两部分。资本公积和实收资本(股本)虽然都属于投入资本,但两者又有区别。资本公司是由所有投资者共同享有的资本,在符合有关法律、法规的条件下,经办理增资手续后可以转增实收资本。

"讲好中国故事,
传承中国精神"系列故事 10

　　留存收益是通过企业的生产经营活动而形成的,是经营所得净收益的积累,是所有者权益的又一重要组成部分。根据留存收益的不同用途,留存收益分为盈余公积和未分配利润两部分。盈余公积是企业从净利润中提取的各种积累资金,是对企业将留存收益向股东进行分配而做出的部分限定。盈余公积包括法定盈余公积、任意盈余公积。盈余公积主要可用于弥补亏损转增资本、分派股利等。未分配利润则是企业历年积累的尚未向股东进行分配的留存收益部分。

项目 10　所有者权益 学习测试

项目 11

收入、费用和利润

学习目标

【知识目标】

(1) 了解收入的概念、特征及分类。
(2) 明确各种收入确认的原则与前提条件。
(3) 了解费用的概念、分类。
(4) 熟悉各种费用的具体构成、确认与计量。
(5) 了解利润的概念及构成。
(6) 掌握营业外收支的核算内容。
(7) 掌握利润分配的原则与顺序。

【能力目标】

(1) 掌握收入相关主要业务的账务处理。
(2) 掌握合同成本的构成并能进行账务处理。
(3) 掌握营业成本的确认、计量及账务处理。
(4) 掌握税金及附加的确认、计量及财务处理。
(5) 掌握期间费用的确认、计量及账务处理。
(6) 掌握所得税费用的相关概念及其确认、计量及账务处理。
(7) 掌握本年利润的构成、利润的计算和利润分配的账务处理。

【素质目标】

(1) 具备获取信息的能力。
(2) 具备自主学习和解决问题的能力。
(3) 具备沟通合作的能力。

项目11 收入、费用和利润

学习导图

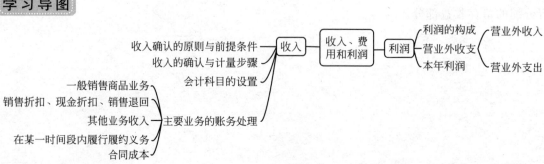

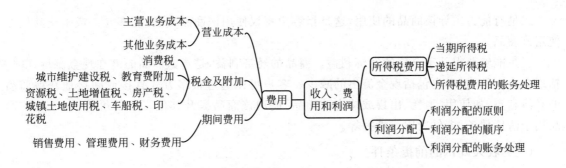

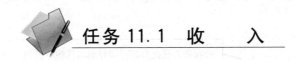

任务描述

2021年12月,科瑞公司财务总监对财务人员进行轮岗,小王2016年毕业以来一直在科瑞公司从事薪酬核算工作,在这次轮岗中被轮派到收入核算岗工作。但是小王对新收入准则实施以来的变化不太清楚,对诸如"合同取得成本""合同履约成本"等新账户的核算范围还不是很理解,也不确定在新收入准则下应该如何进行收入的确认与计量。

任务分析

小王虽然具有一定的财务核算工作经验,但是原来没有在收入核算岗的实践经验,虽然在大学时系统地学习过财会基础知识,但一直没有在实践中用过,加上近年来准则也有一些修订,因此在新的工作岗位上,小王需要学习新收入准则,掌握公司实际业务场景下收入的确认和计量。

知识准备

收入是指企业在日常活动中形成的、会导致所有者权益增加的、与所有者投入资本无关的经济利益的总流入。日常活动是指企业为完成其经营目标所从事的经常性活动,以及与之相关的其他活动。例如,工业企业制造并销售产品、商品流通企业采购并销售商品、咨询公司提供咨询服务、软件公司为客户开发软件、安装公司提供安装服务、建筑企业提供建造服务等,均属于企业的日常活动。企业确认收入的金额应反映企业因转让这些商品或服务而预期有权收取的对价金额。

一、收入确认的原则与前提条件

(一)收入确认的原则

企业应在履行合同中的履约义务,即在客户取得相关商品控制权时确认收入。取得相关商品控制权是指能够主导该商品的使用并从中获得几乎全部的经济利益,也包括有能力阻止其他方主导该商品的使用并从中获得经济利益。取得商品控制权包括以下三个要素。

一是必须拥有现时权利。如果客户只能在未来的某一期间主导该商品的使用并从中获益,则表明其尚未取得该商品的控制权。

二是有能力主导该商品的使用,这是指客户有权使用该商品,或者能够允许或阻止其他方使用该商品。

三是能够获得几乎全部的经济利益。商品的经济利益,是指该商品的潜在现金流量,既包括现金流入的增加,也包括现金流出的减少。客户可以通过很多方式直接或间接地获得商品的经济利益,如使用、消耗、出售或持有该商品、使用该商品提升其他资产的价值,以及将该商品用于清偿债务、支付费用或抵押等。

(二)收入确认的前提条件

企业与客户之间的合同同时满足下列条件的,企业应在客户取得相关商品控制权时确认收入,如图 11-1 所示。

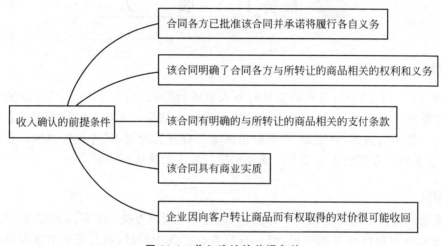

图 11-1 收入确认的前提条件

在进行上述判断时,需要注意以下三点。

一是合同约定的权利和义务是否具有法律约束力,需要根据企业所处的法律环境和实务操作进行判断,包括合同订立的方式和流程、具有法律约束力的权利和义务的设立时间等。对合同各方均有权单方面终止完全未执行的合同,且无须对合同其他方做出补偿,企业应视为该合同不存在。

二是合同具有商业实质,这是指履行该合同将改变企业未来现金流量的风险、时间分布或金额。

三是企业在评估其因向客户转让商品而有权取得的对价是否很可能收回时,仅应考虑客户到期时支付对价的能力和意图(即客户的信用风险)。

例 11-1 科瑞公司与红光公司签订一项大型设备销售合同,合同开始日红光公司向科瑞公司支付了 5 万元保证金并取得了该项设备的控制权。合同约定红光公司以该设备的产出收益分期支付销售价款,若该设备无法产生销售收益,则将该设备退回科瑞公司,科瑞公司对该设备的损耗不能进行进一步的追索。红光公司原来未使用过类似设备,在产出产品行业也缺乏相关经验。

【解析】 在该案例中,对照收入确认的前提条件,由于红光公司未来是否能够通过该项合同标的获得产出并用以支付合同对价存在较大的不确定性,该项合同不满足对价很可能收回的条件,因此不能在合同开始日确认为收入。

二、收入的确认与计量步骤

收入的确认与计量大致分为以下五个步骤,如图 11-2 所示。

图 11-2　收入的确认与计量

(一) 识别与客户订立的合同

合同是指双方或多方之间订立有法律约束力的权利义务的协议,包括书面形式、口头形式及其他可验证的形式(如隐含于商业惯例或企业以往的习惯做法中等)。合同的存在是企业确认客户合同收入的前提,企业与客户之间的合同一经签订,企业即享有从客户取得与转移商品和服务对价的权利,同时负有向客户转移商品和服务的履约义务。

(二) 识别合同中的单项履约义务

履约义务是指合同中企业向客户转让可明确区分商品或服务的承诺。企业应将向客户转让可明确区分商品(或者商品的组合)的承诺及向客户转让一系列实质相同且转让模式相同的、可明确区分商品的承诺作为单项履约义务。

(三) 确定交易价格

交易价格是指企业因向客户转让商品而预期有权收取的对价金额,不包括企业代第三方收取的款项(如增值税)及企业预期将退还给客户的款项。合同条款所承诺的对价可能是固定金额、可变金额或者两者兼有。

(四) 将交易价格分摊至各单项履约义务

当合同中包含两项或多项履约义务时,需要将交易价格分摊至各单项履约义务,分摊的方法是在合同开始日,按照各单项履约义务所承诺商品的单独售价(企业向客户单独销售商品的价格)的相对比例,将交易价格分摊至各单项履约义务。通过分摊交易价格,使企业分摊至各单项履约义务的交易价格能够反映其因向客户转让已承诺的相关商品而有权收取的对价金额。

(五) 履行各单项履约义务时确认收入

当企业将商品转移给客户,客户取得了相关商品的控制权,意味着企业履行了合同履约义务,此时,企业应确认收入。企业将商品控制权转移给客户,可能是在某一时段内(即履行履约义务的过程中)发生,也可能在某一时点(即履约义务完成时)发生。企业应根据实际情况,首先判断履约义务是否满足在某一时段内履行的条件,如不满足,则该履约义务属于在某一时点履行的履约义务。

例 11-2　科瑞公司向客户出售一组设备,2021 年 12 月 1 日双方签订合同,总价款为 500 万元,内容如下。

(1) 设备销售,12 月 1 日设备已交付给客户,该设备单独销售价格为 480 万元。

(2) 设备安装及测试服务,该安装服务属于简单安装,在销售同类设备时,也有客户选择自行安装或请其他公司进行安装,单独安装及测试服务价格为20万元。12月5日完成了安装与测试服务。

(3) 为期二年的售后维修服务,此服务单独售价为50万元。

假设不考虑税费的影响,应如何用五步法对收入进行确认与计量?

【解析】

第1步,识别合同:设备销售合同。

第2步,识别单项履约义务:①设备销售;②设备安装及测试服务;③售后维修服务。

第3步,确定交易价格:500万元。

第4步,将交易价格分摊至各单项履约义务,如表11-1所示。

表11-1 将交易价格分摊至各单项履约义务

履约义务	单独售价/万元	比例/%	分摊交易价格/万元
设备销售	480	87	436
设备安装及测试服务	20	4	18
售后咨询服务	50	9	45
合计	550	100	500

注:案例中的安装服务属于简单安装,向其他客户销售时客户可以自行安装或由其他供应商提供安装服务,因此设备的销售业务与安装服务属于两项单项的履约义务。

第5步,履行各单项履约义务时(某时点或某段期间)确认收入,如表11-2所示。

表11-2 确认收入

履约义务	收入确认	时点/时段
设备销售	设备控制权转移时	2021年12月1日
设备安装及测试服务	提供服务	2021年12月5日
售后咨询服务	提供服务	2021年12月1日至2023年11月30日分期确认

三、会计科目的设置

收入的会计处理,一般需要设置下列会计科目。

(1) 主营业务收入:核算企业确认的销售商品、提供服务等主营业务的收入。

(2) 其他业务收入:核算企业确认的除主营业务活动以外的其他经营活动实现的收入,包括出租固定资产、出租无形资产、出租包装物和商品、销售材料等实现的收入。

(3) 主营业务成本:核算企业确认销售商品、提供服务等主营业务收入时应结转的成本。期末,企业应根据本期销售各种商品、提供各种服务等实际成本,计算应结转的主营业务成本,借记本科目,贷记"库存商品""合同履约成本"等科目。

(4) 其他业务成本:核算企业确认的除主营业务活动以外的其他经营活动所发生的支出,包括销售材料的成本、出租固定资产的折旧额、出租无形资产的摊销额、出租包装物的成本或摊销额等。企业发生的其他业务成本,借记本科目,贷记"原材料""周转材料"等科目。

以上(1)至(4)项科目可以按业务的种类进行明细核算。期末,应将科目余额转入"本年利润"科目,结转后本科目应无余额。

(5) 合同履约成本:核算企业为履行当前或预期取得的合同所发生的、不属于其他企业会计准则规范范围且按照本准则应当确认为一项资产的成本。本科目可按合同分别设置"服务成本""工程施工"等进行明细核算。

(6) 合同取得成本:本科目核算企业取得合同发生的、预计能够收回的增量成本。

(7) 合同资产:核算企业已向客户转让商品而有权收取对价的权利。仅取决于时间流逝因素的权利不在本科目核算。

(8) 合同负债:核算企业已收或应收客户对价而应向客户转让商品的义务。

四、主要业务的账务处理

(一) 一般销售商品业务收入的账务处理

例11-3 科瑞公司向红光公司销售一批机械设备,不含税金额为6 000 000元,机械设备已经红光公司签收,科瑞公司开具了销售发票,税率为13%。合同约定,红光公司将在签收商品后30日内付款。该批机械设备的成本为5 000 000元。

【解析】本例中仅有销售机械设备的单项履约义务,且是以交付商品的时点为履约义务的履行时点。红光公司已签收商品,即已取得该批商品的控制权,满足收入的确认条件。其会计分录如下:

借:应收账款　　　　　　　　　　　　　　　　　　　　　　　6 780 000
　　贷:主营业务收入　　　　　　　　　　　　　　　　　　　　6 000 000
　　　　应交税费——应交增值税(销项税额)　　　　　　　　　　780 000
借:主营业务成本　　　　　　　　　　　　　　　　　　　　　　5 000 000
　　贷:库存商品　　　　　　　　　　　　　　　　　　　　　　5 000 000

对在某一时点履行履约义务,企业应在客户取得相关商品控制权的时点确认收入。在判断控制权是否转移时,企业应综合考虑下列迹象。

(1) 企业就该商品享有现时收款权利。例如,在上例中,科瑞公司在交付商品后获得了向红光公司收取货款的权利,并确认了应收账款。

(2) 企业已将该商品的法定所有权转移给客户。例如,在房产或车辆等需要登记权属的商品交易中,房屋或车辆产权属证明已转移给客户也是收入确认的一个重要迹象,但法定产权的转移不是收入确认的前提条件,在交易过程中,应遵循实质重于形式的原则。

(3) 企业已将该商品实物转移给客户。例如,上例中科瑞公司已将销售的机械设备交付给红光公司,红光公司已占有该批机械设备。

(4) 企业已将该商品所有权上的主要风险和报酬转移给客户。例如,在上例中,红光公司已验收了机械设备,该批机械设备后续的市场价格上涨或下跌带来的损失或收益都将由红光公司来负担。

例11-4 科瑞公司与城南物贸商城签订委托代销合同,合同约定城南物贸商城按销售额的10%收取代销手续费,每月底按实际销售额进行结算。12月6日,科瑞公司向城南物贸商城发出异步电机600台,每台单位成本为1 500元。

12月31日,科瑞公司收到城南物贸商城发来的代销商品清单,共计销售异步电机500台,不含税售价为2 800元/台,税率13%。代销手续费为含税销售额的10%,城南物贸商城将代销手续费直接从销货款中扣除后支付了货款,手续费由城南物贸商城开具了增值税专用发票,税率为6%。

【解析】上例中的代销合同约定每月底按实际销售额进行结算,即只有在城南物贸商城将商品销售出去后,科瑞公司才享有向其收取货款的权利,因此在商品发出时并不满足商品的对价"很可能收回"的前提条件。

因此,12月6日,科瑞公司发出商品时应做如下会计分录。

借:发出商品   900 000
　　贷:库存商品   900 000

12月31日,科瑞公司收到城南物贸商城发来的代销商品清单,获得了向城南物贸商城收取货款的权利。对城南物贸商城来说,其在同一时点获得了商品的控制权又转移了商品的控制权,并且向科瑞公司提供了代销服务,可以理解为这其中发生了三项销售行为:科瑞公司向城南物贸商城销售了600台异步电机;城南物贸商城向其客户销售了600台异步电机;城南物贸商城向科瑞公司提供了代销服务。

逐一对照,以上三项都满足了收入的确认条件,对科瑞公司来说,需要确认向城南物贸商城销售了600台异步电机的收入,城南物贸商城的手续费则作为销售费用,做如下会计处理。

$$应确认收入 = 600 \times 2\,800 = 1\,680\,000(元)$$

$$销售商品的增值税 = 1\,680\,000 \times 13\% = 218\,400(元)$$

$$应确认成本 = 600 \times 1\,500 = 900\,000(元)$$

$$手续费 = (1\,680\,000 + 218\,400) \times 10\% \div (1 + 6\%) \approx 179\,094(元)$$

$$手续费的进项增值税额 = 10\,746(元)$$

借:银行存款   1 708 560
　　销售费用——手续费   179 094
　　应交税费——应交增值税(进项税额)   10 746
　　贷:主营业务收入   1 680 000
　　　　应交税费——应交增值税(销项税额)   218 400

同时确认商品销售的成本。

借:主营业务成本   900 000
　　贷:发出商品   900 000

(二)销售折扣的账务处理

例11-5 12月9日,科瑞公司向瑞海机电商城销售齿轮马达3 000个,不含税单价为2 400元,单位成本为2 000元。根据科瑞公司的销售政策,齿轮马达一次性购买超过2 000个可给予5%的商业折扣,增值税税率为13%,商品已交付并开具了销售发票,货款尚未支付。

【解析】实务中企业常常为鼓励客户多买商品,或为尽快出售一些残次、陈旧、冷背的商品而给予商业折扣。商业折扣并不构成最终成交价格的一部分,因此在确认交易价格时应按照扣除商业折扣后的金额来确认。

上例中科瑞公司为促进商品销售而给予瑞海机电商城价格折扣,应确认的收入额为$3\,000 \times 2\,400 \times (1-5\%) = 6\,840\,000(元)$,并以此不含税销售额计算销售税额$= 6\,840\,000 \times 13\% = 889\,200(元)$。其会计分录如下。

借:应收账款——瑞海机电   7 729 200

    贷：主营业务收入　　　　　　　　　　　　　　　　　　　　　　　6 840 000
        应交税费——应交增值税（销项税额）　　　　　　　　　　　　889 200

（三）销售退回

例11-6　科瑞公司向南瑞金属材料厂销售的一批滚珠丝杆因出现质量问题，双方协商同意全部退货。12月12日，科瑞公司收到退回的滚珠丝杆共200支，销售时不含税售价为20 000元/支，税率为13%，单位成本为15 000元。货款已全部退回，并开具了增值税专用发票（红字）。

【解析】 企业销售商品发生退货，表明企业履约义务的减少和客户商品控制权及其相关经济利益的丧失。科瑞公司发生的销售退回应做如下会计分录。

    借：主营业务收入　　　　　　　　　　　　　　　　　　　　　　　4 000 000
        应交税费——应交增值税（销项税额）　　　　　　　　　　　　520 000
      贷：银行存款——招商银行　　　　　　　　　　　　　　　　　　4 520 000
    借：库存商品　　　　　　　　　　　　　　　　　　　　　　　　　3 000 000
      贷：主营业务成本　　　　　　　　　　　　　　　　　　　　　　3 000 000

（四）其他业务收入

例11-7　12月31日，科瑞公司向新城机电公司销售原材料一批，其中螺帽1 000个，不含税售价为100元/个，单位成本为75元；支架500个，不含税售价为70元/个，单位成本为50元。适用的增值税税率为13%，价税款均已收到并存入招商银行，现确认该笔收入。

【解析】 企业销售原材料、包装物等存货取得收入的确认和计量原则比照商品销售。企业销售原材料、包装物等存货确认的收入作为其他业务收入处理，结转的相关成本作为其他业务成本处理，相关会计分录如下。

    借：银行存款——招商银行　　　　　　　　　　　　　　　　　　　152 550
      贷：其他业务收入　　　　　　　　　　　　　　　　　　　　　　135 000
          应交税费——应交增值税（销项税额）　　　　　　　　　　　17 550
    借：其他业务成本　　　　　　　　　　　　　　　　　　　　　　　100 000
      贷：原材料——螺帽　　　　　　　　　　　　　　　　　　　　　75 000
              ——支架　　　　　　　　　　　　　　　　　　　　　25 000

（五）在某一时间段内履行履约义务确认收入

履约义务的实现方式如图11-3所示。

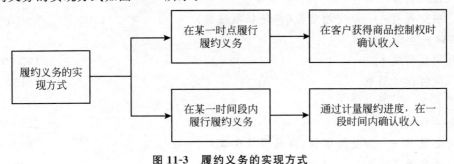

图11-3　履约义务的实现方式

在某一时间段内履行履约义务需要满足下列条件之一。

（1）客户在企业履约的同时即取得并消耗企业履约所带来的经济利益。例如，在一份为期一年的服务合同中，企业在持续为客户提供服务的同时，客户取得并消耗企业履约所带来的经济利益。

（2）客户能够控制企业履约过程中在建的商品。例如，企业为客户提供建筑服务，是由客户控制了在建的工程。

（3）企业履约过程中所产出的商品具有不可替代的用途，且企业在整个合同期间内有权就累计至今已完成的履约部分收取款项。例如，企业为客户提供建筑服务时，不能将已建成部分私自改作他用，有权利就已建成部分的工程量向客户收取款项。

对某一时间段内履行的履约义务，企业应在该段时间内按照履约进度确认收入，包括产出法和投入法。

（1）产出法：企业应考虑商品的性质，采用实际测量的完工进度、评估已实现的结果、时间进度、已完工或交付的产品等产出指标来确定履约进度。

（2）投入法：采用投入的材料数量、花费的人工工时、机器工时、发生的成本和时间进度等投入指标确定恰当的履约进度。

在确定履约进度时，应扣除那些控制权尚未转移给客户的商品和服务。资产负债表日，企业按照合同的交易价格总额乘以履约进度扣除以前会计期间累计已确认的收入后的金额，确认当期收入。

例 11-8 12月1日，科瑞公司向恒瑞机电商城提供大型设备的安装服务，安装期为三个月，不含税合同金额为 600 000 元，增值税税率为 9%，共计 654 000 元已收讫。至 12 月 31 日，在以下两种情况下对收入进行确认。

（1）假设经专业测量完工进度为 30%。

（2）假设截至 12 月 31 日共发生维修成本 150 000 元，全部为员工薪酬，预计全部完成还需发生成本 250 000 元。

【解析】

（1）按产出法计算履约进度以确认收入：12月应确认收入＝600 000×30%＝180 000（元）。

（2）按投入法计算履约进度以确认收入：12月应确认收入＝600 000×150 000÷(150 000＋250 000)＝225 000（元）。

以第（2）种情况为例，会计处理如下。

① 收到合同款。

借：银行存款——招商银行	654 000
贷：合同负债	600 000
应交税费——应交增值税（待转销项税额）	54 000

② 实际发生成本。

借：合同履约成本	150 000
贷：应付职工薪酬	150 000

③ 12 月 31 日，确认收入。

借：合同负债	225 000
应交税费——应交增值税（待转销项税额）	20 250
贷：主营业务收入	225 000

应交税费——应交增值税（销项税额）	20 250
借：主营业务成本	150 000
贷：合同履约成本	150 000

（六）合同成本

1. 合同取得成本

企业为取得合同发生的增量成本预期能够收回的，应作为合同取得成本确认为一项资产。增量成本是指企业不取得合同就不会发生的成本。例如，销售佣金，若企业不想签订合同，便不会发生这笔佣金支出，可视为一项增量成本，若该项佣金预期可通过未来相关服务收入予以补偿的，该佣金应在发生时确认为一项资产，即合同取得成本。

企业为取得合同发生的、除预期能够收回的增量成本之外的其他支出（如无论是否取得合同均会发生的差旅费等），应在发生时计入当期损益，除非这些支出明确由客户承担。

企业取得合同发生的增量成本已经确认为资产的，应采用与该资产相关的商品收入确认相同的基础进行摊销，计入当期损益。为简化实务操作，该资产摊销期限不超过一年的，可以在发生时计入当期损益。

例11-9 科瑞公司近期取得一项为期三年的服务合同，合同金额为9 000 000元，税率为9%。这份合同是销售人员在川渝区出差时发现的商机，科瑞公司对每个相对可靠的商机都会聘请专业人员进行尽职调查。与该合同签订相关的费用包括科瑞公司发生销售人员在川渝区的差旅费用10 000元；尽职调查费用30 000元；按合同金额支付销售人员佣金90 000元。

上述费用预期未来均可收回。

【解析】合同取得成本确认的两项条件：①增量成本；②预期可收回。

上述费用预期未来均可收回。

无论合同是否签订，差旅费用和尽职调查费用均会发生，因此不属于该合同的增量成本。如果合同不签订，销售佣金则不用支付，因此属于增量成本。

（1）支付上述费用时的会计处理如下。

借：合同取得成本	90 000
销售费用	40 000
贷：银行存款	130 000

（2）每月末确认收入并分摊合同取得成本。

$$每月应确认收入 = 9\,000\,000 \div (3 \times 12) = 250\,000（元）$$
$$合同取得成本摊销额 = 90\,000 \div (3 \times 12) = 2\,500（元）$$

借：应收账款	272 500
贷：主营业务收入	250 000
应交税费——应交增值税（销售税额）	22 500
借：销售费用	2 500
贷：合同取得成本	2 500

2. 合同履约成本

企业为履行合同可能会发生各种成本，企业在确认收入的同时应对这些成本进行分析，属于存货、固定资产、无形资产等规范范围的,应按照相关章节进行会计处理;不属于其他章节规范范围且同时满足下列条件的,应作为合同履约成本确认为一项资产。

(1) 该成本与一份当前或预期取得的合同直接相关,包括直接人工、直接材料、制造费用(或类似费用)、明确由客户承担的成本以及仅因该合同而发生的其他成本。

(2) 该成本增加了企业未来用于履行履约义务的资源。

(3) 该成本预期能够收回。

企业应当在下列支出发生时,将其计入当期损益:管理费用;非正常消耗的直接材料、直接人工和制造费用(或类似费用),这些支出为履行合同发生,但未反映在合同价格中;与履约义务中已履行部分相关的支出;无法在尚未履行的与已履行的履约义务之间区分的相关支出。

例 11-10 7月1日,科瑞公司向恒瑞机电商城出租一组大型设备,租赁期限为2年,不含税租赁费用共计 20 000 000 元,税率为 13%,每半年进行结算。为便于恒瑞机电商城的使用,科瑞公司对设备进行了测试与组装,发生人工费用 1 000 000 元。12月31日,恒瑞机电商城支付了半年租金价税合计 11 300 000 元。

【解析】科瑞公司对设备的测试与组装费用是与租赁合同直接相关的,也增加了企业未来用于履行履约义务的成本,并且预期可以收回,因此在发生时应确认为"合同履约成本"。

(1) 支付测试费用。

借:合同履约成本　　　　　　　　　　　　　　　　　　　　　　1 000 000
　　贷:应付职工薪酬　　　　　　　　　　　　　　　　　　　　　　1 000 000

(2) 确认收入。

借:银行存款　　　　　　　　　　　　　　　　　　　　　　　　 5 000 000
　　主营业务收入　　　　　　　　　　　　　　　　　　　　　　　 650 000
　　贷:应交税费——应交增值税(销项税额)　　　　　　　　　　 5 650 000

(3) 分摊成本。

2021年12月31日应分摊成本＝1 000 000×6÷24＝250 000(元)

借:主营业务成本　　　　　　　　　　　　　　　　　　　　　　　 250 000
　　贷:合同履约成本　　　　　　　　　　　　　　　　　　　　　　 250 000

做中学 11-1 2021年12月,科瑞公司发生下列与收入相关的业务,小王需要对这些业务做出账务处理。

(1) 12月1日,科瑞公司向黄海商贸城销售机电产品一批,不含税金额为 300 000 元,税率为 13%。另外,科瑞公司代垫运费 1 000 元,当日黄海商贸城收到商品并验收入库。该批商品成本为 250 000 元。销售发票及出库通知单如图 11-4 和图 11-5 所示。

12月5日,科瑞公司收到黄海商贸城出具的银行承兑汇票 340 000 元。

(2) 12月1日,科瑞公司与东江公司签订保洁服务协议,由科瑞公司提供为期两年的办公楼保洁服务,保洁费用每月 6 000 元,增值税税率为 6%,按月支付。12月31日,科瑞公司向东江公司开具保洁服务发票并收取款项。保洁服务是科瑞公司新增的一项主营业务。

(3) 12月6日,科瑞公司委托恒瑞机电商城代销A产品 1 000 只,成本为 600 元/只。根据签订的协议,协议价格为 800 元/只,恒瑞机电商城可以自主定价销售,无论是否卖出,均需在3个月内付清款项。当日恒瑞机电商城已签收产品,科瑞公司开具了销售发票,金额为 800 000 元,税额为 104 000 元。

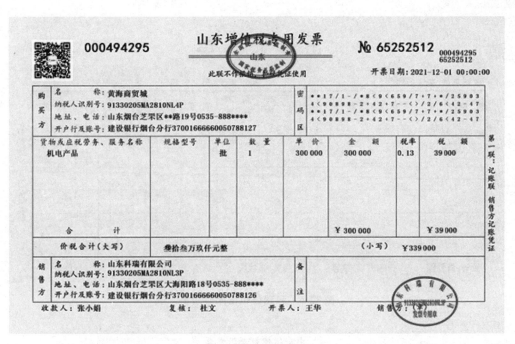

图 11-4 销售发票

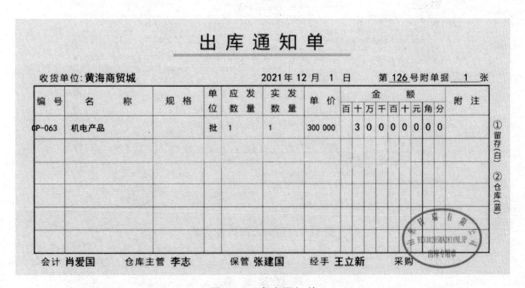

图 11-5 出库通知单

(4) 12月10日,科瑞公司委托东江公司代销B产品,当日发出2 000只,成本为500元/只,东江公司已签收。代销协议约定东江公司按指定的价格销售,即1 000元/只(不含税)。东江公司按每只50元(不含税)收取代销手续费,每月末根据确认的销售结算单支付款项。

12月31日,科瑞公司收到东江公司发来的结算单,注明销售600只,销售金额为600 000元,税额为78 000元。科瑞公司按结算单开具了销售发票,东江公司也按合同约定价格开具了手续费的增值税专用发票,税率为6%。款项均暂未支付。相关票据如图11-6~图11-9所示。

出库通知单

收货单位：东江公司　　2021年12月10日　　第128号附单据　1　张

编号	名称	规格	单位	应发数量	实发数量	单价	金额									附注
							百	十	万	千	百	十	元	角	分	
GP-065	B产品		只	2000	2000	500	1	0	0	0	0	0	0	0	0	

①留存(白)　②仓库(蓝)

会计 肖爱国　　仓库主管 李志　　保管 张建国　　经手 王立新　　采购

图 11-6　科瑞公司出库通知单

山东增值税专用发票

000494298　　№ 65252515　000494298 65252515

此联不作报销、扣税凭证使用　　开票日期：2021-12-31 00:00:00

购买方	名称：东江公司 纳税人识别号：91330205MA2810NL5P 地址、电话：山东烟台莱山区**路20号0535-888**** 开户行及账号：建设银行烟台分行37001666660050788128	密码区	**17/1-/*8<9<659/7+7+*/25906 4<90898-2+42+7--<>/2/6<42-410 **17/1-/*8<9<659/7+7+*/25906 4<90898-2+42+7--<>/2/6<42-410

货物或应税劳务、服务名称	规格型号	单位	数量	单价	金额	税率	税额
B产品		只	600	1 000	600 000	0.13	78 000
合计					¥600 000		¥78 000
价税合计（大写）	陆拾柒万捌仟元整				（小写）	¥678 000	

销售方	名称：山东科瑞有限公司 纳税人识别号：91330205MA2810NL3P 地址、电话：山东烟台芝罘区大海阳路18号0535-888**** 开户行及账号：建设银行烟台分行37001666660050788126	备注	

收款人：张小娟　　复核：杜文　　开票人：王华　　销售方：（章）

第一联：记账联　销售方记账凭证

图 11-7　科瑞公司销售发票

寄售结算单

购货单位：东江公司　　2021年12月31日　　编号：0023145

序号	产品名称	规格	单位	结算数量	单价	仓库	金额								
							百	十	万	千	百	十	元	角	分
001	B产品		只	600	1000			6	0	0	0	0	0	0	0
附注：无						合计：		6	0	0	0	0	0	0	0

第二联　财务联

供货单位：山东科瑞有限公司　　供货单位（盖章）　　业务员：陈潇潇　　制单人：刘宇飞

图 11-8　寄售结算单

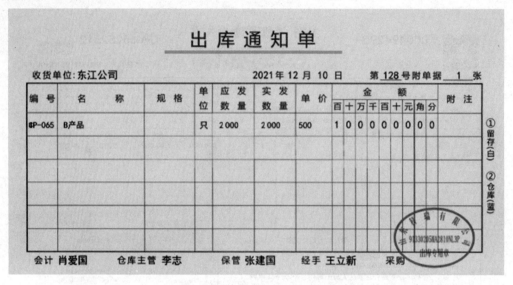

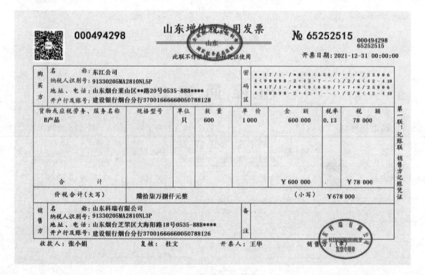

图 11-9　东江公司手续费发票

(5) 12 月 25 日,科瑞公司上月销售给红光公司的 500 只 A 产品出现质量问题,经双方协商一致,该批产品退回科瑞公司。A 产品售价为 800 元/只,税率为 13%,单位成本为 600 元。红光公司采购该产品时享受了 10% 的商业折扣,款项尚未支付。科瑞公司已收到退货,并按原销售发票开具了红字销售发票,如图 11-10 所示。入库通知单如图 11-11 所示。

(6) 12 月 26 日,科瑞公司向恒瑞机电商城销售不需用的原材料一批,科瑞公司开具了销售发票,注明金额为 2 000 000 元,税额为 260 000 元;该批材料成本为 2 300 000 元。当日恒瑞机电商城收讫材料并支付了款项。

(7) 12 月 1 日,科瑞公司与东江公司签订一项设备安装工程合同,合同总价款为 1 600 000 元。科瑞公司为取得该项合同发生了销售人员的差旅费 5 000 元、标书费用 2 000 元、销售佣金 16 000 元。

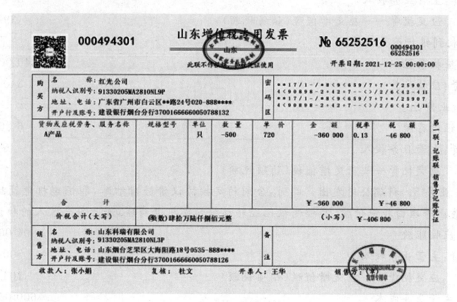

图 11-10　红字销售发票

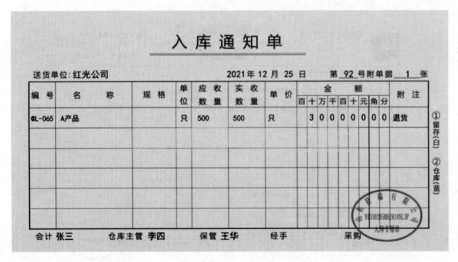

图 11-11 入库通知单

合同签订时预收服务款 600 000 元,至月末累计发生服务支出 600 000 元,其中领用原材料 300 000 元,人员工资 300 000 元,工程尚未完工,预计至完工还需要发生服务支出 400 000 元,履约进度不能合理估计,科瑞公司发生的成本及相关税费预计能够得到补偿。

科瑞公司的具体账务处理如下。

(1) 业务1。

① 代垫运费。

借:应收账款 1 000
　　贷:银行存款 1 000

② 销售商品。

借:应收账款 339 000
　　贷:主营业务收入 300 000
　　　　应交税费——应交增值税(销售税额) 39 000

③ 收到银行承兑汇票。

借:应收票据 340 000
　　贷:应收账款 340 000

(2) 业务2。

借:银行存款 6 360
　　贷:主营业务收入 6 000
　　　　应交税费——应交增值税(销项税额) 360

(3) 业务3。科瑞公司发出产品时,合同约定按协议价进行结算,即恒瑞机电商城不得以商品未售出等理由拒绝付款,其控制权已经转移给恒瑞机电商城,因此符合收入的确认条件。

借:应收账款 904 000
　　贷:主营业务收入 800 000
　　　　应交税费——应交增值税(销项税额) 104 000

借:主营业务成本 600 000
　　贷:库存商品——A产品 600 000

项目 11
收入、费用和利润

(4) 业务 4。

① 科瑞公司发出代销 B 产品。

借:发出商品   1 000 000
  贷:库存商品   1 000 000

② 收到结算单,确认收入。

借:应收账款——东江公司   678 000
  贷:主营业务收入   600 000
    应交税费——应交增值税(销项税额)   78 000

③ 结转成本。

借:主营业务成本   300 000
  贷:发出商品   300 000

④ 确认销售费用。

借:销售费用   30 000
  应交税费——应交增值税(进项税额)   1 800
  贷:应收账款——东江公司   31 800

(5) 业务 5。

借:应收账款   406 800
  贷:主营业务收入   360 000
    应交税费——应交增值税(销项税额)   46 800

借:主营业务成本   300 000
  贷:库存商品——A 产品   300 000

注:上述处理也可做反方向的分录,实践中销售退回时经常采用红字分录的方式进行账务处理。

(6) 业务 6。

借:银行存款   2 260 000
  贷:其他业务收入   2 000 000
    应交税费——应交增值税(销项税额)   260 000

借:其他业务成本   2 300 000
  贷:原材料   2 300 000

(7) 业务 7。

① 发生与合同签订相关的支出时,应根据准则规定区分应计入合同取得成本或是当期损益,差旅费、标书费用不属于合同取得成本的核算范围,支出时应计入销售费用。

借:销售费用   7 000
  合同取得成本   16 000
  贷:银行存款   23 000

② 发生服务成本。

借:合同履约成本   600 000
  贷:原材料   300 000

         应付职工薪酬   300 000
    ③ 合同履约进度不能合理估计,但发生的成本及税费预计能够得到补偿,因此按实际成本额确认收入并结转成本。
        借:应收账款   678 000
          贷:主营业务收入   600 000
             应交税费——应交增值税(销项税额)   78 000
        借:主营业务成本   600 000
          贷:合同履约成本   600 000

任务训练11-1

训练目的: 通过本任务训练了解在实践中较为复杂的收入业务的核算。

训练方式: 课堂练习。

训练内容:

(1) 6月1日,科瑞公司与东江公司签订一项大型设备的建造工程合同,工程造价为10 000 000元,期限为二年。科瑞公司负责工程施工及全面管理,东江公司按监理确认的工程量每半年结算一次。12月31日,监理确认的完工进度为30%,东江公司实际支付了2 000 000元。科瑞公司累计发生成本3 000 000元,其中出库原材料2 000 000元,职工薪酬1 000 000元。预计还需发生成本3 000 000元。以上金额均为不含税金额,税率为9%。

(2) 科瑞公司将自产的空气净化器作为福利发放给公司管理部门的30名职工,每人1台,每台不含增值税的市场售价为15 000元,生产成本为10 000元,适用的增值税税率为13%。

(3) 12月1日,科瑞公司与恒瑞机电商城签订房屋租赁协议,科瑞公司将一套闲置的办公场所出租给恒瑞机电商城,月租金5 000元,租金按月支付。12月1日,恒瑞机电商城按合同约定支付押金10 000元,科瑞公司开具了收据。12月31日,恒瑞机电商城支付12月租金,科瑞公司开具了增值税专用发票,增值税税率为9%,房产税税率为12%。

训练要求: 对上述业务进行账务处理。

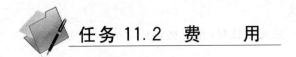

任务11.2 费　　用

任务描述

小张毕业后结束了在科瑞公司财务部的实习期,财务部领导和同事一致认为小张表现良好,经审批,小张办理了入职手续,成为科瑞公司的正式员工。在财务部12月进行的轮岗中,小张被分派在成本费用核算岗,协助会计主管处理与营业成本、税金及附加、期间费用相关业务的账务处理工作。

任务分析

小张实习期间虽然协助处理了一些企业经营活动的会计记账工作,在工作中也遇到了一些相关的业务,但是对于营业成本、税金及附加、期间费用的账务处理没有系统的实践经验,因此需要掌握这些项目相关业务的系统知识,特别是在实际业务中的应用,所以小张的知识准备阶段中更多地结合了过往案例进行学习。

知识准备

费用也是会计的六要素之一,是指企业在日常活动中发生的、会导致所有者权益减少的、与向所有者分配利润无关的经济利益的总流出,具体包括以下几项内容。

一、营业成本

营业成本是指企业为生产产品、提供服务等发生的可归属于产品成本、服务成本等的费用,应在确认销售商品收入、提供服务收入等时,将已销售商品、已提供服务的成本计入当期损益。营业成本包括主营业务成本和其他业务成本。

(一)主营业务成本

主营业务成本是指企业销售商品、提供服务等经常性活动所发生的成本。我们在本项目任务 11.1 进行收入相关的确认处理时,往往伴随着成本的结转。但目前在企业实践中,更多的是在月末时将已销售商品、已提供服务的成本转入主营业务成本。这是因为在传统模式下,产品的生产成本往往以月为单位进行加权平均计算,因此只有在月底时,单位产品或服务的成本才会计算出来。

企业应设置"主营业务成本"账户,用于核算企业因销售商品、提供服务等日常活动而生的实际成本,该账户按主营业务的种类进行明细核算。

例 11-11 科瑞公司 2021 年 11 月共计销售出库 A 产品 2 000 只,单位成本为 600 元;B 产品 1 000 只,单位成本为 500 元,现结转本月已销产品成本。

【解析】

借:主营业务成本　　　　　　　　　　　　　　　　　　　　　　　1 700 000
　　贷:库存商品——A 产品　　　　　　　　　　　　　　　　　　　　1 200 000
　　　　　　　　——B 产品　　　　　　　　　　　　　　　　　　　　　 500 000

(二)其他业务成本

其他业务成本是指企业确认的除主营业务活动以外的其他日常经营活动所发生的支出。其他业务成本一般包括销售材料的成本、出租固定资产的折旧额、出租无形资产的摊销额、出租包装物的成本或摊销额等。但若企业以上述活动为经营主业,则应作为主营业成本核算。

其他业务成本与其他业务收入应是匹配的,即若一项业务收入确认为其他业务收入,其可归属的成本也应确认为其他业务成本。

例 11-12 2021 年 11 月 5 日,科瑞公司向中金商贸销售原材料一批,开具的增值税发票金额为 200 000 元,税额为 26 000 元,款项已银行收讫。该批材料的成本为 180 000 元。

【解析】

借:银行存款　　　　　　　　　　　　　　　　　　　　　　　　　　226 000
　　贷:其他业务收入　　　　　　　　　　　　　　　　　　　　　　　200 000
　　　　应交税费——应交增值税(销项税额)　　　　　　　　　　　　　26 000
借:其他业务成本　　　　　　　　　　　　　　　　　　　　　　　　180 000

  贷：原材料   180 000

例 11-13 2021 年 11 月 1 日，科瑞公司将其闲置的一台设备出租给中金商贸，租金按月支付。11 月 30 日，科瑞公司收到中金商贸支付的租金 10 000 元，增值税税率为 13%。同时，计提了该设备的当期折旧费用 5 000 元。

【解析】

借：银行存款   11 300
  贷：其他业务收入   10 000
    应交税费——应交增值税（销项税额）   1 300
借：其他业务成本   5 000
  贷：原材料   5 000

例 11-14 2021 年 11 月 5 日，科瑞公司向中金商贸销售包装物一批，开具的增值税发票金额为 100 000 元，税额为 13 000 元，款项已由银行收讫。该批材料的成本为 80 000 元。

【解析】原材料收入确认及成本结转。

借：银行存款   113 000
  贷：其他业务收入   100 000
    应交税费——应交增值税（销项税额）   13 000
借：其他业务成本   80 000
  贷：周转材料——包装物   80 000

二、税金及附加

  税金及附加是指企业经营活动应负担的相关税费，包括消费税、城市维护建设税、教育费附加、资源税、土地增值税、房产税、城镇土地使用税、车船税、印花税等。

  值得注意的是，增值税属于价外税，所得税是经营征收，这两项税费不通过税金及附加科目核算，另外还有一些税费需计入资产成本，如车辆购置税、契税、关税等，也不通过该科目核算。

例 11-15 2021 年 11 月 20 日，科瑞公司向东江公司销售汽车轮胎一批，不含税金额为 3 000 000 元，成本为 2 000 000 元。销售的增值税税率为 13%，消费税税率为 3%，符合收入确认条件，款项已由银行收讫。

【解析】

(1) 收入确认。

借：银行存款   3 390 000
  贷：主营业务收入   3 000 000
    应交税费——应交增值税（销项税额）   390 000

(2) 税费确认。

借：税金及附加   90 000
  贷：应交税费——应交消费税   90 000

(3) 成本结转。

借：主营业务成本   2 000 000

贷：库存商品　　　　　　　　　　　　　　　　　　　　　　　　2 000 000

例 11-16　经统计,2021 年 11 月,科瑞公司实际缴纳的增值税为 2 300 000 元,消费税为 90 000 元,适用的城市维护建设税税率为 5%,教育费附加的征收比率为 3%。

【解析】

(1) 计算确认应交城市维护建设税和教育费附加。

$$城市维护建设税=(2\ 300\ 000+90\ 000)\times 5\%=119\ 500(元)$$

$$教育费附加=(2\ 300\ 000+90\ 000)\times 3\%=71\ 700(元)$$

借：税金及附加　　　　　　　　　　　　　　　　　　　　　　　191 200
　　贷：应交税费——应交城市维护建设税　　　　　　　　　　　119 500
　　　　　　　　——应交教育费附加　　　　　　　　　　　　　 71 700

(2) 实际缴纳。

借：应交税费——应交城市维护建设税　　　　　　　　　　　　　119 500
　　　　　　——应交教育费附加　　　　　　　　　　　　　　　 71 700
　　贷：银行存款　　　　　　　　　　　　　　　　　　　　　　　191 200

例 11-17　2021 年 11 月,科瑞公司按规定应缴纳车船税 30 000 元、土地增值税 50 000 元。

【解析】

(1) 确认应交车船税和土地增值税。

借：税金及附加　　　　　　　　　　　　　　　　　　　　　　　 80 000
　　贷：应交税费——应交车船税　　　　　　　　　　　　　　　　30 000
　　　　　　　　——应交土地增值税　　　　　　　　　　　　　　50 000

(2) 实际缴纳。

借：应交税费——应交车船税　　　　　　　　　　　　　　　　　 30 000
　　　　　　——应交土地增值税　　　　　　　　　　　　　　　 50 000
　　贷：银行存款　　　　　　　　　　　　　　　　　　　　　　　 80 000

三、期间费用

期间费用是指企业日常活动发生的不能计入特定核算对象的成本,而应计入发生当期损益的费用。期间费用包括销售费用、管理费用和财务费用。

(一) 销售费用

销售费用是指企业销售商品和材料、提供服务的过程中发生的各种费用,包括企业在销售商品过程中发生的保险费、包装费、展览费和广告费、商品维修费、预计产品质量保证损失、运输费、装卸费等,以及为销售本企业商品而专设的销售机构(含销售网点、售后服务网点等)的职工薪酬、业务费、折旧费、固定资产修理费用等费用。

企业应设置"销售费用"账户核算销售费用的发生和结转情况。该账户借方登记企业所发生的各项销售费用,贷方登记期末转入"本年利润"科目的销售费用,结转后"销售费用"账户应无余额。"销售费用"账户应按销售费用的项目进行明细核算。

例 11-18 11月2日,科瑞公司向海城市机电设备采购中心销售的产品,公司负担销售产品运杂费,科瑞公司取得运费的增值税发票,注明金额为5 000元,税额为450元,财务部签发转账支票支付。

【解析】

借:销售费用——运杂费		5 000
应交税费——应交增值税(进项税额)		450
贷:银行存款		5 450

例 11-19 11月30日,科瑞公司人事部核算销售部员工薪酬为486 074元,财务部提交银行转账支付。

【解析】

(1) 计提时。

借:销售费用——职工薪酬　　　　　　　　　　　　　　　　　　　　486 074
　　贷:应付职工薪酬　　　　　　　　　　　　　　　　　　　　　　486 074

(2) 发放时。

借:应付职工薪酬　　　　　　　　　　　　　　　　　　　　　　　486 074
　　贷:银行存款——招商银行　　　　　　　　　　　　　　　　　486 074

(二)管理费用

管理费用是指企业为组织和管理企业生产经营所发生的管理费用,包括企业在筹建期间内发生的开办费、董事会和行政管理部门在企业的经营管理中发生的或者应由企业统一负担的公司经费(包括行政管理部门职工工资及福利费、物料消耗、低值易耗品摊销、办公费和差旅费等)、工会经费、董事会费(包括董事会成员津贴、会议费和差旅费等)、聘请中介机构费、咨询费(含顾问费)、诉讼费、业务招待费、技术转让费、研究费用、排污费及行政管理部门等发生的固定资产修理费用等。

企业应设置"管理费用"账户核算管理费用的发生和结转情况。该账户借方登记企业所发生的各项管理费用,贷方登记期末转入"本年利润"科目的管理费用,结转后"管理费用"应无余额。"管理费用"账户应按管理费用的项目进行明细核算。

例 11-20 11月30日,科瑞公司转账支付本月电费15 000元,增值税税率为13%;支付水费8 000元,增值税税率为9%。水电费分配如下:车间负担20 000元,厂部行政管理部门负担3 000元。

【解析】

借:制造费用——水电费　　　　　　　　　　　　　　　　　　　20 000
　　管理费用——水电费　　　　　　　　　　　　　　　　　　　3 000
　　应交税费——应交增值税(进项税额)　　　　　　　　　　　　2 670
　　贷:银行存款——招商银行　　　　　　　　　　　　　　　　25 670

(三)财务费用

财务费用是指企业为筹集生产经营所需资金等而发生的筹资费用,包括利息支出(减利息收入)、汇兑损益及相关的手续费、企业发生的现金折扣或收到的现金折扣等。

企业应设置"财务费用"账户核算财务费用的发生和结转情况。"财务费用"账户应按财务费用的项目进行明细核算。期末,"财务费用"账户的余额结转"本年利润"账户后无余额。

例 11-21　11 月 1 日,科瑞公司从银行取得一笔流动资金贷款,贷款金额为 5 000 000 元,贷款期限为 6 个月,年利率为 6.5%,利息按月支付。11 月 30 日,科瑞公司贷款行扣除上述贷款合同 12 月的利息 27 083.33 元。

【解析】
借:财务费用——利息支出　　　　　　　　　　　　　　　　　　　27 083.33
　　贷:银行存款　　　　　　　　　　　　　　　　　　　　　　　　27 083.33

做中学 11-2　2021 年 12 月,科瑞公司发生下列与营业成本相关的业务,小张需要对这些业务做出账务处理。

(1) 12 月 10 日,科瑞公司销售给新城机电以下商品:精密工作台 40 台,单位成本为 20 000 元;直线导轨 60 台,单位成本为 6 000 元。商品已经签收,科瑞公司开具了增值税销售发票。

(2) 12 月 22 日,南瑞金属材料厂向科瑞公司提出,其上个月采购的科瑞公司的原材料滚珠丝杆出现质量问题,双方协商同意全部退货,科瑞公司已收到退回的滚珠丝杆共 200 支,单位成本为 10 000 元。现做材料的退库和成本冲回处理。

(3) 12 月 1 日,科瑞公司承接了一项安装服务,合同总收入为 10 000 000 元,合同预计总成本为 6 000 000 元,属于某一时段内履行的履约义务。科瑞公司按照履约进度确认收入,截至 2021 年 12 月 31 日,该安装服务的履约进度为 30%,合同履约成本余额为 1 800 000 元,收入已经确认,现按履约进度确认营业成本。

(4) 12 月 1 日,科瑞公司将自行开发完成的非专利技术出租给东江公司,该非专利技术的成本为 300 000 元,双方约定的租赁期限为 10 年,科瑞公司按 10 年期限每月对该技术计提摊销。12 月 31 日,需要对当期已计提摊销成本进行账务处理。

【解析】上述业务应进行如下账务处理。
(1) 业务 1。
借:主营业务成本　　　　　　　　　　　　　　　　　　　　　　　1 160 000
　　贷:库存商品——精密工作台　　　　　　　　　　　　　　　　　800 000
　　　　　　　——直线导轨　　　　　　　　　　　　　　　　　　360 000
(2) 业务 2。
借:原材料——滚珠丝杆　　　　　　　　　　　　　　　　　　　　2 000 000
　　贷:其他业务成本　　　　　　　　　　　　　　　　　　　　　　2 000 000
(3) 业务 3。应确认营业成本 = 6 000 000 × 30% = 1 800 000(元),恰好与实际发生的合同履约成本一致,因此将其余额全部结转为主营业务成本。
借:主营业务成本　　　　　　　　　　　　　　　　　　　　　　　1 800 000
　　贷:合同履约成本　　　　　　　　　　　　　　　　　　　　　　1 800 000
(4) 业务 4。当期摊销额 = 300 000 ÷ 10 ÷ 12 = 2 500(元)。
借:其他业务成本　　　　　　　　　　　　　　　　　　　　　　　　2 500
　　贷:累计摊销　　　　　　　　　　　　　　　　　　　　　　　　2 500

做中学 11-3　2021 年 12 月,科瑞公司发生下列与税金及附加相关的业务,小张需要对这些业务做出账务处理。

(1) 科瑞公司对外出租一套房产,12月收取租金20 000元,适用的税率为12%。现计提房产税税额。

(2) 2021年12月,科瑞公司发生如下税费:增值税600 000元,消费税90 000元,资源税50 000元,房产税2 400元,车船税14 000元,城镇土地使用税10 000元,上述税费均已计提。另需购买销售合同的印花税票1 000元,适用的城市维护建设税和教育费附加的税率分别为5%和3%,现根据相关信息计提城市维护建设税和教育费附加,并交纳上述税费。

【解析】上述业务应进行如下账务处理。

(1) 业务1。

借:税金及附加　　　　　　　　　　　　　　　　　　　　　2 400
　　贷:应交税费——应交房产税　　　　　　　　　　　　　　2 400

(2) 业务2。

应计提城市维护建设税=(600 000+90 000)×5%=34 500(元)

应计提教育费附加=(600 000+90 000)×3%=20 700(元)

① 计提城市维护建设税和教育费附加。

借:税金及附加　　　　　　　　　　　　　　　　　　　　　55 200
　　贷:应交税费——应交城市维护建设税　　　　　　　　　　34 500
　　　　　　　　——应交教育费附加　　　　　　　　　　　　20 700

② 交纳各项税费(除印花税)。

借:应交税费——应交增值税　　　　　　　　　　　　　　　600 000
　　　　　　——应交消费税　　　　　　　　　　　　　　　　90 000
　　　　　　——应交城市维护建设税　　　　　　　　　　　　34 500
　　　　　　——应交教育费附加　　　　　　　　　　　　　　20 700
　　　　　　——应交资源税　　　　　　　　　　　　　　　　50 000
　　　　　　——应交房产税　　　　　　　　　　　　　　　　 2 400
　　　　　　——应交车船税　　　　　　　　　　　　　　　　14 000
　　　　　　——应交城镇土地使用税　　　　　　　　　　　　10 000
　　贷:银行存款　　　　　　　　　　　　　　　　　　　　 821 600

③ 交纳印花税。

借:税金及附加　　　　　　　　　　　　　　　　　　　　　 1 000
　　贷:银行存款　　　　　　　　　　　　　　　　　　　　　 1 000

注:企业交纳的印花税,在购买印花税票或交纳时直接支付,不存在与税务机关结算或者清算的问题,不会发生应付未付税款的情况,因此不通过"应交税费"账户核算。

做中学11-4　2021年12月,科瑞公司发生下列与期间费用相关的业务,小张需要对这些业务做出账务处理。

(1) 科瑞公司为完成2021年销售业绩,年底加大了广告宣传力度,在各相关网站、电视台投放广告。12月5日,小张收到一张经审核的广告费发票的发票联与抵扣联,注明价款为150 000元,增值税税额为9 000元,当日进行了广告费支付与进项票的认证。

(2) 12月6日,科瑞公司销售部经理宴请华南区客户,发生业务招待费15 000元,取得增值税普通发票。

(3) 12月8日,科瑞公司行政部员工唐果出差支借差旅费8 000元。12月15日,唐果出差回来,报销出差交通费6 000元,住宿费1 500元,出差补助1 200元,冲销借款后转账支付了余额。

(4) 12月31日,科瑞公司计提当期开办费摊销50 000元,计提企业管理软件摊销费用10 000元。

(5) 为支付采购款,12月20日,科瑞公司向开户银行申请办理银行承兑汇票,支付手续费5 000元。

【解析】上述业务应进行如下账务处理。

(1) 业务1。

借:销售费用——广告费　　　　　　　　　　　　　　　　150 000
　　应交税费——应交增值税(进项税额)　　　　　　　　　　9 000
　　贷:银行存款　　　　　　　　　　　　　　　　　　　　　159 000

(2) 业务2。

借:销售费用——广告费　　　　　　　　　　　　　　　　15 000
　　贷:银行存款　　　　　　　　　　　　　　　　　　　　　15 000

(3) 业务3。

① 借支差旅费。

借:其他应收款——员工往来(唐果)　　　　　　　　　　　8 000
　　贷:银行存款　　　　　　　　　　　　　　　　　　　　　8 000

② 报销差旅费。

借:管理费用——差旅费　　　　　　　　　　　　　　　　8 700
　　贷:其他应收款——员工往来(唐果)　　　　　　　　　　8 000
　　　　银行存款　　　　　　　　　　　　　　　　　　　　　700

(4) 业务4。

借:管理费用　　　　　　　　　　　　　　　　　　　　　60 000
　　贷:累计摊销　　　　　　　　　　　　　　　　　　　　　60 000

(5) 业务5。

借:财务费用　　　　　　　　　　　　　　　　　　　　　5 000
　　贷:银行存款　　　　　　　　　　　　　　　　　　　　　5 000

任务训练11-2

训练目的:通过本任务训练能够深刻理解产品成本与营业成本。

训练方式:课堂练习。

训练内容:12月31日,科瑞公司结算产品的生产成本并结转出库商品的营业成本,主要信息如下。

(1) 科瑞公司共生产A、B、C三种产品,期初库存分别为10 000只、5 000只、2 000只,单位成本分别为500元、600元、1 000元。

(2) 12月共生产A产品30 000只、B产品10 000只、C产品5 000只。

(3) A、B、C产品的生产分别领用原材料7 800 000元、3 000 000元、1 500 000元;分别发生直接人工费用4 680 000元、3 000 000元、3 000 000元;分别分摊制造费用3 120 000元、1 500 000元、500 000元。

(4) 12 月销售 A 产品 23 000 件,销售 B 产品 8 000 件,销售 C 产品 1 000 件。另外,出库 2 000 件 A 产品作为员工福利予以发放。

训练要求:计算当期应结转的营业成本和期末库存商品的单位成本,并编制结转营业成本的会计分录。

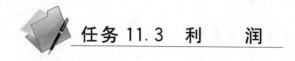

任务 11.3 利　　润

任务描述

科瑞公司总经理要求财务部在月度经营会上分析公司 2021 年 12 月的经营成果,但 12 月尚未完成结账,还有几笔影响损益的业务(主要是营业外收支相关业务)未进行处理。财务部经理让小王尽快完成影响公司损益的账务处理,并对所有损益类科目结转本年利润。

任务分析

小王原来没有做过结账的工作,因此首先需要了解利润是如何形成的,掌握本年利润的结转流程。另外,由于还有几笔与营业外收支相关的业务未完成账务处理,因此也需要掌握营业外收支的账务处理知识。

知识准备

一、利润的构成

企业作为独立的经济实体,应以自己的经营收入抵补其成本费用,并且实现盈利。企业盈利的大小在很大程度上反映企业生产经营的经济效益,表明企业在每一会计期间的最终经营成果。利润是指企业在一定会计期间的经营成果。利润包括收入减去费用后的净额、直接计入当期利润的利得和损失等。

利得是指由企业非日常活动所形成的、会导致所有者权益增加的、与所有者投入资本无关的经济利润的流入。损失是指由企业非日常活动所形成的、会导致所有者权益减少的、与向所有者分配利润无关的经济利润的流出。

利润的形成如图 11-12 所示。

二、营业外收支

营业外收支是指企业发生的与日常活动无直接关系的各项收支。营业外收支虽然与企业生产经营活动没有多大的关系,但从企业主体来考虑,同样带来收入或形成企业的支出,也是增加或减少利润的因素,对企业的利润总额及净利润产生较大的影响。

(一)营业外收入

营业外收入是指企业发生的营业利润以外的收益。营业外收入并不是由企业经营资金耗费所产生的,不需要企业付出代价,实际上是一种纯收入,不可能也不需要与有关费用进行配比。因此,在会计处理上,应严格区分营业外收入与营业收入的界限。营业外收入主要包括非

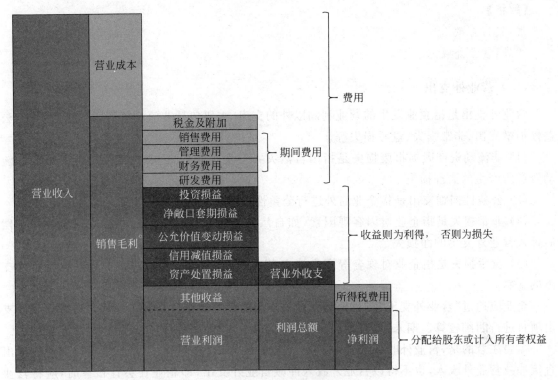

图 11-12 利润的形成

流动资产毁损报废利得、与企业日常活动无关的政府补助、盘盈利得、捐赠利得等。

（1）非流动资产毁损报废利得是指因自然灾害等发生毁损、已丧失使用功能而报废非流动资产所产生的清理收益。

（2）政府补助是指与企业日常活动无关的、从政府无偿取得货币性资产或非货币性资产形成的利得。

（3）盘盈利得是指企业对现金等资产清查盘点中盘盈的资产，报经批准后计入营业外收入的金额。

（4）捐赠利得是指企业接受捐赠产生的利得。

企业应通过"营业外收入"科目核算营业外收入的取得和结转情况。该科目可按营业外收入项目进行明细核算。期末，应将该科目余额转入"本年利润"科目，结转后该科目无余额。

例 11-22 11 月 5 日，受自然灾害影响，科瑞公司位于青岛的一处厂房无法进行正常生产，科瑞公司对该项资产进行处置，处置时该项厂房原值 3 000 000 元，累计折旧 1 000 000 元，获得处置收入 3 050 000 元，支付处置费用 20 000 元。

【解析】科瑞公司处置厂房获得的收益=3 050 000－(3 000 000－1 000 000)－20 000＝1 030 000(元)，该金额应等于"固定资产清理"科目结转损益前的账面余额，应做会计分录如下。

借：固定资产清理　　　　　　　　　　　　　　　　　　　　　　　　1 030 000
　　贷：营业外收入　　　　　　　　　　　　　　　　　　　　　　　　　　1 030 000

例 11-23 11 月 10 日，科瑞公司位于青岛的厂房因遭受重大自然灾害，收到政府补助资金 500 000 元。科瑞公司采用总额法进行会计处理。

【解析】

借：银行存款 500 000
　　贷：营业外收入 500 000

（二）营业外支出

营业外支出是指企业发生的营业利润以外的支出，主要包括非流动资产毁损报废损失、公益性捐赠支出、非常损失、盘亏损失等。

（1）非流动资产毁损报废损失是指因自然灾害等发生毁损、已丧失使用功能而报废非流动资产所产生的清理损失。

（2）公益性捐赠支出是指企业对外进行公益性捐赠发生的支出。

（3）非常损失是指企业对因客观因素（如自然灾害等）造成的损失，在扣除保险公司赔偿后计入营业外支出的净损失。

（4）盘亏损失是指企业对现金等资产清查盘点中盘亏的资产，报经批准后计入营业外支出的金额。

企业应通过"营业外支出"科目核算营业外支出的发生及结转情况。该科目可按营业外支出项目进行明细核算。期末，应将该科目余额转入"本年利润"科目，结转后该科目无余额。

需要注意的是，营业外收入和营业外支出应分别核算。在具体核算时，不得以营业外支出直接冲减营业外收入，也不得以营业外收入冲减营业外支出，即企业在会计核算时，应将营业外收入和营业外支出分别进行核算。

例 11-24 11月20日，科瑞公司上线了新的企业管理系统，原有管理软件已无使用价值，科瑞公司决定将其废弃。原有管理软件科瑞公司以800 000元购入，作为无形资产核算，期间未发生其他资本化成本，已累计摊销600 000元。

【解析】

借：累计摊销 600 000
　　营业外支出 200 000
　　贷：无形资产 800 000

例 11-25 11月25日，科瑞公司因违反税收法规，被处交纳税收滞纳金50 000元、罚款80 000元。科瑞公司以银行存款支付。

【解析】

借：营业外支出 130 000
　　贷：银行存款 130 000

三、本年利润

（一）结转利润的方法

1. 表结法

表结法下，各损益科目每月末只需结计出本月发生额和月末累计余额，不结转到"本年利润"科目，只有在年末时才将全年累计余额结转入"本年利润"科目。但每月末要将损益类科目的本月发生额合计数填入利润表的本月数栏，同时将本年末累计余额填入利润表的本年累计数栏,通过利润表计算反映各期的利润(或亏损)。表结法下,年中损益类科目无须结转入"本年利润"科目,从而减少了转账环节和工作量,同时并不影响利润表的编制及有关损益指标的利用。

2. 账结法

账结法下,每月末均需要编制转账凭证,将在账上结计出的各损益类科目的余额结转入"本年利润"科目。结转后,"本年利润"科目的本月余额反映当月实现的利润或发生的亏损,"本年利润"科目的本年余额反映本年累计实现的利润或发生的亏损。账结法在各月均可通过"本年利润"科目提供当月及本年累计的利润(或亏损)额,但增加了转账环节和工作量。

(二)结转利润的会计处理

本年利润结转流程如图 11-13 所示。

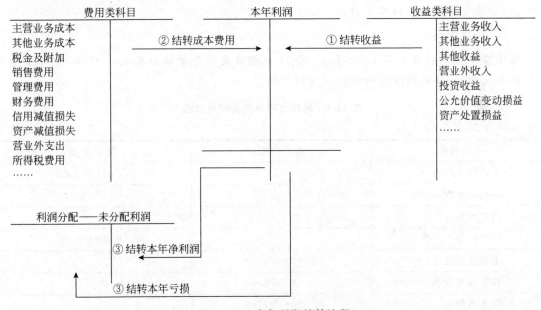

图 11-13 本年利润结转流程

图 11-13 中,投资损益、公允价值变动损益、资产处置损益等科目需视其期末余额的方向进行结转,如果为净收益,应结转至"本年利润"的贷方;如果为净损失,则应结转至"本年利润"的借方。

做中学 11-5 科瑞公司 2021 年 12 月还有以下几笔业务未完成账务处理,需要小王编制会计分录。

(1) 12 月 31 日,科瑞公司将其购买的一项专利转让给新城机电公司,开具了增值税专用发票,注明价款为 600 000 元,增值税税率为 6%,税额为 36 000 元,款项已收讫。该项专利权的成本为 500 000 元,已摊销 5 000 元。

(2) 科瑞公司与南瑞金属材料厂签订原材料的采购合同,约定的送货日期为 12 月 10 日,南瑞金属材料厂未按合同约定送货。12 月 30 日,根据合同条款南瑞金属材料厂向科瑞公司招商银行账户转账支付了违约赔偿 50 000 元。

(3) 12 月 8 日,科瑞公司通过中国红十字会向疫区捐款 1 000 000 元,取得了相关捐款凭证。

【解析】小王针对上述业务，编制会计分录如下。

(1) 业务1。

借：银行存款——招商银行　　　　　　　　　　　　　　　　636 000
　　累计摊销　　　　　　　　　　　　　　　　　　　　　　　5 000
　　贷：无形资产　　　　　　　　　　　　　　　　　　　　　500 000
　　　　应交税费——应交增值税(销项税额)　　　　　　　　　36 000
　　　　营业外收入　　　　　　　　　　　　　　　　　　　　105 000

(2) 业务2。

借：银行存款　　　　　　　　　　　　　　　　　　　　　　　50 000
　　贷：营业外收入　　　　　　　　　　　　　　　　　　　　 50 000

(3) 业务3。

借：营业外支出——捐赠支出　　　　　　　　　　　　　　　1 000 000
　　贷：银行存款　　　　　　　　　　　　　　　　　　　　1 000 000

做中学 11-6　科瑞公司 2021 年 12 月 31 日损益类科目余额如表 11-3 所示，完成上述业务的账务处理后，按账结法进行本年利润的结转。

表 11-3　科瑞公司损益类科目余额

日期：2021 年 12 月 31 日　　　　　　　　　　　　　　　　　　　　　　　　　　单位：元

科目名称	借方余额	贷方余额
主营业务收入		42 661 507.00
其他业务收入		135 000.00
营业外收入		2 426 000.00
投资收益		4 312 893.00
主营业务成本	23 063 000.00	
其他业务成本	89 800.00	
税金及附加	599 777.60	
销售费用	1 312 285.00	
管理费用	543 054.00	
财务费用	525 452.98	
信用减值损失	1 794 415.90	
营业外支出	830 000.00	
所得税费用	5 582 757.61	

【解析】小王根据上表数据编制会计分录如下。

(1) 结转各项收入、利得类科目至"本年利润"。

借：主营业务收入　　　　　　　　　　　　　　　　　　　42 661 507.00
　　其他业务收入　　　　　　　　　　　　　　　　　　　　　135 000.00
　　营业外收入　　　　　　　　　　　　　　　　　　　　　2 426 000.00
　　投资收益　　　　　　　　　　　　　　　　　　　　　　4 312 893.00
　　贷：本年利润　　　　　　　　　　　　　　　　　　　49 535 400.00

（2）结转各项费用、损失类科目至"本年利润"。

借：本年利润　　　　　　　　　　　　　　　　　　　34 340 543.09
　　贷：主营业务成本　　　　　　　　　　　　　　　23 063 000.00
　　　　其他业务成本　　　　　　　　　　　　　　　　　89 800.00
　　　　税金及附加　　　　　　　　　　　　　　　　　　599 777.60
　　　　销售费用　　　　　　　　　　　　　　　　　　1 312 285.00
　　　　管理费用　　　　　　　　　　　　　　　　　　　543 054.00
　　　　财务费用　　　　　　　　　　　　　　　　　　　525 452.98
　　　　信用减值损失　　　　　　　　　　　　　　　　1 794 415.90
　　　　营业外支出　　　　　　　　　　　　　　　　　　830 000.00
　　　　所得税费用　　　　　　　　　　　　　　　　　5 582 757.61

（3）将"本年利润"科目余额转入"利润分配——未分配利润"科目。

借：本年利润　　　　　　　　　　　　　　　　　　　15 194 856.91
　　贷：利润分配利——未分配利润　　　　　　　　　15 194 856.91

任务训练11-3

训练目的：进一步加深理解利润形成的业务处理和结转的流程。

训练方式：课堂练习。

训练内容：

（1）编制以下业务的会计分录。

12月13日，科瑞公司应收城南物贸商城账款14 000 000元已逾期，科瑞公司已为该笔应收账款计提了200 000元坏账准备，经协商决定进行债务重组，以下列三项资产进行偿付，不足部分科瑞公司不得再追偿：①城南物贸商城以银行存款偿付本公司账款2 000 000元；②城南物贸商城以一项固定资产抵偿债务，该项固定资产的账面价值为5 000 000元，公允价值为6 000 000元；③城南物贸商城以一项长期股权投资抵偿债务，该项投资账面价值为5 500 000元，公允价值为5 000 000元。

（2）计算东江公司的2021年的利润。东江公司2021年度发生以下交易或事项：①销售商品确认收入24 000 000元，结转成本19 000 000元；②出售原材料收入3 000 000元，结转原材料成本2 600 000元；③发生销售费用600 000元，管理费用500 000元，财务费用120 000元；④报废固定资产损失6 000 000元；⑤因持有以公允价值计量且其变动计入其他综合收益的金融资产确认公允价值变动收益800 000元；⑥确认信用减值损失3 000 000元。

训练要求：不考虑其他因素，分别计算东江公司2021年的营业利润和利润总额。

任务11.4　所得税费用

任务描述

科瑞公司将于近期出具财务报表并进行所得税汇算清缴，财务部经理安排小张计算2021年度企业所得税纳税申报表中的主要项目金额，并计算公司2021年度应计入利润表的所得税费用。

任务分析

小张听前辈说过所得税的计算特别复杂,好在同事说起科瑞公司并不涉及太复杂的递延所得税业务,但是至少需要对所得税费用的构成、所得税会计的基本程序有所了解,特别是要掌握当期所得税的计算,包括常见的纳税调整事项等。

因此小张针对财务经理提出的要求,需要学习掌握所得税费用的构成、计算、账务处理等知识并能在实践中应用。

知识准备

我国所得税会计采用了资产负债表债务法,要求企业从资产负债表出发,通过比较资产负债表上列示的资产、负债,按照会计准则规定确定的账面价值与按照税法规定确定的计税基础,对两者之间的差异分别以应纳税暂时性差异与可抵扣暂时性差异,确认相关的递延所得税负债与递延所得税资产,在综合考虑当期应交所得税的基础上,确定每一会计期间利润表中的所得税费用,即在采用资产负债表债务法核算所得税的情况下:

利润表中的所得税费用=当期所得税+递延所得税费用

一、当期所得税

当期所得税是指企业按照企业所得税法规定计算确定的针对当期发生的交易和事项,应交纳给税务部门的所得税金额。

当期所得税=应纳税所得额×所得税税率

应纳税所得额=税前会计利润+纳税调整增加额-纳税调整减少额

(一)纳税调整增加额

(1)按会计准则规定核算时不作为收益计入财务报表,但在计算应纳税所得额时作为收益需要交纳所得税。例如,未确认收入的视同销售行为等。

(2)按会计准则规定核算时确认为费用或损失计入财务报表,但在计算应纳税所得额时不允许扣减的部分。例如,超过企业所得税法规定标准的职工福利费、工会经费、职工教育经费、业务招待费、公益性捐赠支出、广告费和宣传费等;企业已计入当期损失但企业所得税法规定不允许扣除的金额,如税收滞纳金、罚金、罚款、未经核定的准备金支出等。

(二)纳税调整减少额

(1)按会计准则规定核算时作为收益计入财务报表,但在计算应纳税所得额时不确认为收益的部分。例如,国债利息收入等。

(2)按会计准则规定核算时不确认为费用或损失,但在计算应纳税所得额时允许扣减的部分。例如,研发费用、残疾人工资的加计扣除等。

例 11-26 科瑞公司 2020 年税前会计利润为 8 000 000 元,适用的所得税税率为 25%。2020 年发生下列纳税调整事项。

(1)取得国债利息收入 210 000 元。

(2)全年实发工资、薪金为 2 000 000 元,发放职工福利费 300 000 元,发生工会经费支出 60 000 元,职工教育经费支出 230 000 元。

(3) 缴纳税收滞纳金 100 000 元。
(4) 期末对持有的存货计提了 130 000 元的存货跌价准备。
(5) 研究阶段支出 600 000 元计入管理费用,当期研发费用加计扣除比例为 75%。

【解析】
(1) 纳税调增项。
① 职工福利费,所得税前可扣除额 = 2 000 000 × 14% = 280 000(元),应纳税调增额 = 300 000 − 280 000 = 20 000(元)。
② 工会经费,所得税前可扣除额 = 2 000 000 × 2% = 40 000(元),应纳税调增额 = 60 000 − 40 000 = 20 000(元)。
③ 职工教育经费,所得税前可扣除额 = 2 000 000 × 8% = 160 000(元),应纳税调增额 = 230 000 − 160 000 = 70 000(元)。
④ 缴纳税收滞纳金 100 000 元。
⑤ 期末对持有的存货计提了 130 000 元的存货跌价准备。
(2) 纳税调减项。
① 取得国债利息收入 210 000 元。
② 研究支出加计扣除 = 600 000 × 75% = 450 000(元)

应纳税所得额 = 税前会计利润 + 纳税调整增加额 − 纳税调整减少额
= 8 000 000 + (20 000 + 20 000 + 70 000 + 100 000 + 130 000)
− (210 000 + 450 000)
= 7 680 000(元)

应交所得税 = 7 680 000 × 25% = 1 920 000(元)

二、递延所得税

递延所得税是指按照所得税准则规定当期应予确认的递延所得税资产和递延所得税负债。发生额对应所得税费用的,属于递延所得税费用。递延所得税的处理流程如图 11-14 所示。

递延所得税费用 = 当期递延所得税负债的增加额 + 当期递延所得税资产的减少额
− 当期递延所得税负债的减少额 − 当期递延所得税资产的增加额

三、所得税费用的账务处理

企业根据企业会计准则的规定,计算确认当期所得税和递延所得税之和,即为应从当期利润总额中扣除的所得税费用。所得税费用的一般处理程序如图 11-15 所示。

企业应设置"所得税费用"科目,核算企业所得税费用的确认及其结转情况。期末,应将"所得税费用"科目的余额转入"本年利润"科目,借记"本年利润"科目,贷记"所得税费用"科目,结转后"所得税费用"科目应无余额。

例 11-27 科瑞公司 2020 年当期应纳税所得额为 7 680 000 元,年初时递延所得税资产余额为 110 000 元,递延所得税负债余额为 40 000 元;年末时递延所得税资产余额为 370 000 元,递延所得税负债余额为 120 000 元。

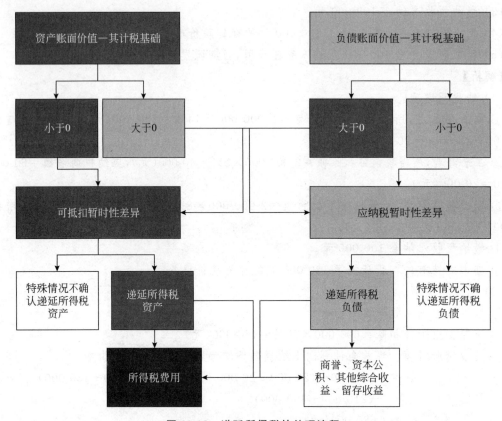

图 11-14 递延所得税的处理流程

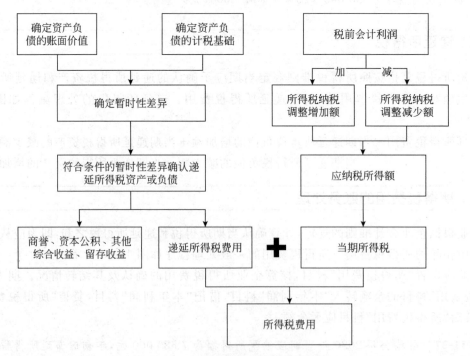

图 11-15 所得税费用的一般处理程序

【解析】

递延所得税费用＝(120 000－40 000)－(370 000－110 000)＝－180 000(元)

所得税费用＝7 680 000×25%＋(－180 000)＝1 740 000(元)

科瑞公司应编制如下会计分录。

借：所得税费用	1 740 000
递延所得税资产	260 000
贷：应交税费——应交所得税	1 920 000
递延所得税负债	80 000

做中学 11-7 科瑞公司 2021 年度利润表中利润总额为 10 900 000 元，适用的所得税税率为 25%。存在以下业务或事项可能与所得税的计算与调整相关。

(1) 2021 年实现营业收入 96 800 000 元，工资薪金总额为 10 900 000 元。

(2) 2021 年发生广告费和业务宣传费支出 15 000 000 元。

(3) 2021 年发生业务招待费 840 000 元。

(4) 2021 年发生职工福利费 1 600 000 元，工会经费 100 000 元，职工教育经费 50 000 元。

(5) 2021 年计提坏账准备 3 600 000 元。

(6) 2021 年购买 A 股上市公司股票且持有满 12 个月，取得股息收入 2 200 000 元。

(7) 2020 年自行研发形成无形资产的价值为 3 600 000 元，该项支出满足制造业研发支出加计扣除政策，自 2021 年 1 月 1 日起按 10 年摊销。

不考虑其他调整事项，根据以上信息填写表 11-4。

表 11-4　科瑞公司年度纳税申报表(部分)

项　　目	金额/元
一、利润总额	
减：境外所得	
加：纳税调整增加额	
减：纳税调整减少额	
减：免税、减计收入及加计扣除	
加：境外应税所得抵减境内亏损	
二、纳税调整后所得	
减：所得减免	
减：弥补以前年度亏损	
减：抵扣应纳税所得额	
三、应纳税所得额	
税率(25%)	
四、应纳所得税额	

注：节选自《中华人民共和国企业所得税年度纳税申报表(A 类)》部分项目。

【解析】

(1) 广告费和业务宣传费的税前扣除限额为营业收入的 15%。

纳税调整增加额＝15 000 000－96 800 000×15％＝480 000(元)

(2) 业务招待费的税前扣除限额为发生额的60％与当年营业收入的0.5％中的较小者。

2021年业务招待费发生额的60％＝840 000×60％＝504 000(元)

2021年营业收入的0.5％＝96 800 000×0.5％＝484 000(元)

2021年业务招待费的扣除限额为484 000元。

纳税调整增加额＝840 000－484 000＝356 000(元)

(3) 职工福利费、工会经费和职工教育经费的纳税调整。

职工福利费用的税前扣除限额＝10 900 000×14％＝1 526 000(元)，纳税调整增加额＝1 600 000－1 526 000＝74 000(元)。

工会经费的税前扣除限额＝10 900 000×2％＝218 000(元)，大于实际发生额，不需纳税调整。

职工教育经费的税前扣除限额＝10 900 000×8％＝872 000(元)，大于实际发生额，不需纳税调整。

(4) 计提的坏账准备不允许在所得税前扣除，纳税调整增加额为360 000元。

(5) 符合条件的股息收入2 200 000元属于所得税免税收入。

(6) 根据制造业研发费用税前加计扣除新政，研发支出形成无形资产的，自2021年1月1日起，按照无形资产成本的200％在税前摊销，即科瑞公司2021年可加计扣除的无形资产摊销费用为3 600 000÷10＝360 000(元)。

上述数据计算后填入表11-5。

表11-5　科瑞公司年度纳税申报表(部分)

项　　目	金额/元
一、利润总额	10 900 000
减：境外所得	
加：纳税调整增加额	1 270 000
减：纳税调整减少额	
减：免税、减计收入及加计扣除	2 560 000
加：境外应税所得抵减境内亏损	
二、纳税调整后所得	9 610 000
减：所得减免	
减：弥补以前年度亏损	
减：抵扣应纳税所得额	
三、应纳税所得额	9 610 000
税率(25％)	25％
四、应纳所得税额	2 402 500

做中学 11-8　科瑞公司2021年年初递延所得税资产余额为370 000元，递延所得税负债余额为120 000元。2021年仅发生上述计提坏账准备事项，影响递延所得税资产年末余额增加至1 270 000元，未发生其他影响递延所得税业务，计算科瑞公司应计入2021年利润表的所得税费用及净利润。

【解析】
　　递延所得税费用＝370 000－1 270 000＝－900 000(元)
　　应计入2021年利润表的所得税费用＝2 402 500－900 000＝1 502 500(元)
　　2021年实现净利润＝10 900 000－1 502 500＝9 397 500(元)

任务训练11-4

训练目的： 培养对最新税务优惠政策的学习和应用能力。

训练方式： 课堂练习。

训练内容： 科瑞公司2021年在海南自贸港开设一家子公司,主营业务属于海南自由贸易港鼓励类产业目录中规定的产业项目,主营业务占总收入的比例达90%以上。该子公司当年取得税前会计利润5 500 000元,当年购置固定资产2 700 000元。

训练要求： 不考虑其他影响因素,计算科瑞海南子公司2021年当期应交所得税。

任务11.5 利润分配

任务描述

　　小张正确计算出了科瑞公司2021年的净利润,公司董事会根据财务部上报的可供分配利润制订了利润分配方案,并报股东会审议批准。财务部经理要求小张根据经批准的分配方案进行账务处理。

任务分析

　　根据任务要求,小张需要对利润分配的基本知识有所了解,并掌握利润分配的主要账务处理及应用。

知识准备

一、利润分配的原则

（一）依法分配原则

　　国家有关利润分配的法律和法规主要有公司法、外商投资企业法等,企业在利润分配中必须切实执行上述法律、法规。利润分配在企业内部属于重大事项,企业的章程必须在不违背国家有关规定的前提下,对本企业利润分配的原则、方法、决策程序等内容做出具体而又明确的规定。

（二）资本保全原则

　　资本保全是责任有限的现代企业制度的基础性原则之一,企业在分配中不能侵蚀资本。利润的分配是对经营中资本增值额的分配,不是对资本金的返还。按照这一原则,一般情况下,企业如果存在尚未弥补的亏损,应首先弥补亏损,再进行其他分配。

（三）充分保护债权人利益原则

按照风险承担的顺序及其合同契约的规定，企业必须在利润分配之前偿清所有债权人到期的债务，否则不能进行利润分配。同时，在利润分配之后，企业还应保持一定的偿债能力，以免产生财务危机，危及企业生存。此外，企业在与债权人签订某些长期债务契约的情况下，其利润分配政策还应征得债权人的同意或审核方能执行。

（四）多方及长短期利益兼顾原则

利益机制是制约机制的核心，而利润分配的合理与否是利益机制最终能否持续发挥作用的关键。利润分配涉及投资者、经营者、职工等多方面的利益，企业必须兼顾，并尽可能地保持稳定的利润分配。在企业获得稳定增长的利润后，应增加利润分配的数额或百分比。同时，由于发展及优化资本结构的需要，除依法必须留用的利润外，企业仍可以出于长远发展的考虑，合理留用利润。在积累与消费关系的处理上，企业应贯彻积累优先的原则，合理确定提取盈余公积金和分配给投资者利润的比例，使利润分配真正成为促进企业发展的有效手段。

二、利润分配的顺序

企业当期实现的净利润加上年初未分配利润（减去年初未弥补亏损）后的余额，为可供分配利润。可供分配利润一般按下列顺序分配。

（1）弥补以前年度亏损。企业发生的年度亏损，可以用下一年度的税前利润弥补；下一年度不足弥补的，可以在5年内延续弥补；5年内不足以弥补的，既可以用税后利润弥补，也可以用以前年度提取的盈余公积补亏。企业以前年度有未弥补的亏损，不得提取法定盈余公积，在提取法定盈余公积前，不得向投资者分配利润。

（2）提取法定盈余公积。根据有关法律规定，企业应按照当年实现净利润的10%提取法定盈余公积。法定盈余公积达到注册资本的50%以上时，可以不再提取法定盈余公积。企业提取的法定盈余公积可以用于弥补亏损、扩大生产经营、转增公司资本（转增时所留存的该账户余额不得少于转增前注册资本的25%）。

（3）提取任意盈余公积。企业可以按照股东大会决议提取任意盈余公积。

（4）应付现金股利或利润。应付现金股利或利润是指企业按照利润分配方案分配给股东的现金股利，也包括非股份有限公司分配给投资者的利润。

三、利润分配的账务处理

（一）账户设置

企业应当设置"利润分配"账户，核算企业的利润分配情况。"利润分配"属于所有者权益类账户，借方核算利润的分配额或对以前年度亏损的弥补数，贷方核算每年转入的净利润；期末贷方余额反映历年累计的分配利润，期末借方余额反映历年累计的弥补亏损。该账户按利润分配的形式分别设置"提取法定盈余公积""提取任意盈余公积""应付现金股利或利润""盈余公积补亏""未分配利润"等明细账户进行核算。

（二）主要账务处理

在本项目任务11.3中，无论是采用表结法或账结法，年度终了，均将"本年利润"科目余额转入"利润分配——未分配利润"科目。在本任务中，对"利润分配"的科目余额进行分配和结转处理。

1. 弥补以前年度亏损

企业用税前利润或税后利润弥补以前年度亏损,不需要单独进行会计处理。年末进行利润结转时,将本年实现的利润从"本年利润"账户结转到"利润分配——未分配利润"科目贷方,这样就自然进行了弥补。

2. 提取盈余公积

借:利润分配——提取法定盈余公积
　　　　　——提取任意盈余公积
　贷:盈余公积——法定盈余公积
　　　　　——任意盈余公积

3. 分给投资者利润或股利

借:利润分配——应付现金股利或利润
　贷:应付股利

4. 年末结转已分配利润

(1) 如果企业当年盈利,并进行了利润分配,那么,结转分录一般如下。

借:利润分配——未分配利润
　贷:利润分配——提取法定盈余公积
　　　　　——提取任意盈余公积
　　　　　——应付现金股利或利润

(2) 如果企业亏损,并没有进行弥补,也不存在利润分配,这时将亏损额从"本年利润"账户转入"利润分配——未分配利润"账户的借方后,不需要进行其他账务处理。

(3) 如果亏损后,用企业的盈余公积金弥补了亏损,会计分录如下。

① 用盈余公积金弥补亏损。

借:盈余公积——法定盈余公积
　贷:利润分配——盈余公积补亏

② 结转利润分配明细账。

借:利润分配——盈余公积补亏
　贷:利润分配——未分配利润

做中学 11-9　2021年,科瑞公司实现净利润 9 397 500 元,年初"利润分配——未分配利润"科目余额为 17 200 000 元,不需要弥补亏损。经批准,其利润分配方案如下。

(1) 提取法定盈余公积 939 750 元。
(2) 提取任务盈余公积 469 875 元。
(3) 发放现金股利 5 000 000 元。

【解析】

(1) 结转实现净利润。

借:本年利润　　　　　　　　　　　　　　　　　　　　　　9 397 500
　贷:利润分配——未分配利润　　　　　　　　　　　　　　　　　9 397 500

(2) 提取法定盈余公积、宣告发放现金股利。

借:利润分配——提取法定盈余公积　　　　　　　　　　　　　939 750
　　　　　——提取任意盈余公积　　　　　　　　　　　　　469 875
　贷:盈余公积——法定盈利公积　　　　　　　　　　　　　　　939 750

　　　　——任意盈余公积　　　　　　　　　　　　　　　　　　　　469 875
　（3）分配现金股利。
　分配决议经批准时，
　借：利润分配——应付现金股利　　　　　　　　　　　　5 000 000
　　　贷：应付股利　　　　　　　　　　　　　　　　　　　　5 000 000
　支付现金股利时，
　借：应付股利　　　　　　　　　　　　　　　　　　　　　5 000 000
　　　贷：银行存款　　　　　　　　　　　　　　　　　　　　5 000 000
　（4）利润分配余额结转。
　借：利润分配——未分配利润　　　　　　　　　　　　　　6 409 625
　　　贷：利润分配——提取法定盈余公积　　　　　　　　　　939 750
　　　　　　　　——提取任意盈余公积　　　　　　　　　　　469 875
　　　　　　　　——应付现金股利　　　　　　　　　　　　5 000 000

任务训练11-5

训练目的：理解资本保全的含义，掌握盈余公积弥补亏损的账务处理。
训练方式：课堂练习。
训练内容：东江公司2020年产生亏损65 500 000元，使2020年年末"利润分配——未分配利润"科目余额为－49 300 000元。当年未提取盈余公积，盈余公积余额为82 300 000元。2021年，东江公司实现净利润560 000元，预计未来一段时间无法通过当期盈利弥补全部亏损。经董事会决议、股东会批准，决定将60 000 000元盈余公积用于弥补亏损。
训练要求：编制用盈余公积弥补亏损的会计分录。

学习总结

　　本项目主要介绍了利润表主要项目的分类、核算及账务处理，包括收入、费用、利润、所得税费用和利润的分配。
　　收入部分主要介绍在新收入准则下如何对收入进行确认和计量，重点讲解了一些主要业务的账务处理：一般销售商品业务，销售折扣和销售退回的处理，在某一时间段履行履约义务和合同成本的账务处理，以及其他业务收入核算内容和方式。
　　费用部分重点介绍了营业成本、税金及附加和三项期间费用。其中营业成本部分介绍了主营业务成本和其他业务成本的结转；税金及附加部分重点介绍了消费税、城市维护建设税、教育费附加等税费的处理；期间费用部分介绍了销售费用、管理费用和财务费用的主要核算范围和账务处理方法。
　　所得税费用分为当期所得税和递延所得税费用，其中重点介绍了当期所得税的计算，以及如何将税前会计利润调整为应纳税所得额，并根据适用税率计算当期所得税。
　　利润部分介绍利润的形成和分配，在任务11.3中厘清营业利润、利润总额、净利润的关系，介绍营业外收支的核算范围和会计处理；在任务11.5中主要阐述利润的分配及账务处理。

"讲好中国故事，
传承中国精神"系列故事11

项目11　收入、费用和利润 学习测试

项目 12 财务报告

学习目标

【知识目标】
(1) 了解财务报告的基本概念和编制原则。
(2) 了解资产负债表的结构,理解报表中各项目的含义。
(3) 了解利润表的结构,理解报表中各项目的含义。
(4) 了解现金流量表的结构,理解报表中各项目的含义。

项目 12 财务报告

【能力目标】
(1) 能够根据企业的资产、负债、所有者权益各项目,编制资产负债表。
(2) 能够根据企业的收入、费用各项目,编制利润表。
(3) 能够根据企业的经营活动、投资活动、筹资活动的各项目,编制现金流量表。

【素质目标】
(1) 培养遵循法规、依法办事的职业道德规范素质。
(2) 培养做事诚信、精准严密、一丝不苟的职业素养。
(3) 培养善于学习、不断更新知识体系的基本素质。
(4) 培养良好的职业判断能力。

学习导图

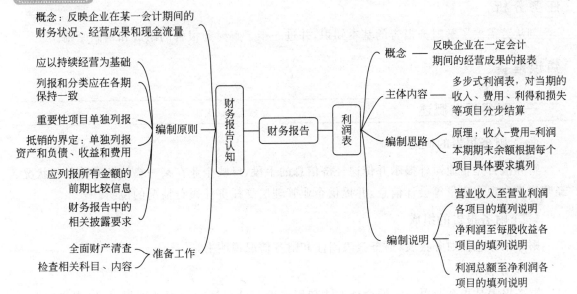

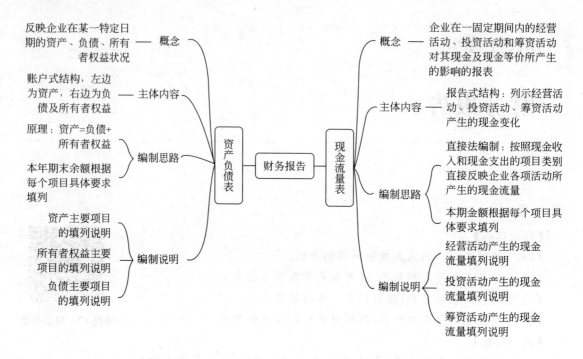

任务 12.1 财务报告认知

 任务描述

刘从芳作为会计专业的应届毕业生,在山东科瑞有限公司相关岗位实习一个月后,到月末要开始参与财务报告的编制工作。财务部经理要她先了解财务报告的相关知识,并让她对财务报告的组成、编制原则等有所了解。

任务分析

刘从芳需要了解财务报告的基本知识,并进一步了解财务报告的组成和编制原则。

知识准备

一、财务报告概述

(一)财务报告的概念

财务报告是企业对外揭示并传递经济信息的手段,反映企业在某一会计期间的财务状况、经营成果和现金流量等会计信息,并提供企业管理层受托责任履行情况的说明。

(二)财务报告的组成

财务报告包括财务报表、财务报表附注和财务情况说明书。

1. 财务报表

财务报表是指企业以一定的会计方法和程序由会计账簿的数据整理得出,以表格的形式反映企业财务状况、经营成果和现金流量的书面文件,是财务报告的主体和核心。

企业财务报表按其反映的内容不同可分为资产负债表、利润表、现金流量表、所有者权益(股东权益)变动表。

2. 财务报表附注

财务报表附注是为便于报表使用者理解财务报表的内容而对财务报表的编制基础、编制依据、编制原则和方法及主要项目等所做的解释。

财务报表附注包含会计政策和会计估计及其变动与影响、关联方及关联交易、或有事项与承诺事项、重要资产转让与出售、重要项目的注释与说明等。

3. 财务情况说明书

财务情况说明书是关于企业生产经营与利润等情况、影响财务状况的重要事项说明、资产负债表日后事项说明等。

知识链接	财务报告与财务报表的区别

财务报告包含财务报表、财务报表附注、财报情况说明书三部分。

财务报表包含基本报表和附表。其中,基本报表包含资产负债表、利润表、现金流量表、所有者权益变动表;附表包含利润分配表、资产减值准备明细表等。

二、财务报告的编制原则

(一) 以持续经营为基础

企业应以持续经营为基础,根据实际发生的交易和事项,按照《企业会计准则——基本准则》和其他各项会计准则的规定进行确认与计量,并在此基础上编制财务报表。企业在当期已经决定或正式决定下一个会计期间进行清算或停止营业,表明其处于非持续经营状态,应采用其他基础编制财务报表,并在附注中声明财务报表未以持续经营为基础列报,披露未以持续经营为基础的原因及财务报表的编制基础。

(二) 列报的一致性

列报的一致性要求财务报表中的列报和分类应在各期间保持一致。除非准则要求改变,或主体的经营性质发生重大变化。

(三) 重要性项目单独列报

性质或功能类似的项目的所属类别具有重要性的,应按其类别在财务报表中单独列报。性质或功能不同的项目,应在财务报表中单独列报。

(四) 有关抵销的界定

财务报表中的资产项目和负债项目的金额、收入项目和费用项目的金额不得相互抵销,单独列报资产和负债、收益和费用,以便使用者更易理解已发生的交易、其他事项的情况,以及评估主体未来的现金流量。

(五) 财务报表中应列报所有金额的前期比较信息

当期财务报表的列报,至少应提供所有列报项目上一可比会计期间的比较数据,以及与理解当期财务报表相关的说明,其他会计准则另有规定的除外。

(六)披露要求

企业应当财务报表的显著位置至少披露下列各项:编报企业的名称;资产负债表日或财务报表涵盖的会计期间;人民币金额单位;财务报表是合并财务报表的,应予以标明。

企业至少应按年编制财务报表。年度财务报表涵盖的期间短于一年的,应披露年度财务报表的涵盖期间,以及短于一年的原因。

三、财务报告的准备工作

(一)全面清查财产、核实债务

企业在编制年度财务会计报告前,应按照下列规定,全面清查资产、核实债务。

(1) 结算款项(即债权债务)包括应收款项、应付款项、应交税费等是否存在,与债务、债权单位的相应债务、债权金额是否一致。

(2) 原材料、在产品、自制半成品、库存商品等各项存货的实存数量与账面数量是否一致,是否有报废损失和积压物资等。

(3) 各项投资是否存在,投资收益是否按照国家统一的会计制度规定进行确认和计量。

(4) 房屋建筑物、机器设备、运输工具等各项固定资产的实存数量与账面数量是否一致。

(5) 在建工程的实际发生额与账面记录是否一致。

(6) 需要清查、核实的其他内容。

(二)检查处理

企业在编制财务会计报告前,除应全面清查资产、核实债务外,还应完成下列工作。

(1) 核对各会计账簿记录与会计凭证的内容、金额等是否一致,记账方向是否相符(账证核对)。

(2) 依照规定的结账日进行结账,结出有关会计账簿的余额和发生额,并核对各会计账簿之间的余额。

(3) 检查相关的会计核算是否按照国家统一的会计制度的规定进行(是否符合规定)。

(4) 对国家统一的会计制度没有规定统一核算方法的交易、事项,检查其是否按照会计核算的一般原则进行确认和计量,以及相关账务处理是否合理(无规定的是否符合一般原则)。

(5) 检查是否存在因会计差错、会计政策变更等原因需要调整前期或者本期相关项目的情况。

任务训练12-1

训练目的:掌握财务报告的主要组成及编制原则,了解相关的财务政策制度。

训练方式:小组交流或课堂提问。

训练内容:举例说明财务报告的主要组成部分、编制的注意要点,以及依据的政策制度、会计准则。

训练要求:参照所下载的上市公司的财务报告,能说明其财务报告的主要组成部分,以及在编制中所遵循的政策制度、会计准则。

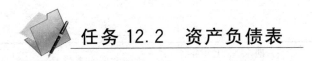

任务 12.2 资产负债表

任务描述

已经到年末,刘从芳接到财务部经理安排的工作,要求她一同参与当年资产负债表的编制工作。

任务分析

刘从芳需要掌握资产负债表的主体结构组成、表中项目的填列方法,并根据当年实际发生的业务编制资产负债表。

知识准备

一、资产负债表的概念

资产负债表是反映企业在某一特定日期的财务状况的报表,是企业经营活动的静态反映。其中,某一特定日期一般指会计期末,如月度、季度、年度;财务状况是指资产、负债、所有者权益的状况。

资产负债表根据"资产=负债+所有者权益"的会计平衡原则,将资产、负债、所有者权益等交易科目分为"资产"和"负债及所有者权益"两大部分,并依照财务报表格式要求的分类标准和分类次序,将某一特定日期的资产、负债、所有者权益的具体项目予以适当的排列编制而成。

资产负债表可以帮助财务报表使用者了解企业某一日期资产的总额及其结构,表明企业拥有的资源、负担的债务、所有者权益的金额及其结构组成,可以用于分析判断企业的偿债能力、资本保值增值情况等,有利于财务报表使用者做出经济决策。

二、资产负债表的主体内容

资产负债表由表头、表体两部分组成。表头部分包含报表名称、编制单位名称、资产负债表日期、报表编号和计量单位。表体部分是资产负债表的主体,列示了用于说明企业财务状况的各个项目。

企业的资产负债表一般采用账户式结构,分为左右两部分。左侧为资产项目,大体按照资产流动性大小排列。流动性大的资产如货币资金、交易性金融资产等排在前面,流动性小的资产如固定资产、无形资产等排在后面。右侧为负债及所有者权益项目,负债按照到期债务时限的先后顺序排列。短期借款、交易性金融负债等需要在一年以内或者长于一年的营业周期内偿还的流动负债排在前面,长期借款、应付债券等在一年以上才需偿还的非流动负债排在中间,所有者权益等无须偿还的项目排在后面。

资产负债表中的资产项目合计等于负债和所有者权益各项目的合计,即"资产=负债+所有者权益",表的左右两边平衡,以此反映资产、负债、所有者权益三者之间的内在关系。企业的资产负债表如表 12-1 所示。

表 12-1　资产负债表

会企 01 表

编制单位：　　　　　　　　　　　　　年　　月　　日　　　　　　　　　　　　单位：元

资产	期末余额	上年年末余额	负债和所有者权益	期末余额	上年年末余额
流动资产：			流动负债：		
货币资金			短期借款		
交易性金融资产			交易性金融负债		
衍生金融资产			衍生金融负债		
应收票据			应付票据		
应收账款			应付账款		
应收款项融资			预收款项		
预付款项			合同负债		
其他应收款			应付职工薪酬		
存货			应交税费		
合同资产			其他应付款		
持有待售资产			持有待售负债		
一年内到期的非流动资产			一年内到期的非流动负债		
其他流动资产			其他流动负债		
流动资产合计			流动负债合计		
非流动资产：			非流动负债		
债权投资			长期借款		
其他债权投资			应付债券		
长期应收款			其中：优先股		
长期股权投资			永续债		
其他权益工具投资			租赁负债		
其他非流动金融资产			长期应付款		
投资性房地产			预计负债		
固定资产			递延收益		
在建工程			递延所得税负债		
生产性生物资产			其他非流动负债		
油气资产			非流动负债合计		
使用权资产			负债合计		
无形资产			所有者权益或(股东权益)：		
开发支出			实收资本(或股本)		
商誉			其他权益工具		
长期待摊费用			其中：优先股		
递延所得税资产			永续债		

续表

资 产	期末余额	上年年末余额	负债和所有者权益	期末余额	上年年末余额
其他非流动资产			资本公积		
非流动资产合计			减:库存股		
			其他综合收益		
			专项储备		
			盈余公积		
			未分配利润		
			所有者权益(或股东权益)合计		
资产总计			负债和所有者权益(或股东权益)总计		

三、资产负债表的编制

(一)编制的思路

编制资产负债表时,"上年年末余额""期末余额"两列均需要填列。

1. 上年年末余额填列

针对"上年年末余额"一列,应根据上年年末资产负债表的"期末余额"的值进行填列。如果因政策变化,使上年度的资产负债表的项目与本年度的表格项目不一致,应参照本年度的规定,对上年度的资产负债表的项目和内容进行调整,再填入本年度资产负债表的"上年年末余额"中。

2. 期末余额填列

资产负债表"期末余额"一列主要编制填列的思路如下。

(1)根据总账科目余额直接填列。可以根据总账科目余额直接填列的项目有:递延所得税资产;短期借款、应付票据、应交税费、预计负债、递延收益、递延所得税负债;实收资本(或股本)、库存股、资本公积、其他综合收益、专项储备、盈余公积等项目。

(2)计算后填列:根据几个总账科目余额的计算值填列。"货币资金"项目需根据"库存现金""银行存款""其他货币资金"三个总账科目余额的合计数填列。

(3)计算后填列:根据明细账科目余额计算值填列。

"开发支出"项目应根据"研发支出"科目中所属的"资本化支出"明细科目期末余额填列。

"应付账款"项目应根据"应付账款"和"预付账款"科目所属的相关明细科目的期末贷方余额合计数填列。

"预收款项"项目应根据"应收账款"科目和"预收账款"科目所属的相关明细科目的期末贷方余额合计数填列。

"应付职工薪酬"项目应根据"应付职工薪酬"科目的明细科目期末余额计算填列,1年以上的应付职工薪酬应该重分类至"长期应付职工薪酬"。

"一年内到期的非流动资产"项目应根据相关非流动资产项目的明细科目余额计算填列。

"一年内到期的非流动负债"项目应根据相关非流动负债项目的明细科目余额计算填列。

"未分配利润"项目应根据"利润分配"科目中所属的"未分配利润"明细科目期末余额填列。

(4) 计算分析后填列:根据总账和明细账余额分析计算后填列。

"长期借款"项目应根据"长期借款"总账科目余额扣除"长期借款"科目所属的明细科目中将在资产负债表日起一年内到期且企业不能自主地将清偿义务展期的长期借款后的金额计算填列。

"长期待摊费用"项目应根据"长期待摊费用"科目的期末余额减去将于一年内(含一年)摊销的数额后的金额填列。

"其他非流动资产"项目应根据有关科目的期末余额减去将于一年内(含一年)收回数后的金额填列。

"其他非流动负债"项目应根据有关科目的期末余额减去将于一年内(含一年)到期偿还数后的金额填列。

"其他流动资产""其他流动负债"项目应根据应交税费、应付债券有关科目的期末余额分析填列。

(5) 计算后填列:根据有关科目余额减去其备抵科目余额后的净额填列。

"应收票据""应收账款""长期股权投资""在建工程""其他应收款"等项目应根据相关科目的期末余额,减去"坏账准备"科目中有关坏账准备期末余额后的净额填列。

"长期股权投资""在建工程""商誉"等项目应根据相关科目的期末余额填列,已计提减值准备的,还应扣减相应的减值准备。

"固定资产""投资性房地产"项目应根据"投资性房地产""固定资产"科目的期末余额,减去"投资性房地产累计折旧""投资性房地产减值准备""累计折旧""固定资产减值准备"等备抵科目的期末余额,以及"固定资产清理"科目余额后的净额填列。

"无形资产"项目应根据"无形资产"科目的期末余额,减去"累计摊销""无形资产减值准备"等备抵科目余额后的净额填列。

"长期应收款"项目应根据"长期应收款"科目的期末余额,减去相应的"未实现融资收益"科目和"坏账准备"科目所属相关明细科目期末余额后的金额填列。

"长期应付款"项目应根据"长期应付款"科目的期末余额,减去相应的"未确认融资费用"科目期末余额后的金额填列。

(6) 计算分析后填列:综合应用上述方法分析填列。

"应收账款"项目应根据"应收账款"和"预收账款"科目所属各明细科目的期末借方余额合计数,减去"坏账准备"科目中有关应收账款计提的坏账准备期末余额后的金额填列。

"预付款项"项目应根据"预付账款"和"应付账款"科目所属各明细科目的期末借方余额合计数,减去"坏账准备"科目中有关预付款项计提的坏账准备期末余额后的金额填列。

"存货"项目应根据"材料采购""原材料""发出商品""库存商品""周转材料""委托加工物资""生产成本""受托代销商品""材料成本差异"等科目的期末余额合计,减去"受托代销商品款""存货跌价准备"科目期末余额后的金额填列。

(二) 编制说明

1. 资产项目的主要项目填列说明

(1) 货币资金。货币资金反映企业库存现金、银行结算户存款、外埠存款、银行汇票存款、银行本票存款、信用卡存款、信用证保证金存款等的合计数。

"货币资金"项目应根据"库存现金""银行存款""其他货币资金"科目期末余额的合计数填列。

(2)交易性金融资产。交易性金融资产反映资产负债表日企业分类为以公允价值计量且其变动计入当期损益的金融资产,以及企业持有的指定为以公允价值计量且其变动计入当期损益的金融资产的期末账面价值。

"交易性金融资产"项目应根据"交易性金融资产"科目的相关明细科目的期末余额分析填列。

自资产负债表日起超过一年到期且预期持有超过一年的以公允价值计量且其变动计入当期损益的非流动金融资产的期末账面价值,在"其他非流动金融资产"项目反映。

(3)应收票据。应收票据项目反映资产负债表日以摊余成本计量的、企业因销售商品、提供服务等收到的商业汇票,包括银行承兑汇票和商业承兑汇票。

"应收票据"项目应根据"应收票据"科目的期末余额,减去"坏账准备"科目中相关坏账准备期末余额后的金额分析填列。

(4)应收账款。应收账款项目反映资产负债表日以摊余成本计量的、企业因销售商品和提供服务等经营活动应收取的款项。

"应收账款"项目应根据"应收账款"科目的期末余额,减去"坏账准备"科目中相关坏账准备期末余额后的金额分析填列。

(5)应收款项融资。应收款项融资项目反映资产负债表日以公允价值计量且其变动计入其他综合收益的应收票据和应收账款等。

(6)预付款项。预付款项项目反映企业按照购货合同规定预付给供应单位的款项等。

"预付款项"项目应根据"预付账款"和"应付账款"科目所属各明细科目的期末借方余额合计数,减去"坏账准备"科目中有关预付账款计提的坏账准备期末余额后的净额填列。如"预付账款"科目所属明细科目期末为贷方余额的,应在资产负债表"应付账款"项目内填列。

(7)其他应收款。其他应收款项目反映企业除应收票据、应收账款、应付账款等经营性活动以外的其他各种应收、暂付的款项。

"其他应收款"应根据"应收利息""应收股利"和"其他应收款"科目的期末余额合计数,减去"坏账准备"科目中相关坏账准备期末余额后的金额填列。其中"应收利息"仅反映相关金融工具已到期可收取但于资产负债表日尚未收到的利息。基于实际利率法计提的金融工具的利息应包含在相应金融工具的账面余额中。

(8)存货。存货项目反映企业期末在库、在途和在加工中的各种存货的可变现净值或成本(取决于成本与可变现净值孰低)。存货包括各种材料、商品、在产品、半成品、包装物、低值易耗品、发出商品等。

"存货"项目应根据"材料采购""原材料""库存商品""周转材料""委托加工物资""发出商品""生产成本""受托代销商品"等科目的期末余额合计数,减去"受托代销商品款""存货跌价准备"科目期末余额后的金额填列。材料采用计划成本核算,以及库存商品采用计划成本核算或售价核算的企业,还应按加或减材料成本差异、商品进销差价后的金额填列。

(9)合同资产。合同资产项目按照《企业会计准则第14号——收入(2018)》的相关规定,对一项收入准则规范的合同,如果企业已将商品转让给客户(即企业已履行履约义务),在客户尚未付款的情况下,企业应当将该有权收取对价的权利列报为一项资产,即合同资产。

"合同资产"项目应根据"合同资产"科目的相关明细科目期末余额分析填列,同一合同下的合同资产和合同负债应以净额列示,其中净额为借方余额的,应根据其流动性在"合同资产"或"其他非流动资产"项目中填列;已计提减值准备的,还应以减去"合同资产减值准备"科目中相关的期末余额后的金额填列;其中净额为贷方余额的,应根据其流动性在"合同负债"或"其他非流动负债"项目中填列。

(10) 持有待售资产。持有待售资产项目反映资产负债表日划分为持有待售类别的非流动资产、划分为持有待售类别的处置组中的流动资产和非流动资产的期末账面价值。

"持有待售资产"项目应根据"持有待售资产"科目的期末余额,减去"持有待售资产减值准备"科目的期末余额后的金额填列。

(11) 一年内到期的非流动资产。一年内到期的非流动资产项目反映企业预计自资产负债表日起一年内变现的非流动资产。

"一年内到期的非流动资产"项目应根据可供出售的金融资产、长期应收款、长期股权投资、投资性房地产、固定资产、在建工程、工程物资、无形资产、开发支出、商誉、长期待摊费用、递延所得税资产等相关科目的期末余额分析填列。

(12) 债权投资。债权投资项目反映资产负债表日企业以摊余成本计量的长期债权投资的期末账面价值。

"债权投资"项目应根据"债权投资"科目的相关明细科目期末余额,减去"债权投资减值准备"科目中相关减值准备的期末余额后的金额分析填列。自资产负债表日起一年内到期的长期债权投资的期末账面价值在"一年内到期的非流动资产"项目中反映。企业购入的以摊余成本计量的一年内到期的债权投资的期末账面价值在"其他流动资产"项目中反映。

(13) 长期应收款。长期应收款项目反映企业租赁产生的应收款项和采用递延方式分期收款、实质上具有融资性质的销售商品和提供劳务等经营活动产生的应收款项。

"长期应收款"项目应根据"长期应收款"科目的期末余额,减去相应的"未实现融资收益"科目和"坏账准备"科目所属相关明细科目期末余额后的金额填列。

(14) 长期股权投资。长期股权投资项目反映投资方对被投资单位实施控制、重大影响的权益性投资,以及对其合营企业的权益性投资。

"长期股权投资"项目应根据"长期股权投资"科目的期末余额,减去"长期股权投资减值准备"科目的期末余额后的净额填列。

(15) 固定资产。固定资产项目反映资产负债表日企业固定资产的期末账面价值和企业尚未清理完毕的固定资产清理净损益。

"固定资产"项目应根据"固定资产"科目的期末余额,减去"累计折旧"和"固定资产减值准备"科目的期末余额后的金额,以及"固定资产清理"科目的期末余额填列。

(16) 在建工程。在建工程项目反映资产负债表日企业尚未达到预定可使用状态的在建工程的期末账面价值和企业为在建工程准备的各种物资的期末账面价值。

"在建工程"项目应根据"在建工程"科目的期末余额,减去"在建工程减值准备"科目的期末余额后的金额,以及"工程物资"科目的期末余额,减去"工程物资减值准备"科目的期末余额后的金额填列。

(17) 无形资产。无形资产项目反映企业持有的专利权、非专利技术、商标权、著作权、土地使用权等无形资产的成本减去累计摊销和减值准备后的净值。

"无形资产"项目应根据"无形资产"科目的期末余额,减去"累计摊销"和"无形资产减值准备"科目期末余额后的净值填列。

(18) 开发支出。开发支出项目反映企业开发无形资产过程中能够资本化形成无形资产成本的支出部分。

"开发支出"项目应根据"研发支出"科目所属的"资本化支出"明细科目的期末余额填列。

(19) 递延所得税资产。递延所得税资产项目反映企业跟所得税准则确认的可抵扣暂时性差异产生的所得税资产。

"递延所得税资产"项目应根据"递延所得税资产"科目的期末余额填列。

2. 负债项目的填列说明

(1) 短期借款。短期借款项目反映企业向银行或其他金融机构等借入的期限在一年以下(含一年)的各种借款。

"短期借款"项目应根据"短期借款"科目的期末余额填列。

(2) 交易性金融负债。交易性金融负债项目反映企业资产负债表日承担的交易性金融负债,以及企业持有的直接指定为以公允价值计量且其变动计入当期损益的金融负债的期末账面价值。

"交易性金融负债"项目应根据"交易性金融负债"科目的相关明细科目的期末余额填列。

(3) 应付票据。应付票据项目反映资产负债表日以摊余成本计量的、企业因购买原材料、商品和接受服务等开出、承兑的商业汇票,包括银行承兑汇票和商业承兑汇票。

"应付票据"项目应根据"应付票据"科目的期末余额填列。

(4) 应付账款。应付账款项目反映资产负债表日以摊余成本计量的、企业因购买材料及商品和接受服务等经营活动应支付的款项。

"应付账款"项目应根据"应付账款"和"预付账款"科目所属的相关明细科目的期末贷方余额合计数填列。

(5) 预收款项。预收款项项目反映企业按照合同规定预收的款项。

"预收款项"项目应根据"预收账款"和"应收账款"科目所属各明细科目的期末贷方余额合计数填列。如果"预收账款"科目所属明细科目的期末为借方余额的,应在资产负债表"应收账款"项目内填列。

(6) 合同负债。合同负债项目反映企业按照《企业会计准则第 14 号——收入(2018)》的相关规定,根据本企业履行履约义务与客户付款之间的关系在资产负债表中列示的合同负债。

"合同负债"项目应根据"合同负债"的相关明细科目的期末余额分析填列。

(7) 应付职工薪酬。应付职工薪酬项目反映企业为获得职工提供的服务或解除劳动关系而给予的各种形式的报酬或补偿。

"应付职工薪酬"项目应根据"应付职工薪酬"科目所属各明细科目的期末贷方余额分析填列。外商投资企业按规定从净利润中提取的职工奖励及福利基金也在本项目列示。

(8) 应交税费。应交税费项目反映企业按照税法规定计算应交纳的各种税费,包括增值税、消费税、城市维护建设税、教育费附加、企业所得税、资源税、土地增值税、房产税、城镇土地使用税、车船税等。企业代扣代缴的个人所得税也通过本项目列示。企业所交纳的税金不需要预计应交数的,如印花税、耕地占用税,不在本项目列示。

"应交税费"应根据"应交税费"科目的期末贷方余额填列。"应交税费"科目下的"应交增值税""未交增值税""待抵扣进项税额""待认证进项税额""增值税留抵税额"等明细科目的期末借方余额应根据情况在资产负债表中的"其他流动资产"或"其他非流动资产"项目中列示。

"应交税费——待转销项税"等科目的期末贷方余额应根据情况在资产负债表中的"其他流动负债"或"其他非流动负债"项目中列示。"应交税费"科目下的"未交增值税""简易计税""转让金融商品应交增值税""代扣代缴增值税"等科目期末贷方余额应在资产负债表中的"应交税费"项目中列示。

(9) 其他应付款。其他应付款项目反映的是与企业的主营业务没有直接关系的应付、暂收其他单位或个人的款项,即企业除应付票据、应付账款、应付工资、应付利润等以外的应付、暂收其他单位或个人的款项。

"其他应付款"应根据"应付利息""应付股利"和"其他应付款"科目的期末余额合计数填列。其中的"应付利息"仅反映相关金融工具已到期应支付但于资产负债表日尚未支付的利息。基于实际利率法计提的金融工具的利息应包含在相应金融工具的账面余额中。

(10) 一年内到期的非流动负债。一年内到期的非流动负债反映企业非流动负债中将于资产负债表日后一年内到期部分的金额,如将于一年内偿还的长期借款。

"一年内到期的非流动负债"应根据有关科目的期末余额分析填列。需要注意的是,对按照相关会计准则采用折旧(或摊销、折耗)方法进行后续计量的固定资产、无形资产、长期待摊费用等非流动资产,折旧(或摊销、折耗)年限(或期限)只剩一年或不足一年的,无须归类为流动资产,仍在各该非流动资产项目中列报,不转入"一年内到期的非流动资产"项目列报;预计在一年内(含一年)进行折旧(或摊销、折耗)的部分,也无须归类为流动资产,不转入"一年内到期的非流动资产"项目列报。

(11) 长期借款。长期借款项目反映企业向银行或其他金融机构借入的期限在一年以上(不含一年)的各项借款。

"长期借款"项目应根据"长期借款"科目的期末余额,扣除"长期借款"科目所属的明细科目中将在资产负债表日起一年内到期且企业不能自主地将清偿义务展期的长期借款后的金额计算填列。

(12) 长期应付款。长期应付款项目反映资产负债表日企业除长期借款和应付债券以外的其他各种长期应付款项的期末账面价值。

"长期应付款"项目应根据"长期应付款"科目的期末余额,减去相关的"未确认融资费用"科目的期末余额后的金额,以及"专项应付款"科目的期末余额填列。

(13) 预计负债。预计负债项目反映企业根据或有事项等相关准则确认的各项预计负债,包括对外提供担保、未决诉讼、产品质量保证、重组义务,以及固定资产和矿区权益弃置义务等产生的预计负债。

"预计负债"项目应根据"预计负债"科目的期末余额填列。企业按照《企业会计准则第22号——金融工具确认和计量(2018)》的相关规定,对贷款承诺等项目计提的损失准备应在本项目中填列。

(14) 递延所得税负债。递延所得税负债项目反映企业根据所得税准则确认的应纳税暂时性差异产生的所得税负债。

"递延所得税负债"项目应根据"递延所得税负债"科目的期末余额填列。

3. 所有者权益项目的填列说明

(1) 实收资本(或股本)。实收资本(或股本)项目反映资产负债表日企业各投资者实际投入的资本(或股本)总额。

"实收资本(或股本)"项目应根据"实收资本(或股本)"科目的期末余额填列。

(2) 其他权益工具。其他权益工具项目反映资产负债表日企业发行在外的除普通股以外分类为权益工具的金融工具的期末账面价值。

"其他权益工具"项目中分类为权益工具的,应在"其他权益工具"项目填列。对优先股和永续债,还应在"其他权益工具"项目下的"优先股"项目和"永续债"项目中分别填列。

(3) 资本公积。资本公积项目反映企业收到的投资者出资超出其在注册资本或股本中所占的份额,以及直接计入所有者权益的利得和损失等。

"资本公积"项目应根据"资本公积"科目的期末余额填列。

(4) 其他综合收益。其他综合收益项目反映企业其他综合收益的期末余额。

"其他综合收益"项目应根据"其他综合收益"科目的期末余额填列。

(5) 专项储备。专项储备项目反映高危行业企业按国家规定提取的安全生产费的期末账面价值。

"专项储备"项目应根据"专项储备"科目的期末余额填列。

(6) 盈余公积。盈余公积项目反映企业盈余公积的期末余额。

"盈余公积"项目应根据"盈余公积"科目的期末余额填列。

(7) 未分配利润。未分配利润项目反映企业尚未分配的利润。

"未分配利润"项目应根据"本年利润"科目和"利润分配"科目的余额计算填列。未弥补的亏损在本项目内以"一"号填列。

做中学 12-1 2021年12月31日,山东科瑞有限公司的"库存现金"科目余额为5万元,"银行存款"科目余额为355.8万元,"其他货币资金"科目余额为12万元。

请计算山东科瑞有限公司资产负债表中"货币资金"项目的"期末余额"。

【解析】根据货币资金项目的填列说明,货币资金期末数等于库存现金、银行存款、其他货币资金科目期末余额的合计数填列。

2021年12月31日,山东科瑞有限公司资产负债表中"货币资金"项目的"期末余额"=5+355.8+12=372.8(万元)。

做中学 12-2 2021年12月31日,山东科瑞有限公司"应收票据"科目的余额为630万元;"坏账准备"科目中有关应收票据计提的坏账准备余额为22万元。

请计算山东科瑞有限公司资产负债表中"应收票据"项目的"期末余额"。

【解析】根据应收票据项目的填列说明,应收票据期末数等于"应收票据"科目的期末余额减去"坏账准备"科目中相关坏账准备期末余额后的金额。

2021年12月31日,山东科瑞有限公司资产负债表中"应收票据"项目的"期末余额"=630-22=608(万元)。

做中学 12-3 2021年12月31日,山东科瑞有限公司"存货"有关科目余额如下:"发出商品"科目借方余额为230万元,"生产成本"科目借方余额为120万元,"原材料"科目借方余额为68万元,"委托加工物资"科目借方余额为46万元,"材料成本差异"科目贷方余额为6万元,"存货跌价准备"科目贷方余额为12万元,"受托代销商品"科目借方余额为160万元,"受托代销商品款"科目贷方余额为160万元。

请计算山东科瑞有限公司资产负债表中"存货"项目的"期末余额"。

【解析】根据"存货"项目的说明,该项目应根据"材料采购""原材料""库存商品""周转材料""委托加工物资""发出商品""生产成本""受托代销商品"等科目的期末余额合计数,减去

"受托代销商品款""存货跌价准备"科目期末余额后的金额填列。

2021年12月31日,山东科瑞有限公司资产负债表中"存货"项目的"期末余额"=230+120+68+46-6-12+160-160=446(万元)。

做中学 12-4 2021年12月31日,山东科瑞有限公司"固定资产"科目的借方余额为6 300万元,"累计折旧"科目的贷方余额为1 500万元,"固定资产减值准备"科目的贷方余额为300万元,"固定资产清理"科目的借方余额为100万元。

请计算山东科瑞有限公司资产负债表中"固定资产"项目的"期末余额"。

【解析】根据"固定资产"项目的填列方法,该项目应根据"固定资产"科目的期末余额,减去"累计折旧"和"固定资产减值准备"科目的期末余额后的金额,以及"固定资产清理"科目的期末余额填列。

2021年12月31日,山东科瑞有限公司资产负债表中"固定资产"项目的"期末余额"=6 300-1 500-300+100=4 600(万元)。

做中学 12-5 2021年12月31日,山东科瑞有限公司"无形资产"科目的借方余额为920万元,"累计摊销"科目的贷方余额为120万元,"无形资产减值准备"科目的贷方余额为80万元。

请计算山东科瑞有限公司资产负债表中"无形资产"项目的"期末余额"。

【解析】根据"无形资产"项目填列方法,该项目应根据"无形资产"科目的期末余额,减去"累计摊销"和"无形资产减值准备"科目期末余额后的净值填列。

2021年12月31日,山东科瑞有限公司资产负债表中"无形资产"项目的"期末余额"=920-120-80=720(万元)。

做中学 12-6 2021年12月31日,山东科瑞有限公司"应付票据"科目的余额如下:32万元的银行承兑汇票;17万元的商业承兑汇票。

请计算山东科瑞有限公司资产负债表中"应付票据"项目的"期末余额"。

【解析】应付票据项目反映资产负债表日企业因购买原材料、商品和接受服务等开出、承兑的商业汇票,包括银行承兑汇票和商业承兑汇票。

2021年12月31日,山东科瑞有限公司资产负债表中"应付票据"项目的"期末余额"=32+17=49(万元)。

做中学 12-7 2021年12月31日,山东科瑞有限公司"应付职工薪酬"科目的明细项目为工资85万元,社会保险费(含医疗保险、工伤保险)5.2万元,设定提存计划(含基本养老保险费)3.2万元,住房公积金2.6万元,工会经费1.8万元。

请计算山东科瑞有限公司资产负债表中"应付职工薪酬"项目的"期末余额"。

【解析】"应付职工薪酬"项目应根据"应付职工薪酬"科目所属各明细科目的期末贷方余额分析填列。

2021年12月31日,山东科瑞有限公司资产负债表中"应付职工薪酬"项目的"期末余额"=85+5.2+3.2+2.6+1.8=97.8(万元)。

做中学 12-8 2021年12月31日,山东科瑞公司"长期借款"科目的余额为186万元,其中自建设银行借入的15万元借款将于一年内到期,科瑞公司不具有自主展期清偿的权利。

请计算山东科瑞有限公司资产负债表中"长期借款"项目、"一年内到期的非流动负债"项目的"期末余额"。

【解析】"长期借款"项目应根据"长期借款"科目的期末余额,扣除"长期借款"科目所属的明细科目中将在资产负债表日起一年内到期且企业不能自主地将清偿义务展期的长期借款后的金额计算填列。

2021年12月31日,山东科瑞有限公司资产负债表中"长期借款"项目的"期末余额"=186-15=171(万元)。

一年内到期的非流动负债反映企业非流动负债中将于资产负债表日后一年内到期部分的金额,则"一年内到期的非流动负债"项目"期末余额"栏的列报金额为15万元。

做中学12-9 山东科瑞有限公司是由中泰集团于2010年1月1日注册成立的有限责任公司,注册资本为人民币7 000万元,中泰集团以货币资金人民币7 000万元出资,占注册资本的100%,持有山东科瑞有限公司100%的权益。上述实收资本已于2010年1月1日经相关会计师事务所出具的验资报告验证。该资本投入自2010年至2021年年末未发生变动。

请计算山东科瑞有限公司资产负债表中"实收资本(或股本)"项目的"期末余额"。

【解析】"实收资本(或股本)"项目应根据"实收资本(或股本)"科目的期末余额填列。

2021年12月31日,科瑞有限公司资产负债表中"实收资本(或股本)"项目的"期末余额"为7 000万元。

任务训练12-2

训练目的:通过本任务训练掌握资产负债表的编制。

训练方式:以个人为单位完成资产负债表的编制。

训练内容:2021年12月31日,山东科瑞有限公司财务处刘从芳编制年度资产负债表。

训练要求:根据做中学12-1到做中学12-9的数据,编制出山东科瑞有限公司的年度资产负债表(资产与负债、所有者权益期末余额的差异为未分配利润)。

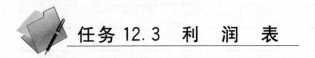

任务12.3 利 润 表

任务描述

年末,刘从芳接到财务部经理安排的工作,要求她一同参与当年利润表的编制工作。

任务分析

刘从芳需要熟悉利润表的主体结构组成,以及表中项目的填列方法。

根据当年实际发生的业务,填列利润表的相应项目。

知识准备

一、利润表的概念

利润表又称损益表,是反映企业在一定会计期间的经营成果的报表。

利润表全面揭示了企业在某一特定时期实现的各种收入、发生的各种费用、成本或支出,以及企业实现的利润或发生的亏损情况,为财务报表使用者全面了解企业的经营成果、分析企业的获利能力及盈利增长趋势、做出经济决策提供依据。

利润表正表的格式一般有两种:单步式和多步式。我国采用多步式格式编制。

单步式利润表是将当期所有的收入列在一起,将所有的费用列在一起,然后将两者相减得出当期净损益。

多步式利润表是通过对当期的收入、费用、支出项目按性质加以归类,按利润形成的主要环节列示一些中间性利润指标,如营业利润、利润总额、净利润,分步计算当期净损益,以便财务报表使用者理解企业经营成果的不同来源。

二、利润表的主体内容

利润表一般由表头、表体两部分组成。表头部分应列明报表名称、编制单位名称、编制日期、报表编号和计量单位。表体部分为利润表的主体,列示了形成经营成果的各个项目和计算过程。

我国企业的利润表采用多步式,每个项目通常又分为"本期余额"和"上期余额"两栏分别填列。如果上年度利润表与本年度利润表的项目名称和内容不相一致,则按编报当年的口径对上年度利润表项目的名称和数字进行调整,填入本表"上期余额"栏。我国一般企业利润表的格式如表12-2所示。

表 12-2 利润表

会企02表

编制单位:　　　　　　　　　　　_____年___月___日　　　　　　　　　　单位:元

项　　目	本期余额	上期余额
一、营业收入		
减:营业成本		
税金及附加		
销售费用		
管理费用		
研发费用		
财务费用		
其中:利息费用		
利息收入		
加:其他收益		
投资收益(损失以"-"号填列)		
其中:对联营企业和合营企业的投资收益		
以摊余成本计量的金融资产终止确认收益(损失以"-"填列)		
净敞口套期收益(损失以"-"号填列)		
公允价值变动收益(损失以"-"号填列)		
信用减值损失(损失以"-"号填列)		
资产减值损失(损失以"-"号填列)		

续表

项　　目	本期余额	上期余额
资产处置收益(损失以"-"号填列)		
二、营业利润(亏损以"-"号填列)		
加:营业外收入		
减:营业外支出		
三、利润总额(亏损总额以"-"号填列)		
减:所得税费用		
四、净利润(净亏损以"-"号填列)		
(一)持续经营净利润(净亏损以"-"号填列)		
(二)终止经营净利润(净亏损以"-"号填列)		
五、其他综合收益的税后净额		
(一)不能重分类进损益的其他综合收益		
1.重新计量设定收益计划变动额		
2.权益法下不能转损益的其他综合收益		
3.其他权益工具投资公允价值变动		
4.企业自身信用风险公允价值变动		
……		
(二)将重分类进损益的其他综合收益		
1.权益法下可转损益的其他综合收益		
2.其他债权投资公允价值变动		
3.金融资产重分类计入其他综合收益的金额		
4.其他债权投资信用减值准备		
5.现金流量套期储备		
6.外币财务报表折算差额		
……		
六、综合收益总额		
七、每股收益		
(一)基本每股收益		
(二)稀释每股收益		

三、利润表的编制

(一)编制的思路

利润表编制的原理是会计平衡公式:收入－费用＝利润,以及收入与费用的配比原则。

在生产经营中,企业不断地发生各种费用支出,同时取得各种收入,收入减去费用,剩余的部分就是企业的盈利。取得的收入和发生的相关费用的对比情况就是企业的经营成果。如果企业经营不当,发生的生产经营费用超过取得的收入,企业就发生了亏损;反之,企业就能取得一定的利润。企业将经营成果的核算过程和结果编成报表,就形成了利润表。

我国一般企业利润表的主要编制步骤和内容如下。

(1) 计算营业利润。以营业收入为基础,减去营业成本、税金及附加、销售费用、管理费用、研发费用、财务费用,加上其他收益、投资收益(或减去投资损失)、净敞口套期收益(或减去净敞口套期损失)、公允价值变动收益(或减去公允价值变动损失)、资产减值损失、信用减值损失、资产处置收益(或减去资产处置损失),计算出营业利润。

(2) 计算利润总额。以营业利润为基础,加上营业外收入,减去营业外支出,计算出利润总额。

(3) 计算净利润。以利润总额为基础,减去所得税费用,计算出净利润(或净亏损)。

(4) 计算每股收益。以净利润(或净亏损)为基础,计算出每股收益。

(5) 计算综合收益总额。以净利润(或净亏损)和其他综合收益为基础,计算出综合收益总额。

利润表各项目均需填列"本期余额"和"上期余额"两栏。其中"上期余额"栏内各项数字应根据上年该期利润表的"本期余额"栏内所列数字填列。"本期余额"栏内各期数字,除"基本每股收益"和"稀释每股收益"项目外,应按照相关科目的发生额分析填列。

(二) 编制说明

1. 营业收入至营业利润的填列说明

(1) 营业收入。营业收入项目反映企业经营主要业务和其他业务所确认的收入总额。

"营业收入"项目应根据"主营业务收入"和"其他业务收入"科目的发生额分析填列。

(2) 营业成本。营业成本项目反映企业经营主要业务和其他业务所发生的成本总额。

"营业成本"项目应根据"主营业务成本"和"其他业务成本"科目的发生额分析填列。

(3) 税金及附加。税金及附加项目反映企业经营业务应负担的消费税、城市维护建设税、资源税、土地增值税和教育费附加、房产税、车船税、城镇土地使用税、印花税等相关税费。

"税金及附加"项目应根据"税金及附加"科目的发生额分析填列。

(4) 销售费用。销售费用项目反映企业在销售商品和商品流通企业在购入商品等过程中发生的包装费、广告费等费用,以及为销售本企业商品而专设的销售机构的职工薪酬、业务费等经营费用。

"销售费用"项目应根据"销售费用"科目的发生额分析填列。

(5) 管理费用。管理费用项目反映企业为组织和管理生产经营发生的管理费用。

"管理费用"项目应根据"管理费用"科目的发生额分析填列。

(6) 研发费用。研发费用项目反映企业进行研究与开发过程中发生的费用化支出,以及计入管理费用的自行开发无形资产的摊销。

"研发费用"项目应根据"管理费用"科目下的"研发费用"明细科目的发生额,以及"管理费用"科目下"无形资产摊销"明细科目的发生额分析填列。

(7) 财务费用。财务费用项目反映企业为筹集生产经营所需资金等而发生的应予费用化的利息支出。本项目应根据"财务费用"科目的相关明细科目发生额分析填列。

"财务费用"项目下的"利息费用"项目反映企业为筹集生产经营所需资金等而发生的应予费用化的利息支出,该项目作为"财务费用"项目的其中项,以正数填列。

"财务费用"项目下的"利息收入"项目反映企业应冲减财务费用的利息收入,该项目作为"财务费用"项目的其中项,以正数填列。

(8)其他收益。其他收益项目反映计入其他收益的政府补助,以及其他与日常活动相关且计入其他收益的项目。

"其他收益"项目应根据"其他收益"科目的发生额分析填列。企业作为个人所得税的扣缴义务人,根据《中华人民共和国个人所得税法》收到的扣缴税款手续费,应作为其他与日常活动相关的收益在该项目中填列。

(9)投资收益。投资收益项目反映企业股权投资取得的现金股利(或利润)、债券投资取得的利息收入、处置股权投资和债券投资取得的处置价款扣除成本或账面余额、相关税费后的净额。

"投资收益"项目应根据"投资收益"科目的发生额填列。如为投资损失,应以"一"号填列。

(10)净敞口套期收益。净敞口套期收益项目反映净敞口套期下被套期项目累计公允价值变动转入当期损益的金额或现金流量套期储备转入当期损益的金额。

"净敞口套期收益"项目应根据"净敞口套期损益"科目的发生额分析填列。如为套期损失,应以"一"号填列。

(11)公允价值变动收益。公允价值变动收益项目反映企业应计入当期损益的资产或负债的公允价值变动收益。

"公允价值变动收益"项目应根据"公允价值变动损益"科目的发生额分析填列。如为净损失,应以"一"号填列。

(12)信用减值损失。信用减值损失项目反映企业按照《企业会计准则第22号——金融工具确认和计量(2018)》的要求计提的各项金融工具信用减值准备所确认的信用损失。

"信用减值损失"项目应根据"信用减值损失"科目的发生额分析填列。

(13)资产减值损失。资产减值损失项目反映企业有关资产发生的减值损失。

"资产减值损失"项目应根据"资产减值损失"科目的发生额分析填列。

(14)资产处置收益。资产处置收益项目反映企业出售划分为持有待售的非流动资产(金融工具、长期股权投资和投资性房地产除外)或处置(子公司和业务除外)时确认的处置利得或损失,以及处置未划分为持有待售的固定资产、在建工程、生产性生物资产及无形资产而产生的处置利得或损失。债务重组中因处置非流动资产产生的利得或损失和非货币性资产交换产生的利得或损失也包括在本项目内。

"资产处置收益"项目应根据"资产处置损益"科目的发生额分析填列。如为处置损失,以"一"号填列。

2.营业利润至利润总额的填列说明

(1)营业利润。营业利润项目反映企业实现的营业利润。如为亏损,应以"一"号填列。

(2)营业外收入。营业外收入项目反映企业发生的除营业利润以外的收益,主要包括与企业日常活动无关的政府补助、盘盈利得、捐赠利得(企业接受股东或股东的子公司直接或间接的捐赠,经济实质属于股东对企业的资本性投入的除外)等。

"营业外收入"项目应根据"营业外收入"科目的发生额分析填列。

(3)营业外支出。营业外支出项目反映企业发生的除营业利润以外的支出,主要包括公益性捐赠支出、非常损失、盘亏损失、非流动资产毁损报废损失等。

"营业外支出"项目应根据"营业外支出"科目的发生额分析填列。

3. 利润总额至净利润的填列说明

(1) 利润总额。利润总额项目反映企业实现的利润。如为亏损,应以"—"号填列。

(2) 所得税费用。所得税费用项目反映企业应从当期利润总额中扣除的所得税费用。"所得税费用"项目应根据"所得税费用"科目的发生额分析填列。

4. 净利润至每股收益的填列说明

(1) 净利润。净利润项目反映企业实现的净利润。如为亏损,应以"—"号填列。

(2) 其他综合收益的税后净额。其他综合收益的税后净额项目反映企业根据企业会计准则规定未在损益中确认的各项利得和损失扣除所得税影响后的净额。

(3) 综合收益总额。综合收益总额项目反映企业净利润与其他综合收益(税后净额)的合计金额。

(4) 每股收益。每股收益项目包括基本每股收益和稀释每股收益两项指标,反映普通股或潜在普通股已公开交易的企业,以及正处在公开发行普通股或潜在普通股过程中的企业的每股收益信息。

做中学 12-10 山东科瑞有限公司的主营业务为机械设备的生产制造及销售。该公司2021年度"主营业务收入"科目的发生额明细如下:通用机械设备销售收入合计9 500万元,专用机械设备销售收入合计2 000万元,其他业务收入合计500万元。

请计算山东科瑞有限公司利润表中"营业收入"项目的"本期余额"。

【解析】"营业收入"项目应根据"主营业务收入"和"其他业务收入"科目的发生额分析填列。

山东科瑞有限公司利润表中"营业收入"项目的"本期余额"=9 500+2 000+500=12 000(万元)。

做中学 12-11 山东科瑞有限公司2021年度"主营业务成本"科目的发生额合计6 300万元,"其他业务成本"科目的发生额合计350万元。

请计算山东科瑞有限公司利润表中"业务成本"项目的"本期余额"。

【解析】"营业成本"项目应根据"主营业务成本"和"其他业务成本"科目的发生额分析填列。

山东科瑞有限公司2021年度利润表中"营业成本"项目的"本期余额"=6 300+350=6 650(万元)。

做中学 12-12 山东科瑞有限公司2021年度"税金及附加"科目的发生额如下:城市维护建设税合计58万元,教育费附加合计32万元,房产税合计600万元,城镇土地使用税合计25万元。

请计算山东科瑞有限公司利润表中"税金及附加"项目的"本期余额"。

【解析】"税金及附加"项目应根据"税金及附加"科目的相关税费发生额分析填列。

山东科瑞有限公司2021年度利润表中"税金及附加"项目的"本期余额"=58+32+600+25=715(万元)。

做中学 12-13 山东科瑞有限公司2021年度"管理费用"科目的发生额合计500万元。

请计算山东科瑞有限公司利润表中"管理费用"项目的"本期余额"。

【解析】"管理费用"项目应根据"管理费用"科目的发生额分析填列。

山东科瑞有限公司2021年度利润表中"管理费用"项目的"本期余额"为500万元。

做中学 12-14 山东科瑞有限公司2021年度"财务费用"科目的发生额如下：银行长期借款利息费用合计320万元，银行短期借款利息费用80万元，银行存款利息收入合计12万元，银行手续费支出合计19万元。

请计算山东科瑞有限公司利润表中"财务费用"项目的"本期余额"。

【解析】"财务费用"项目应根据"财务费用"科目的相关明细科目的发生额分析填列。

山东科瑞有限公司2021年度利润表中"财务费用"项目的"本期余额"＝320＋80－12＝388（万元）。

做中学 12-15 山东科瑞有限公司2021年度"投资收益"科目的发生额如下：按权益法核算的长期股权投资收益合计280万元，按成本法核算的长期股权投资收益合计220万元，处置长期股权投资发生的投资损失合计400万元。

请计算山东科瑞有限公司利润表中"投资收益"项目的"本期余额"。

【解析】"投资收益"项目应根据"投资收益"科目的发生额填列。

山东科瑞有限公司2021年度利润表中"投资收益"项目的"本期余额"＝280＋220－400＝100（万元）。

做中学 12-16 山东科瑞有限公司2021年度"资产减值损失"科目的发生额如下：存货减值损失合计60万元，固定资产减值损失合计176万元，无形资产减值损失合计18万元。

请计算山东科瑞有限公司利润表中"资产减值损失"项目的"本期余额"。

【解析】"资产减值损失"项目应根据"资产减值损失"科目的发生额分析填列。

山东科瑞有限公司2021年度利润表中"资产减值损失"项目的"本期余额"＝60＋176＋18＝254（万元）。

做中学 12-17 山东科瑞有限公司2021年度"营业外收入"科目的发生额如下：接受无偿捐赠利得88万元，现金盘盈利得合计5万元。

请计算山东科瑞有限公司利润表中"营业外收入"项目的"本期余额"。

【解析】"营业外收入"项目应根据"营业外收入"科目的发生额分析填列。

山东科瑞有限公司2021年度利润表中"营业外收入"项目的"本期余额"＝88＋5＝93（万元）。

做中学 12-18 山东科瑞有限公司2021年度"营业外支出"科目的发生额如下：固定资产盘亏损失16万元，罚没支出合计8万元，捐赠支出合计5万元，其他支出3万元。

请计算山东科瑞有限公司利润表中"营业外支出"项目的"本期余额"。

【解析】"营业外支出"项目应根据"营业外支出"科目的发生额分析填列。

山东科瑞有限公司2021年度利润表中"营业外支出"项目的"本期余额"＝16＋8＋5＋3＝32（万元）。

做中学 12-19 山东科瑞有限公司2021年度"所得税费用"科目的发生额合计908.75万元。

请计算山东科瑞有限公司利润表中"所得税费用"项目的"本期余额"。

【解析】"所得税费用"项目应根据"所得税费用"科目的发生额分析填列。

山东科瑞有限公司2021年度"所得税费用"项目的"本期余额"为908.75万元。

任务训练12-3

训练目的：通过本任务训练掌握利润表的编制。
训练方式：以个人为单位完成利润表的编制。
训练内容：2021年12月31日,山东科瑞有限公司财务处刘从芳编制年度利润表。
训练要求：根据做中学12-10到做中学12-19的数据,编制出山东科瑞有限公司的年度利润表。

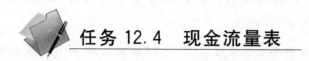

任务12.4　现金流量表

任务描述

年末,刘从芳接到财务部经理安排的工作,要求她一同参与当年现金流量表的编制工作。

任务分析

刘从芳需要熟悉现金流量表的主体结构组成,以及表中项目的填列方法。
根据当年实际发生的业务,填列现金流量表的相应项目。

知识准备

一、现金流量表的概念

现金流量表是企业在一固定期间内的经营活动、投资活动和筹资活动对其现金及现金等价物所产生的影响的报表。

现金流量表主要是要反映出资产负债表中各个项目对现金流量的影响,并根据其用途划分为经营、投资及筹资三个活动分类。现金流量表可用于分析企业在短期内有没有足够的现金去应付开销。

现金流量表提供了一家企业经营是否健康的证据。与利润表相比,现金流量表对评价企业的实现利润、财务状况及财务治理能提供更好的决策依据。一个正常经营的企业,在创造利润的同时,还应创造现金收益,通过对现金流入来源的分析,可以对创造现金的能力做出评价,并可对企业未来获取现金的能力做出预测。现金流量表所揭示的现金流量信息可以从现金角度对企业的偿债能力和支付能力做出更可靠、更稳健的评价。

二、现金流量表的主体结构

现金流量表采用报告式结构,分类反映经营活动、投资活动和筹资活动产生的现金流量,最后汇总反映企业某一期间的现金及现金等价物的净增加额。

现金流量表分为表头和表体两部分。表头部分应列明报表名称、编制单位名称、编制日期、报表编号和计量单位。表体部分为现金流量表的主体,列示了现金流量的经营活动、投资活动、筹资活动三大类下各个项目的具体内容。

我国一般企业现金流量表的结构如表12-3所示。

表 12-3　现金流量表

会企 03 表

编制单位：　　　　　　　　　　　　　　　　年　　月　　日　　　　　　　　　　　　　单位：元

项　　目	本期金额	上期金额
一、经营活动产生的现金流量：		
销售商品、提供劳务收到的现金		
收到的税费返还		
收到其他与经营活动有关的现金		
经营活动现金流入小计		
购买商品、接受劳务支付的现金		
支付给职工及为职工支付的现金		
支付的各项税费		
支付其他与经营活动有关的现金		
经营活动现金流出小计		
经营活动产生的现金流量净额		
二、投资活动产生的现金流量：		
收回投资收到的现金		
取得投资收益收到的现金		
处置固定资产、无形资产和其他长期资产收回的现金净额		
处置子公司及其他营业单位收到的现金净额		
收到其他与投资活动有关的现金		
投资活动现金流入小计		
购建固定资产、无形资产和其他长期资产支付的现金		
投资支付的现金		
取得子公司及其他营业单位支付的现金净额		
支付其他与投资活动有关的现金		
投资活动现金流出小计		
投资活动产生的现金流量净额		
三、筹资活动产生的现金流量：		
吸收投资收到的现金		
取得借款收到的现金		
收到其他与筹资活动有关的现金		
筹资活动现金流入小计		

续表

项　　目	本期金额	上期金额
偿还债务支付的现金		
分配股利、利润或偿付利息支付的现金		
支付其他与筹资活动有关的现金		
筹资活动现金流出小计		
筹资活动产生的现金流量净额		
四、汇率变动对现金及现金等价物的影响		
五、现金及现金等价物净增加额		
加：期初现金及现金等价物余额		
六、期末现金及现金等价物余额		

三、现金流量表的编制

（一）编制的思路

现金流量表采用直接法编制，按照现金收入和现金支出的项目类别直接反映企业各项活动产生的现金流量。采用直接法编制现金流量表，便于分析企业经济活动中现金流量的来源和用途，有助于预测企业未来的现金流量前景。

现金流量表可采用工作底稿法、T形账户法两种方法进行编制。

1. 采用工作底稿法编制现金流量表的步骤

第1步，将资产负债表的期初数和期末数引入工作底稿的期初数栏和期末数栏。

第2步，对当期业务进行分析并编制调整分录。调整思路如下：涉及利润表中的收入、成本和费用项目，以及资产负债表中的资产、负债及所有者权益项目，通过调整，将权责发生制下的收入、费用转换为现金；涉及资产负债表和现金流量表中的投资、筹资项目反映投资和筹资活动的现金流量；涉及利润表和现金流量表中的投资、筹资项目，目的是将利润表中有关投资、筹资方面的收入和费用列入现金流量表中的投资、筹资现金流量。

第3步，将调整分录引入工作底稿中的相应部分。

第4步，核对调整分录，借贷合计应相等，资产负债表项目期初数加减调整分录中的借贷金额以后应等于期末数。

第5步，根据工作底稿中的现金流量表项目部分编制正式的现金流量表。

2. 采用T形账户法编制现金流量表的步骤

第1步，为所有的非现金项目（包括资产负债表项目和利润表项目）分别开设T形账户，并将各自的期末、期初变动数引入各该账户。

第2步，开设一个大的"现金及现金等价物"T形账户，每边分为经营活动、投资活动和筹资活动三部分，左边记现金流入，右边记现金流出，并引入期末、期初变动数。

第3步，以利润表项目为基础，结合资产负债表分析每一个非现金项目的增减变动，并据此编制调整分录。

第 4 步,将调整分录引入各 T 形账户并进行核对,该账户借贷相抵后的余额与原先引入的期末、期初变动数应一致。

第 5 步,根据大的"现金及现金等价物"T 形账户编制正式的现金流量表。

(二) 编制说明

1. 经营活动产生的现金流量的填列说明

(1) 销售商品、提供劳务收到的现金。销售商品、提供劳务收到的现金项目反映企业在销售商品、提供劳务(含销项税金、销售材料、代购代销业务)等过程中收到的现金。

该项目应根据主营业务收入、销项税金、其他业务收入、应收账款、应收票据、预收账款、本期收回前期核销坏账、本期计提的坏账准备、本期核销坏账、现金折扣等内容进行计算。

(2) 收到的税费返还。收到的税费返还项目反映企业收到返还的增值税、消费税、关税、所得税、教育费附加等现金。

该项目应根据应收补贴款净额、补贴收入、所得税本期贷方发生额累计数等内容计算。

(3) 收到其他与经营活动有关的现金。收到其他与经营活动有关的现金项目反映企业收到罚款收入、个人赔偿、经营租赁收入等现金。

该项目应根据营业外收入、其他业务收入、其他应收款等项目的相关明细本期贷方发生额及银行利息计入等内容计算。

(4) 购买商品、接受劳务支付的现金。购买商品、接受劳务支付的现金项目反映企业购买商品、接受劳务(扣除购货退回、含进项税)等支付的现金。

该项目应根据主营业务成本、进项税金、其他业务支出(不含租金)、存货(末一初)、应付账款(初一末)、应付票据(初一末)、预付账款(末一初)、存货损耗、收到非现金抵债的存货、成本中非物料消耗(人工、水电、折旧)等内容计算。

(5) 支付给职工及为职工支付的现金。支付给职工及为职工支付的现金项目反映支付给职工的工资、奖金、津贴、劳动保险、社会保险、住房公积金、其他福利费(不含离退休人员)等现金。

该项目应根据"应付工资"科目的本期借方发生额累计数、"应付福利费"科目的本期借方发生额累计数、管理费用中"养老保险金""待业保险金""住房公积金""医疗保险金"等内容计算。

(6) 支付的各项税费。支付的各项税费项目反映本期实际缴纳的增值税、消费税、关税、所得税、教育费附加等金额。

该项目应根据"应交税金"各明细账户的本期借方发生额累计数、"其他应交款"各明细账户的借方数、"管理费用"中"税金"的本期借方发生额累计数、"其他业务支出"中有关税金项目等内容计算。

(7) 支付其他与经营活动有关的现金。支付其他与经营活动有关的现金项目反映企业的罚款支出、差旅费、业务招待费、保险支出、经营租赁支出等现金。

该项目应根据营业外支出(剔除固定资产处置损失)、管理费用(剔除工资、福利费、五险一金、折旧、坏账准备或坏账损失、列入的各项税金等)、营业费用、成本及制造费用(剔除工资、福利费、五险一金等)、其他应收款本期借方发生额、其他应付款等内容计算。

2. 投资活动产生的现金流量的填列说明

(1) 收回投资收到的现金。收回投资收到的现金项目主要反映企业收回短期股权、短期债权、长期股权、长期债权本金(不含长债利息、非现金资产)等现金内容。

该项目应根据短期投资净额(初—末)、长期股权投资净额(初—末)、长期债权投资净额(初—末)等内容计算。

(2) 取得投资收益收到的现金。取得投资收益收到的现金项目反映企业收到的股利、利息、利润(不含股票股利)等现金内容。

该项目应根据利润表投资收益、应收利息净额(末—初)、应收股利(末—初)等内容计算。

(3) 处置固定资产、无形资产和其他长期资产收回的现金净额。处置固定资产、无形资产和其他长期资产收回的现金净额项目主要反映企业处置固定资产、无形资产、其他长期资产收到的现金减去处置费用后的净额,包括保险赔偿。

该项目应根据"固定资产清理"的贷方余额、无形资产净额(末—初)、其他长期资产净额(末—初)等内容计算。

(4) 处置子公司及其他营业单位收到的现金净额。处置子公司及其他营业单位收到的现金净额项目反映企业处置子公司及其他营业单位收到的现金减去相关税费、子公司及其他营业单位持有的现金及现金等价物后的净额。

本项目可根据长期股权投资、银行存款、库存现金等科目的记录分析填列。

(5) 收到其他与投资活动有关的现金。收到其他与投资活动有关的现金项目反映反映企业除上述各项目外,收到的其他与投资活动有关的现金流入。

该项目应根据收回购买时宣告未付的股利及利息、收回融资租赁设备本金等内容计算。

(6) 购建固定资产、无形资产和其他长期资产支付的现金。购建固定资产、无形资产和其他长期资产支付的现金项目反映企业购建固定资产、无形资产和其他长期资产支付的现金项目。

该项目应根据在建工程净额(末—初)(剔除利息)、固定资产净额(末—初)、无形资产净额(末—初)、其他长期资产净额(末—初)等内容计算。

(7) 投资支付的现金。投资支付的现金项目反映企业进行股权性投资、债权性投资支付的本金及佣金、手续费等附加费相关内容。

该项目应根据短期投资额(末—初)、长期股权投资额(末—初)(剔除投资收益或损失)、长期债权投资额(末—初)(剔除投资收益或损失)等内容计算。

(8) 取得子公司及其他营业单位支付的现金净额。取得子公司及其他营业单位支付的现金净额项目反映企业取得子公司及其他营业单位购买出价中以现金支付的部分减去子公司及其他营业单位持有的现金及现金等价物后的净额。

本项目可以根据长期股权投资、库存现金、银行存款等科目的记录分析填列。

(9) 支付其他与投资活动有关的现金。支付其他与投资活动有关的现金项目反映企业除上述各项目外,支付的其他与投资活动有关的现金。

该项目应根据相关项目计算,如投资未按期到位罚款、支付购买股票时宣告未付的股利及利息等内容。

3. 筹资活动产生的现金流量的填列说明

(1) 吸收投资收到的现金。吸收投资收到的现金项目反映企业收到的投资者投入的现金,包括企业以发行股票方式筹集资金实际收到的款项净额(发行收入减去支付的佣金等发行费用后的净额)。

本项目应根据实收资本(或股本)、资本公积、应付债券等科目的记录分析填列,或根据实收资本(或股本)、资本公积备查登记簿的"现金入股"栏目的记录金额填列。

(2) 取得借款收到的现金。取得借款收到的现金项目反映企业举借各种短期、长期借款而收到的现金,以及发行债券实际收到的款项净额(发行收入减去直接支付的佣金等发行费用后的净额)。

该项目应根据短期借款、长期借款等科目的记录分析填列。

(3) 收到其他与筹资活动有关的现金。收到其他与筹资活动有关的现金项目反映企业除上述各项目外,收到的其他与筹资活动有关的现金。其他与筹资活动有关的现金,如果价值较大的,应单列项目反映。

该项目应根据投资人未按期缴纳股权的罚款现金收入、接受现金捐赠等内容计算。

(4) 偿还债务支付的现金。偿还债务支付的现金项目反映企业以现金偿还债务的本金,包括:归还金融企业的借款本金、偿付企业到期的债券本金等。其中,企业偿还的借款利息、债券利息,在"分配股利、利润或偿付利息支付的现金"项目反映。

该项目应根据短期借款净额(初—末)、长期借款净额(初—末)(剔除利息)、应付债券净额(剔除利息)等内容计算。

(5) 分配股利、利润或偿付利息支付的现金。分配股利、利润或偿付利息支付的现金项目反映企业实际支付的现金股利、支付给其他投资单位的利润或用现金支付的借款利息、债券利息。

该项目应根据应付股利借方发生额、利息支出、长期借款利息、在建工程利息、应付债券利息、预提费用中"计提利息"贷方余额、票据贴现利息支出等内容计算。

(6) 支付其他与筹资活动有关的现金。支付其他与筹资活动有关的现金项目反映企业除上述各项目外,支付的其他与筹资活动有关的现金,如以发行股票、债券等方式筹集资金而由企业直接支付的审计、咨询等费用,融资租赁各期支付的现金,以分期付款方式构建固定资产、无形资产等各期支付的现金等。

该项目应根据上面所述的内容分析填列。

做中学 12-20 山东科瑞有限公司 2021 年度主营业务收入为 5 000 万元,增值税的销项税额为 650 万元;应收票据期初为 350 万元,期末为 380 万元;应收账款期初为 420 万元,期末为 380 万元。预收款项期初为 80 万元,期末为 120 万元;本期计提坏账准备 9 万元。

请计算山东科瑞有限公司现金流量表中"销售商品、提供劳务收到的现金"项目的"本期金额"。

【解析】销售商品、提供劳务收到的现金项目应根据主营业务收入、销项税金、其他业务收入、应收账款、应收票据、预收账款、本期收回前期核销坏账、本期计提的坏账准备、本期核销坏账、现金折扣等内容进行计算。

山东科瑞有限公司现金流量表中"销售商品、提供劳务收到的现金"项目的"本期金额"= 5 000+650+(350-380)+(420-380)+(120-80)-9=5 691(万元)。

做中学 12-21 2021 年,山东科瑞有限公司应付职工薪酬年初余额为 100 万元,本年计入生产成本、制造费用、管理费用中的职工薪酬为 160 万元,应付职工薪酬期末余额为 150 万元。

请计算山东科瑞有限公司现金流量表中"支付给职工及为职工支付的现金"项目的"本期金额"。

【解析】支付给职工及为职工支付的现金项目应根据"应付工资"科目本期借方发生额累计数、"应付福利费"科目本期借方发生额累计数、管理费用中"养老保险金""待业保险金""住房公积金""医疗保险金"等内容计算。

山东科瑞有限公司现金流量表中"支付给职工以及为职工支付的现金"项目的"本期金额"＝160＋(100－150)＝110(万元)。

做中学 12-22 山东科瑞有限公司 2021 年交纳增值税 34 万元；发生的所得税 210 万元已全部交纳；企业期初未交所得税 27 万元，期末未交所得税 15 万元。

请计算山东科瑞有限公司现金流量表中"支付的各项税费"项目的"本期金额"。

【解析】 支付的各项税费项目应根据"应交税金"各明细账户本期借方发生额累计数、"其他应交款"各明细账户借方数、"管理费用"中"税金"本期借方发生额累计数、"其他业务支出"中有关税金项目等内容计算。

山东科瑞有限公司现金流量表中"支付的各项税费"项目的"本期金额"＝34＋210＋(27－15)＝256(万元)。

做中学 12-23 山东科瑞有限公司 2021 年处置交易性金融资产，账面价值为 1 200 万元(其中成本为 1 000 万元，公允价值变动增加 200 万元)，售价为 1 500 万元，款项已经收到；处置对恒泰公司的长期股权投资，持股比例为 40%，采用权益法核算，成本为 5 000 万元，售价为 4 000 万元，款项已经收到。

请计算山东科瑞有限公司现金流量表中"收回投资收到的现金"项目的"本期金额"。

【解析】 收回投资收到的现金项目应根据短期投资净额(初－末)、长期股权投资净额(初－末)、长期债权投资净额(初－末)等内容计算。

山东科瑞有限公司现金流量表中"收回投资收到的现金"项目的"本期金额"＝1 500＋4 000＝5 500(万元)。

做中学 12-24 山东科瑞有限公司 2021 年持有期内收到现金股利 800 万元，收到债券利息 500 万元。

请计算山东科瑞有限公司现金流量表中"取得投资收益收到的现金"项目的"本期金额"。

【解析】 取得投资收益收到的现金项目应根据利润表投资收益、应收利息净额(末－初)、应收股利(末－初)等内容计算。

山东科瑞有限公司现金流量表中"取得投资收益收到的现金"项目的"本期金额"＝800＋500＝1 300(万元)。

做中学 12-25 山东科瑞有限公司 2021 年购买固定资产价款为 500 万元，款项已付；购买工程物资价款为 100 万元，款项已付；支付工程人员薪酬 60 万元；预付工程价款 800 万元；支付购买专利权的价款 600 万元。

请计算山东科瑞有限公司现金流量表中"购建固定资产、无形资产和其他长期资产支付的现金"项目的"本期金额"。

【解析】 购建固定资产、无形资产和其他长期资产支付的现金项目应根据在建工程净额(末－初)(剔除利息)、固定资产净额(末－初)、无形资产净额(末－初)、其他长期资产净额(末－初)等内容计算。

山东科瑞有限公司现金流量表中"购建固定资产、无形资产和其他长期资产支付的现金"项目的"本期金额"＝500＋100＋60＋800＋600＝2 060(万元)。

做中学 12-26 山东科瑞有限公司 2021 年股票定向增发获得现金 5 200 万元，已到账。其中支付股票发行佣金 78 万元，宣传费 20 万元，咨询费 100 万元。发行债券获得现金 3 000 万元,支付债券发行承销费 50 万元。

请计算山东科瑞有限公司现金流量表中"吸收投资收到的现金"项目的"本期金额"。

【解析】吸收投资收到的现金项目应根据实收资本(或股本)、资本公积、应付债券等科目的记录分析填列或根据实收资本(或股本)、资本公积备查登记簿的"现金入股"栏目的记录金额填列。

山东科瑞有限公司现金流量表中"吸收投资收到的现金"项目"本期金额"＝(5 200－78－20－100)＋(3 000－50)＝7 952(万元)。

做中学 12-27 山东科瑞有限公司 2021 年偿还短期借款本金 2 000 万元,利息 10 万元;偿还长期借款本金 5 000 万元,应付利息 66 万元,其中资本化利息费用 60 万元;支付到期一次还本付息的应付债券,面值 1 000 万元,3 年期,利率为 5％;支付现金股利 200 万元。

请计算山东科瑞有限公司现金流量表中"偿还债务支付的现金"项目的"本期金额"。

【解析】偿还债务支付的现金项目应根据短期借款净额(初—末)、长期借款净额(初—末)(剔除利息)、应付债券净额(剔除利息)等内容计算填列。

则山东科瑞有限公司现金流量表中"偿还债务支付的现金"项目的"本期金额"＝2 000＋5 000＋1 000＝8 000(万元)。

任务训练12-4

训练目的:通过本任务训练掌握现金流量表的编制。

训练方式:以个人为单位完成现金流量表的编制。

训练内容:2021 年 12 月 31 日,山东科瑞有限公司财务处刘从芳编制年度现金流量表。

训练要求:根据做中学 12-20～做中学 12-27 的数据,编制出山东科瑞有限公司的年度现金流量表。

学习总结

本项目主要介绍了资产负债表、利润表、现金流量表、所有者权益变动表的主要编制原理和编制方法。

资产负债表是反映企业在某一特定日期的财务状况的报表,是企业经营活动的静态反映。资产负债表根据"资产＝负债＋所有者权益"的会计平衡原则,将资产、负债、所有者权益等交易科目分为"资产"和"负债及股东权益"两大部分,并依照财务报表格式要求的分类标准和分类次序,将某一特定日期的资产、负债、所有者权益的具体项目予以适当的排列编制而成。

利润表又称损益表,是反映企业在一定会计期间的经营成果的报表。利润表全面揭示了企业在某一特定时期实现的各种收入、发生的各种费用、成本或支出,以及企业实现的利润或发生的亏损情况,为财务报表使用者全面了解企业的经营成果、分析企业的获利能力及盈利增长趋势、做出经济决策提供依据。

现金流量表是企业在一固定期间内的经营活动、投资活动和筹资活动对其现金及现金等价物所产生的影响的报表。现金流量表主要是要反映出资产负债表中各个项目对现金流量的影响,并根据其用途划分为经营、投资及筹资三个活动分类。现金流量表可用于分析企业在短期内有没有足够的现金去应付开销。

"讲好中国故事,
传承中国精神"系列故事 12

项目 12 财务报告 学习测试

参考文献

[1] 张奇峰.企业财务会计案例分析[M].3版.上海:立信出版社,2022.
[2] 徐哲,李贺,张红梅.财务会计[M].上海:立信出版社,2022.
[3] 孙颖,邵爱英.财务会计[M].北京:中国铁道出版社,2021.
[4] 解媚霞,张英,申屠新飞.财务会计实务[M].5版.北京:高等教育出版社,2020.
[5] 高丽萍.财务会计实务[M].4版.北京:高等教育出版社,2021.
[6] 财政部会计资格考试中心.初级会计实务[M].北京:经济科学出版社,2022.
[7] 企业会计准则编审委员会.企业会计准则案例讲解[M].上海:立信出版社,2022.
[8] 邓琳,张秀莉."大数据+区块链"背景下企业财务会计与管理会计的融合发展[J].中国集体经济,2022(36):149-151.
[9] 张跃坤."大智移云"背景下企业财务会计的数字化转型分析[J].财会学习,2022(34):88-90.
[10] 徐丽.企业财务会计内部控制的优化路径[J].中国集体经济,2022(20):125-128.
[11] 邱月华."区块链+会计"的目标、挑战与发展对策研究[J].会计之友,2021(18):148-153.